河海大学法学青年文库

变与不变：

论洪武法律思想的『四个阶段』

BIANYUBUBIAN
LUN HONGWU FALÜ SIXIANG
DE SIGE JIEDUAN

秦启迪 —— 著

中国政法大学出版社

2022·北京

图书在版编目（ＣＩＰ）数据

变与不变：论洪武法律思想的"四个阶段"/秦启迪著. —北京：中国政法大学出版社，2022.2
ISBN 978-7-5764-0342-8

Ⅰ.①变…　Ⅱ.①秦…　Ⅲ.①法律－思想史－研究－中国－明代
Ⅳ.①D909.248

中国版本图书馆 CIP 数据核字(2022)第 029756 号

出　版　者　　中国政法大学出版社

地　　　址　　北京市海淀区西土城路 25 号

邮寄地址　　北京 100088 信箱 8034 分箱　邮编 100088

网　　　址　　http://www.cuplpress.com (网络实名：中国政法大学出版社)

电　　　话　　010-58908586(编辑部) 58908334(邮购部)

编辑邮箱　　zhengfadch@126.com

承　　　印　　北京中科印刷有限公司

开　　　本　　880mm×1230mm　1/32

印　　　张　　8.25

字　　　数　　220 千字

版　　　次　　2022 年 2 月第 1 版

印　　　次　　2022 年 2 月第 1 次印刷

定　　　价　　49.00 元

总　序

　　河海大学的法学教育始于 1988 年。经过三十余载的努力，法学院拥有较为完整并颇具特色的学科体系。设有法学本科专业、法学硕士学位一级学科授权点、法律社会学二级学科博士点。在健全的学科体系和浓厚的学术氛围中，法学院青年骨干教师谨怀"崇法明理、尚德致公"之院训，着眼社会发展、法治建设和民族复兴，上下求索，扎实研究，以研促教，寓教于研。在法学理论、宪法学与行政法学、民商法学、经济法学、环境与资源保护法学和国际法学等领域广泛开展教学和研究，取得有一定显示度和影响力的系列学术成果，引领带动学科发展和学术创新。

　　"河海大学法学青年文库"是法学院青年教师在科研项目中形成的研究成果与理论创新之丛书集成。我们希望"河海大学法学青年文库"能够成为理论研究持续创新、青年教师快速成长的园地，成为河海大学法学青年教师研究成果的展示窗口。要使如此构想成为现实，除得力于中国政法大学出版社的帮助外，更有赖学界同仁提携和鼎力相助。

千金之裘，非一狐之腋；清泉潺潺，端赖源头活水。区区微衷，尚请贤明鉴之。

是为序！

陈广华

河海大学法学院 教授 博士生导师

二〇二一年九月

序 言

　　获悉启迪《变与不变——论洪武法律思想的"四个阶段"》书稿即将出版，作为导师，我十分高兴，为之作序既是一种鼓励，也是一种分享。启迪于2016年进入南开大学法学院攻读法律史博士学位，时光飞逝，转眼已毕业近两年。在校期间，他对明代法律史一直颇有兴趣，该书既是他学习兴趣所在，也是近年研究成果之体现。

　　朱元璋一生经历传奇，反差巨大，在位三十一年于法制颇有建树，值得探究。朱元璋法律思想已有研究成果不少，但大多以静态视角聚焦单一方面，能够以大篇幅、动态角度系统论述者不多。启迪此书在前人成果基础上，力争能较为系统完整地阐释朱元璋法律思想的内容、规律及影响，并考虑他在位时间久长、身份变化巨大诸因素，将法律思想分为明朝建立前（自称吴王前后）、洪武前期、洪武中期和洪武后期四个阶段开展分期研究，比较分析不同阶段的异同变化，希望从动态角度理解朱元璋法律思想之内涵。此外，书中还介绍了红巾军时期朱元璋的法律观念，不失为其法律思想研究的补充与拓展。可以说，无论是存史鉴今，还是方法视角，抑或洞察理解等维度，该书均具有阅读和研究的价值。

当然，此书还存在一定不足，例如法律思想的分析比较可进一步扩展深化等。作为法科出身的学生，史学功底相对薄弱，能写出这部法学和史学跨界之书值得肯定。尤为欣慰的是，自读博以来，启迪始终对法史学有着浓厚的兴趣，并积极学习提高，夯实基础，关注前沿，我相信他必将拥有越来越强的学术能力。最后，祝愿他在未来的工作和研究中取得更大的进步。

于语和

2020 年 12 月于天津

摘　要

　　作为积极热衷法制的开国之君，朱元璋的法律思想内涵丰富，前后跨越近半个世纪。任何人的思想都不是一成不变的，经历传奇的朱元璋同样如此。本书分时分段、分门别类地将他的法律思想划为四个阶段进行研究，即明朝建立前（自称吴王前后）、洪武前期、洪武中期和洪武后期。明朝建立前是朱元璋法律观念的初步形成时期，可细分为自称吴王前和自称吴王后，这一阶段"民本主义"特点鲜明。自称吴王前，其在立法上主张平均主义、反抗压迫，立明军法、寓兵于农，推行简赋开源政策。司法和执法中贯彻以军律用刑、轻罚宽政，但对贪官污吏则严惩不贷。自称吴王后，其立法观念重在强调战争和政权的正义性与合法性，承认元朝正统地位，倡导轻典教化和法律为本的核心观念。司法和执法中提出礼法结合、宽缓仁爱和恤刑审慎理念。洪武前期是朱元璋法律思想快速发展的重要阶段，表现出"理想主义"风格。立法中论证了开国称帝的正统与合法性，提出取古善法、抬升皇权，以及法贵简严、重重轻轻、得其中道。司法和执法方面推行刑乱国用重典、明刑弼教及一系列诉讼程序思想。法律监督中要求监察官不能妄听妖言，做到不避权贵、刚正不阿。洪武中期是朱元璋法律思想发展的成熟与极端时期,"极端主义"特征盛行。立法中大力强化"重典治吏、重典治世"思想,要求立法"尚清晰、忌巧密",对于刑事、军事、行政、经济、婚姻家庭及对外关系领域均作出详尽阐释。司法和执法上强化"明刑弼教"仁政思想,大力奉行"重典治世、严于治吏"理念,并设立锦衣卫,发展地方司法机构。法律教育方面广泛开展廉政守法教育。洪武后期是朱元璋法律思想的修正恢复阶段,体现出显著的"现实主义"色彩。立法中纠正中期过于偏激的做法,回归现实,对"重典治国"予以缓和纠偏,进一步细化和规范了经济、行政、刑事和家庭社会立法思想。司法和执法中提出"无讼"理论,对"重典治吏"观念已然失望。诉讼程序领域要求仁爱宽容、德礼教化。守法教育方面由原先的重点打压转变为模范嘉奖和剿抚并举。

通览朱元璋法律思想四个阶段,可以看出其法律思想既有一以贯之的相同内容,也有改变调整的不同之处。例如"取古善法、维护皇权","宣传教化、廉政守法","恤刑审慎、依时决遣"等思想始终一脉相承。而其对待红巾军和元朝的态度、轻典和重典的选择以及"明刑弼教"思想等方面则有着明显变化。总体呈现出愈益缜密、新旧交融、轻重结合;法自君出、主观臆断;削减特权、抬升"民权"、强化皇权的规律和特点。朱元璋法律思想之所以会有这些异同变化,与传统"乱国重典、新国轻典"思想之扬弃、"儒法结合、礼刑交融"的法律传统有着密切联系,同时也是明初统治者对元朝覆亡历史教训和新朝治理现实需要反省思考的结果。当然,人物思想的变化与他自身及周边人物必然拥有不可割裂的关联,朱元璋个人履历和主观个性,还有身边重要人物不同时期的影响等因素也是导致他法律思想异同变化的重要原因之一。

　　朱元璋法律思想及发展变化对当时社会乃至明清两代都有着不可估量的深远影响，这种影响既有积极方面，也有消极方面。就积极面而论，面对元末明初混乱崩坏之局面，他杀伐果断、大力整顿，他的思想和举措在当时特定历史条件下具有很大的必要性与合理性，对于稳固明初政治形势，整肃社会风气，澄清官僚队伍乃至经济文化的恢复发展均有不可磨灭的积极意义。在位31年，他创制了一系列律令典章，如《大明律》《大明令》《大诰》《教民榜文》《问刑条例》和《明会典（初编）》等，夯实了明代法制根基，使得明代律法达到可与唐宋媲美之程度，在我国法律史中位置颇高。经过朱元璋几十年的励精图治，明朝政风民风清新，政治经济稳定，百姓安居乐业，国力日臻强盛，直至英宗、武宗时期仍受余恩，为"仁宣之治"铺垫了基石。因此，朱元璋法律思想对于明初社会发展的积极意义毋庸置疑，顺应时势，契合民心，总体上是值得肯定的。但是他的法律思想中的消极内容亦不容忽视，许多方面对后来产生了极其负面的效应。他的"重典治吏"对行政秩序和官员尊严侵害极大，"廷杖"制度贻害无穷。严刑峻法的肆意滥用背离了法律的谦抑性和适度性原则，打破了法制的公正权威。过分推崇人治而忽视法治的思想举措使得政策难以持久稳定，官民很难从内心深处认同法律。严刑峻法下的铁腕反腐虽能收一时功效，但长此以往效果日衰，形成"上有政策、下有对策"的恶性循环，最终致使官民走向集体麻木。此外，他的重农政策富有成效，却把人民严格束缚在土地上，阻碍了商品经济发展。思想文化专制和八股取士令读书人精神沉闷，压制了民族创新力。保守和平的外交和海禁政策使中华民族错过了历史发展机遇期，影响绵延几个世纪。"明刑弼教"理论虽然契合统治需要，却仍是片面惩罚主义法律观之反映，不可能从根本上杜绝犯罪和实现德育教化。可见，朱元璋法律思想中确有许多消极因素，对明初乃至此后法制发展产生了不良影响，这值得我们认真反思和借鉴。

目　录

导　论

第一节　选题来源与研究意义

基层地方的法律思想和治理发展史一直是笔者研究和关注的重点之一，且笔者之前对地方法规、家法族规及基层调解等也有所学习和了解。在中国数千年的历史中，农民一直是基层社会最主要的群体大众，占人口的绝大多数。2017 年末召开的中央农村工作会议指出："农业强不强、农村美不美、农民富不富，决定着亿万农民的获得感和幸福感，决定着中国全面小康社会的成色和社会主义现代化的质量。"[1]囿于各类原因，目前针对广大农民法律观念的分析和研究数量尚不多。作为社会基层的农民群众到底有没有自己的法律理念或见解看法？如果有，是以何种方式表达出来的？具体内容是什么？又会发生哪些转变？这些问题引发了笔者的注意和思考。农民起事是古代农民运动的高峰，集中而突出地展现出了广大劳动人民的想法和诉求，以此为背景能够更为全面、深入地揭示出古代农民的法律观念所在和变化，有助于研究的开展与深化。2017 年 12 月下旬，中国嘉德 2017 年秋季拍卖会开拍《大顺律》（第 14 卷）的

---

[1]　转引自刘欣："乡村振兴战略如何实施"，载《今日中国·中文版》2018年第 2 期。

孤本，这部李自成大顺政权的法律进一步激发了笔者对古代起事农民法律观念发展变化的关注和兴趣，并促使笔者尝试以此来探寻研究的主题方向。

朱元璋作为一位中国历史上极具传奇色彩的封建帝王，出身、经历和功过成就历来为世人所关注和热议。他的一生由卑微而至高，从起事农民到大明王朝的开创者，可谓翻天覆地之变化。作为古代基层农民的杰出代表，朱元璋从参加红巾军开始就展现出了独特而丰富的想法和见解，并随着时间的推移而不断变化丰富，成为反映基层农民法律观念及变化的经典代表。这也是本书选取朱元璋并对其法律思想进行分阶段比较研究的缘由所在。

朱元璋其人不仅经历非凡，还对法律领域有着深入的思考与研究，明初的各类律令典章几乎均由他亲自参与指导，映射着他的法律思想与理念，这在历代帝王中并不多见。朱元璋传奇的经历和卓越的法律研究不仅能够有效反映出当时基层农民的法律认识和观念，还切实体现了元末明初社会的法制状况和思想流变，可为今天的法治建设贡献智慧。同时，朱元璋一生身份多变，所处的阶层和地位反差很大，从起事农民、农民领袖到吴国公、吴王，最后登基称帝，在每个阶段，他的法律思想都有相应的变化和发展。全面而深入地研究朱元璋法律思想不能仅仅一概而论、泛泛而谈，而是要充分考虑到人物思想的时间流变性，分阶段、分时期具体分析比较，从而由动态角度得出较为全面而客观的结论。当前，学界针对朱元璋法律思想研究已取得诸多卓越成果，但细致、深入的分期研究尚显不足，宏观建树和一概而论的内容广泛存在，且主要针对法律思想中的某个具体领域或问题展开，全面、系统的分阶段研究尚不多见，对于明朝建立前作为起事农民和农民领袖阶段朱元璋法律观念的研究还不充分，法律思想各个不同阶段间的转变比较论证薄弱，而这些正是本书研究的价值与意义所在。

第二节　研究论点、目标及创新点

任何人物的思想都不是一成不变的，朱元璋也不例外，朱元璋享年71岁，在位31年，由贫苦的放牛娃到至高无上的开国帝王，一生身份多变、反差极大，其思想难免会随着地位和处境的改变而发生各种变化，这就要求我们在研究朱元璋法律思想时不能只是静态地一概而论，还要认真关注其不同时期思想的差异与变化，这样视角才能更加多维多元。根据不同时期朱元璋法律思想的总体特点，我们可将其大体分为四个阶段：明朝建立前、洪武前期、洪武中期和洪武后期。在明朝建立前后以及洪武年间不同时期，朱元璋法律思想均有明显的发展变化，有些思想前后截然不同，有些则长久不变，还有的则反复矛盾。因此，笔者试图在立法、司法、执法和法律监督，以及刑事、民事、行政、经济、军事、国际法等门类划分的基础上，将其法律思想分为不同时期，进行具体分析研究，剖析、比较彼此间的异同变化，以期更好地认识和理解朱元璋法律思想的本质内容。

明朝建立前是朱元璋法律观念的初步形成时期，可细分为自称吴王前和自称吴王后，在这一阶段，"民本主义"特点鲜明。洪武前期是朱元璋法律思想快速发展的重要阶段，表现出了"理想主义"风格。洪武中期是朱元璋法律思想发展的成熟与极端时期，"极端主义"特征盛行。洪武后期是朱元璋法律思想的修正恢复阶段，体现出了显著的"现实主义"色彩。通览朱元璋法律思想的四个阶段，可看出其法律思想既有一以贯之的相同内容，也有改变调整的不同之处。总体呈现出愈益缜密、新旧交融、轻重结合；法自君出、主观臆断；削减特权、抬升"民权"、强化皇权的规律和特点。朱元璋法律思想之所以会有这些异同变化，与传统"乱国重典、新国轻典"思想的扬弃、"儒法结合、礼刑交融"的法律传统有着密切联系，同时也是明初统治者对元朝覆亡历史教训和新朝治理现实需要进行反省思考的结果。当然，人物思想的变化与他自身及周边人物必然拥有不可割裂的关联。朱元璋法律思想及发展变化对当时社会乃至明清两代都有着不可估量的深远影响，这种影响既有积极方面的，也有消极方面的，二者都是需要我们注意和思考的重点内容。

本书的创新点主要体现在四个方面：第一，力争全面而系统地阐述明朝建立前朱元璋的法律观念，即主要是元末农民战争时期朱元璋的法律观念。此前，关于朱元璋法律思想的论述大多聚焦于朱元璋称帝后作为皇帝的法律思想，而对其农民战争阶段法律观念的关注度则不足，主要是附带论述甚至鲜有论及，而农民战争史领域关于朱元璋起事时期法律观念的论述同样较为薄弱。第二，对朱元璋法律思想进行分阶段比较研究。人物的思想是运动、变化的，尤其是如朱元璋这般经历丰富、身份多变、反差巨大的人物，其思想前后自然有着或大或小的变化，因此划分时期和门类，分门别类地进行分期研究和比较是探究朱元璋法律思想的重要视角与维度，有助于厘清法律思想发展变化的规律和特点，先前关于朱元璋法律思想的研究对这一问题不够关注和重视。第三，努力客观、系统地阐释朱元璋的法律思想。先前关于朱元璋法律思想的研究成果或者聚焦于法律思想中的某个具体问题或者囿于篇幅限制而未能广泛、系统地进行论述，学位论文针对朱元璋法律思想的研究以硕士学位论文为主，基于其篇幅限制很难全面进行阐释，因此本书旨在努力完整、深入、分门别类地对朱元璋生平各时期的法律思想展开系统探究，以期助力该领域的发展。第四，对朱元璋法律思想的分析不仅要立足于宏观层面，站在历史发展大背景下分析，还要从鲜活的微观个体出发，揭示、探究他们的情感诉求，以他们的视角和维度来看待朱元璋法律思想。个体的想法和眼光不能被宏大叙事所遮掩，这样或许能更加切实、全面地研究出朱元璋法律思想的主要内涵。

第三节　研究方法

从某种意义上说，研究方案及方法的选择对于一项学术研究的成功与否具有格外重要之作用。本书奉行经验研究和规范研究相协调，定量个案分析和综合定性分析相融合，历史研究和比较研究相统一。本书在注重理论纵深研究的同时，针对朱元璋法律思想的内涵与规律进行了详细考证和分析，实现了文献实证和理论研讨相融合。首先，采用文献实证分析和比较研究法，对相关学者的专著书籍、研究报告、期刊论文及报纸专论等有关资料进行广泛收集，并加以总结归纳、整理分析，对记载和涉及朱元璋法律思想的古籍史料尽量搜集，鉴别比对，深入探寻朱元璋法律思想相关问题的理论依据和实证资料。对关涉朱元璋法律思想的内容在不同时期进行比较研究，判明异同、分析缘由，清楚利弊得失，从而更好地认识朱元璋法律思想的真正内涵。其次，朱元璋法律思想的文献实证研究要注重资料的广泛收集与鉴别，各类史记杂文、各种题材形式、各个制度事件都要尽可能以不同方式、从不同角度获取信息，不能仅局限于法律思想文献本身，在文献资料的基础上辅之以制度和实践分析。加强因果分析与对策分析，对朱元璋法律思想中的各类因素客观评析，去粗取精，古为今用，与现实问题的解决联系起来，发挥现实意义。再次，贯彻问题解决模式和规范分析方法。法学研究离不开规范分析方法的运用，对朱元璋法律思想的研究须借助相关的法律规范，要尽量收集相关文本规范研究。此外，研究过程中要始终贯彻问题解决意识，不能仅仅停留于介绍分析层面，要结合问题和案例进行思考和研究，从而获得更多积极的启示和效用。最后，定性分析要以定量研究为基础，经验分析要以规范考证为依据，历史研究要与横向比较相结合。朱元璋法律思想本身属于主观性范畴，难以通过客观现实考察予以证成，这就要求我们必须以文献和数据为立论基础，辅之以相关的制度和活动印证，从而最大限度地真实而客观地揭示出朱元璋法律思想的原本内涵，避免主观臆断和牵强附会。同时，由于很多史料文献由他人转述，主观性较强，这就需要经常比较鉴别，不仅要注意考察思想的渊源流变，还要积极进行横向比较、中外比较。总之，研究中要强化定量分析和数据统计，积极扩充第一手材料，通过比较分析和制度实践来反观和印证研究成果，使相关研究更为科学和严谨。[1]

此外，还有几个具体问题需要加以注意。例如，关于中外比较和域外视角的重要性，《挣扎的帝国：元与明》中有一段形象的描述。这段描述认为中国学者立足国内视角观察中国问题，固然能够亲身感受和领悟到各类细节，拥有外国学者难以企及的显著优势，但正是因为外国学者置身事外，很多时候他们虽然不能准确理解中国问题的本质和缘由，却可以从域外者的旁

---

[1] 侯欣一："地方法制史研究的立场与方法论"，载《北方法学》2018 年第 5 期。

观视角看到一些中国学者难以发现的问题，这就是中国史学研究需要国外学者的原因所在。[1]

　　同时，在朱元璋法律思想研究中应该尊重和关注个体情感与权益，历史的宏大叙事和重视集体的文化传统使我们常常忽视历史研究中个体平等的重要性，而过多地把历史人物置于历史发展的大环境中去分析评论，如此得出的结论在某种程度上是客观的，但却是冷漠和不全面的，它忽视了创造历史的每一个鲜活个人，而这些个人情感和权益是历史研究不能忘记的重要视角和层面，他们的心酸血泪不应被轻易地遮掩和省略。

　　当然，相关研究还应做到：一是注意"历史意见"和"时代意见"并重。著名史学家钱穆先生于《中国历代政治得失》中提出了"历史意见"和"时代意见"之划分。所谓"历史意见"，是指在当时具体的历史环境下，有关各方对某人物或制度之看法和评议；所谓"时代意见"，是指时过境迁，后来人从自己所处的环境和视角出发来评议历史中的人和事。[2]尽管克罗齐曾说，"一切历史都是当代史"，即"时代意见"是难以完全避免的，但钱穆先生似乎更为偏重"历史意见"。[3]二是保持客观、冷静而公允的心态。每个人都有不同的立场和经历，在研究历史人物时难免会混入个人情感，或者联想到自己的某些遭遇，我们应尽量避免这一点，将朱元璋作为冷静研究观察的客

─────────

〔1〕"你想象中国是一个仅有一扇窗户的房间，我坐在房间里面，屋里的一切都在我的目光之中，而你在房间外头，只能透过窗户看见屋里的景象，我可以告诉你屋里的每一个细节，但无法告诉你房间所处的位置，这一点只有你才能告诉我，这就是为什么中国历史研究需要外国学者。"[加]卜正民：《挣扎的帝国：元与明》，潘玮琳译，中信出版集团 2016 年版，第 15 页。

〔2〕钱穆：《中国历代政治得失》（新校本），九州出版社 2012 年版，第 3 页。

〔3〕参见黄波：《最可惜一片江山：传统政治文化中的朱元璋》，东方出版社 2017 年版，第 6 页。

体,史料是如何记载的,无论怎样都心平气和地陈述出来。〔1〕

第四节 相关概念和理论说明

本书主题为"朱元璋法律思想阶段研究",那么何谓"法律思想",何为"阶段研究"?这是需要预先讨论的基本概念问题。

什么是"法律思想"?首先,我们需要界定出"思想"的基本内涵。思想不仅表现为以概念串联方式概述现象本质规律之原理,还体现为观点综合的理论架构。然后,我们需要在"思想"概念基础之上,进一步界定出"法律思想"的基本内涵。参鉴武树臣先生的观点:法律思想最早伴随着早期法律实践而产生,法律实践是人类有目的和意识的实践活动,而这种目的和意识就归属法律思想之范畴。〔2〕

何为"阶段研究"?阶段研究就是将朱元璋法律思想根据一定的标准划分为几个不同阶段分别展开研究,而非进行统一式的综合论述。通览朱元璋法律思想,能够明显感受到其前后风格的迥异变化,如早期的仁爱中道,中期的极端严厉,后期的缓和纠偏,同时各项法律活动的脉络也与思想特征大体一致,如主要的政治大案均集中于思想严酷的洪武中期,使得思想与行动相互呼应。依据其法律思想不同时期发展变化之特点,大体可分为明朝建立前、洪武前期、洪武中期和洪武后期四个阶段。其中明朝建立前亦可被细分为前期与后期两个小阶段。朱元璋享年71岁,在位31年,如此划分既不会过于琐碎繁杂,又不至于简单粗略,符合人物身份和思想变化的基本规律,能够

---

〔1〕 黄波:《最可惜一片江山:传统政治文化中的朱元璋》,东方出版社2017年版,第7页。

〔2〕 武树臣:《中国法律思想史》,法律出版社2004年版,第1页。

有效地表现出朱元璋法律思想阶段发展与变化的态势与特点。那么，根据什么标准进行划分便是需要思考的重要问题。关于划分标准，不同的人有不同的看法，笔者认为，相对于思想的主观性，事件和行动作为思想的外化和表现，更为直观和实在。纵观洪武年间的法制大事，立法方面最著名的当属《大明律》《大明令》和《大诰》等重要法令的颁布施行；司法和执法方面最著名的当为"洪武朝四大案"："胡惟庸案"（洪武十三年，1380年）与"蓝玉案"（洪武二十六年，1393年）合称"胡蓝之狱"，是朱元璋大杀开国功勋的政治案件；"空印案"（洪武九年，1376年）应为整顿吏治案件；"郭桓案"（洪武十八年，1385年）则偏向于经济案件。结合《大明律》与《大诰》颁行和修改的时间［《大明律》草创于吴元年（1367年），后分别于洪武六年（1373年）和洪武二十二年（1389年）修订，至洪武三十年（1397年）始颁示天下，期间还有几次较小修改。[1]"大诰四集"从洪武十八年至洪武二十年（1385年至1387年）陆续颁布］以及四大案发生的时间，同时考虑到"空印案"和"郭桓案"大致属于规范吏治和经济领域的案件，笔者认为，以经典的"胡蓝之狱"作为划分洪武年间法律思想的时间节点似乎较为适宜，即以洪武十三年（1380年）作为洪武前期和洪武中期的分界，以洪武二十六年（1393年）作为洪武中期和洪武后期的分界，明朝建立前后自然以洪武元年（1368年）为分界点，这样四个阶段便有了清晰明确的划分。

　　另外，关于明朝建立前又细分为两个小阶段的问题，笔者认为，这一时期的朱元璋虽然尚未开国称帝，但其身份地位却发生了急剧转变，从一个放牛娃和红巾军小兵成长为威震海内

―――――――――

　　[1]　柏桦、卢红妍："洪武年间《大明律》编纂与适用"，载《现代法学》2012年第2期。

的吴王，如此巨大的变化不可能不对其法律观念产生影响。纵观朱元璋于元末农民起事中的活动，可大致分三个阶段：第一阶段为至正十二年（1352年）到龙凤二年（1356年），该阶段朱元璋从参加郭子兴部队到占领应天（今南京）。此时朱元璋只是一名红巾军将领，他的活动是元末农民战争的一部分。元朝中央和地方武装是朱元璋的主要敌人，因此他的斗争目标与红巾军是一致的，其政策也带有农民平均主义色彩。虽然该阶段朱元璋吸收了一些地主武装和知识分子，但并未影响朱元璋队伍的性质，此时朱元璋依靠的更多还是武将。他曾对李善长说，我发现文臣谋士时常批评抵牾将士，将士难以尽职效力，行事容易失败，将士若多败，领导者又如何能够安稳，你应当以此为鉴，务必偕和各路将士，共襄大业。[1]第二阶段为龙凤二年（1356年）到龙凤十年（1364年），该阶段朱元璋从占领应天到自称吴王，其与其政权正处在变化过程之中。这一阶段朱元璋的活动仍是元末农民战争的一部分，随着朱元璋占领区的日益扩大，政权越发巩固，平均主义思想很难继续推行，原有封建生产关系逐步恢复。这一时期朱元璋虽与其他红巾军有争夺摩擦，但推翻元朝统治仍是朱元璋的主要目标，其与龙凤政权依然保持了形式上的隶属关系。[2]第三阶段为龙凤十年（1364年）到明王朝建立（1368年），朱元璋自称吴王和吴政权的建立标志着其转变已经完成，并为大一统王朝的创立作了铺垫和准备。从上述三个阶段我们可以看出：第一和第二阶段（1352年至1364年）朱元璋的活动均属于元末农民战争的组成部分，虽然在逐步变化，但总体目标和属性尚未出现根本转变，故可以作

---

〔1〕（明）高岱：《鸿猷录》卷二，转引自韩儒林主编：《元朝史》，人民出版社1986年版，第150页。

〔2〕参见韩儒林主编：《元朝史》，人民出版社1986年版，第149~151页。

为一个整体进行研究。第三阶段，即 1364 年朱元璋自称吴王开始。此阶段朱元璋的观念和活动已经开始出现本质性转变，并逐渐向王朝建立和登基称帝过渡，为新生王朝创建展开铺垫和准备。因此，本书拟以 1364 年朱元璋自称吴王为界，将明朝建立前朱元璋的法律观念分为前后两个小阶段进行研究。

在对法律思想每个阶段的具体研究中，为了更加清晰准确，本书拟从立法、司法、执法、守法和法律监督等动态角度分门别类地阐述朱元璋法律思想的基本内涵。法的本体以静态为视角来阐明法本身蕴含的特别性，而法的运行则以动态为视角，通过立法、司法、执法、守法和法律监督等环节动态阐明对法的研究。立法是指确定的国家机关参照规定程序，创制或确认体现统治阶级意志，并凭借国家强制力保障落实的行为规范之活动。"法的实施"是指将抽象规则转变为具体规则，包括法的适用、执行和遵守。执法是指国家行政机关和公务人员依法开展行政管理，践行行政职能，执行法律活动之行为，主要原则有依法行政、讲求效能、公平合理。司法是实际运用法律处理案件的专门化活动。守法是公民、社会组织和国家遵循法律履行自身权利与义务的活动。广义的法的遵守就是法的实施。狭义的法的遵守则为守法。关于法律监督，狭义上是指国家权力机关对司法、执法、守法领域的法律监督；广义上是指公民、社会组织和国家有关部门针对行使权利和履行义务事务的法律监督；法律监督体系包括国家和社会两层体系。

第一章
明朝建立前朱元璋的法律观念

第一节　朱元璋早年经历

　　清代史学家赵翼曾对朱元璋作出评价："圣贤、豪杰、盗贼之性，实兼而有之者也"，可谓一语道出了其人格的复杂性。治国上朱元璋推崇尧舜、效法圣贤、痛杀奸贪。治军上他勇武果敢、招贤纳士、济世安民。朱元璋草莽起家、狡悍聪慧，却终身未能摆脱猜疑和焦虑。作为中国历史上起点最低的帝王，酷炫的履历铸就了其神奇的个性。朱元璋早年的艰苦与辛酸句句铭刻于凤阳皇陵碑之上。洪武十一年（1378年），朱元璋亲命江阴侯吴良督察为父母建造的明皇陵。是年他整整五十岁，五十而知天命，无限感喟，"见苍颜皓首，忽思往日之艰辛"，亲撰《御制皇陵碑文》，追忆过往历史，"昔我父皇，寓居是方，农业艰辛，朝夕旁徨"。

　　朱元璋生于元天历元年（1328年）九月十八日未时，属龙，出生地为安徽凤阳，明代称之为"中都"，政治地位尊崇、城墙宫室恢弘，然而其所在的江淮内陆在当时却并非经济发达地区。这里曾是宋金、宋蒙交战的前线，残酷的拉锯战持续了数百年，让一座座名城变为废墟，百姓流散、土地荒芜、水利失修、灾祸四起。正如南宋文学家姜夔在《扬州慢·淮左名都》

中所描绘的"淮左名都，竹西佳处，解鞍少驻初程。过春风十里。尽荠麦青青。自胡马窥江去后，废池乔木，犹厌言兵。渐黄昏，清角吹寒。都在空城"。到了元代，为了维系京杭大运河的漕运，淮河下游时常泛滥，两岸民不聊生、徭役繁重，朱元璋的艰辛史就发生在这片无常的土地之上。朱元璋，原名为朱重八，这个佃农的孩子从小跟随父辈勤劳耕耘、颠沛流离，当时他的理想无非就是做一个自给自足的自耕农而已。十七岁那年（元顺帝至正四年，1344 年）自然灾害笼罩江淮大地，遮天蔽日的蝗虫和横行的瘟疫让钟离太平乡孤庄村的朱氏家族连遭厄运。这年的四月六日，朱元璋的父亲（朱五四）去世，三天后大哥（朱重四）去世，十三天后母亲（陈二娘）去世，但当时的朱家竟连一块坟地都没有，他只能去求地主刘继德，却屡遭羞辱，地主官僚为富不仁的丑恶与冷漠深深刺痛了少年朱元璋的内心，最后幸得刘继德的哥哥刘继祖帮忙，他才得到一块土地安葬亲人。五十岁时的朱元璋回忆这段往事时，不禁感叹道："殡无棺椁，被体恶裳，浮掩三尺，莫何肴浆"，何其惨痛！而这块贫瘠之地正是后来凤阳明皇陵之源，为感恩刘继祖，朱元璋敕封他"义惠侯"，赏良田三十顷。[1]而当时的朱元璋并不知道明天将会怎样，与幸存的兄弟（朱重六）痛哭一场，"兄为我哭，我为兄伤。皇天白日，泣断心肠"。后来在邻居汪大娘的帮助下，朱元璋投奔了凤阳城南凤阳山上的皇觉寺。入寺后好景不长，只待了五十多天，皇觉寺的粮食也开始吃紧，朱元璋只能托钵云游乞食，此后三年时间，他走遍了淮河中游的"光、固、汝、颍"地区，也就是今天的河南南部和安徽西北部。风餐露宿、聊以果腹，这种艰辛的云游生活让他熟悉了淮

---

〔1〕（清）夏燮撰：《明通鉴》，沈仲九标点，中华书局 2013 年版，第 1 页。

西一带的山川形胜和风土人情，积累了经验，强健了体魄。对于这段时间的境遇，朱元璋后来在《皇陵碑》中有过形象记述。[1]

自然灾害频发的同时，元朝统治者坚持推行阶级和民族压迫政策，最终导致社会矛盾激化。[2]如此背景下，民间秘密教派迅速发展，始创于南宋的白莲教在江淮一带聚众收徒，形成了庞大的地下势力。这一教派相信弥勒佛会降临世间，带领教众脱离苦海，他们采用扁平化、去中心化的组织模式，有效规避了官府的打压。随着独眼石人在黄河工地上的应时而出，"石人一只眼，挑动黄河天下反"一语成谶，白莲教徒韩山童、刘福通迅速起事，起事者头戴象征宋朝火德的红巾，史称红巾军。朱元璋后来也加入其中，成为红巾军的一员。韩山童死后，他的儿子韩林儿袭位，是为"小明王"。朱元璋其实对白莲教装神弄鬼心知肚明，然而在发动起事时，这种装神弄鬼的超自然力量却能够有效地号召民众，但是这种力量毕竟是短暂和松散的，若想大有作为还是要靠儒家士大夫的那套办法。于是，他开始四处延揽知识分子，希望能有贤臣辅佐。朱元璋从小所受教育有限，但他并不以此为耻，在后来的岁月中他始终坚持学习，"寻儒问道，微知其理"。朱元璋起兵不久，先后打下滁州、太平等地，直逼金陵："金陵，古帝王都。取而有之，抚形胜以临

---

[1] "众各为计，云水飘扬。我何作为，百无所长。依亲自辱，仰天茫茫。既非可倚，侣影相将。突朝烟而急进，暮投古寺以趋跄。仰穷崖崔嵬而倚碧，听猿啼夜月而凄凉。魂悠悠而觅父母无有，志落魄而快佯。西风鹤唳，俄渐沥以飞霜，身如蓬逐风而不止，心滚滚乎沸汤。"吴晗：《朱元璋传：从乞丐到皇帝》，华东师范大学出版社2014年版，第11页。

[2] 当时社会上流传着一首《醉太平小令》："堂堂大元，奸佞专权，开河变钞祸根源，惹红巾万千。官法滥，刑法重，黎民怨。人吃人，钞买钞，何曾见？贼做官，官做贼，混愚贤，哀哉可怜！"韩儒林主编：《元朝史》，人民出版社1986年版，第89页。

四方。"〔1〕攻陷金陵后,朱元璋以此为根据地,挥师浙东和徽州等地,结识了一大批名儒贤士,如朱升、宋濂及刘基等人。〔2〕在他们的协助下,朱元璋加强金陵防御,采纳刘伯温的"先汉(陈友谅)后周(张士诚)"战略,在群雄之中越战越强,先后消灭陈友谅和张士诚,1361年受韩林儿封为吴国公,1364年自称吴王。

法律思想的产生大多离不开两种因素:一是法律思想承载者的个人因素;二是本人所处的社会大环境。朱元璋年少时的各种遭遇使他对贪得无厌的豪顽地主和残暴腐朽的元朝官吏深恶痛绝,这就为他后来的"重典治吏和治富"等思想埋下了伏笔。〔3〕

---

〔1〕 参见《明史》卷一三六。

〔2〕 朱升,1299年至1370年,字允升,安徽休宁人,元末明初的军事家、文学家,明代开国谋臣,官至翰林学士。元末(1367年)被乡举荐为池州学正。弃官避隐石门,人称"枫林先生"。后因向朱元璋建议"高筑墙、广积粮、缓称王"被采纳而闻名。宋濂,1310年11月4日至1381年6月20日,初名寿,字景濂,号潜溪,别号龙门子、玄真遁叟等,汉族。祖籍金华潜溪(今浙江义乌),后迁居金华浦江(今浙江浦江)。元末明初著名的政治家、文学家、史学家、思想家,与高启、刘基并称"明初诗文三大家",又与章溢、刘基、叶琛并称为"浙东四先生"。被明太祖朱元璋誉为"开国文臣之首",学者称其为太史公、宋龙门。刘基,1311年7月1日至1375年5月16日,字伯温,生于浙江青田县南田乡的一户地主家庭,自幼敏而好学、聪慧过人,早年师从处州名士郑复初学习周程理学,元统元年(1333年)考中进士,曾任瑞州府高安县丞和江浙儒学副提举等职,后辞官归乡。至正十二年(1352年),红巾军徐寿辉部攻占杭州,元朝江浙行省再度起用刘基,令其担任浙东元帅府都事一职,协助元帅纳邻哈剌对抗方国珍等浙东农民军。参见周启元:《朱元璋正传》,中国义史出版社2014年版,第78页。

〔3〕 于语和:"明代的'重典治吏'与当今的廉政法制建设",载《理论与现代化》1997年第11期。

第二节　自称吴王前朱元璋的法律观念

一、立法观念

（一）平均主义、反抗压迫

农民起事在中国历史上屡见不鲜，正如东汉末年的民谣所言："发如韭，剪复生；头如鸡，割复鸣；吏不必可畏，小民从来不可轻。"[1]纵观历史上农民起事的口号和要求，"等贵贱、均贫富"是贯穿始终的核心内容。如从陈胜、吴广的"王侯将相，宁有种乎"，黄巾军的"苍天已死，黄天当立"到黄巢的"冲天平均"，钟相、杨幺的"等贵贱、均贫富"和李自成的"均田免粮"等。封建社会前期，农民起义注重生命保障和生活解决，反对压迫剥削，要求在日常生活上得到平均。封建社会后期，农民起义进一步提出破除贵贱等级制度，平均财富土地的均等主张。[2]元末红巾军起事作为大规模的农民起事之一，同样拥有自己的口号和要求，如"虎贲三千，直抵幽燕之地；龙飞九五，重开大宋之天"旗号，可见红巾军不仅继承了传统的"等贵贱、均贫富"理念，还有着推翻异族统治的特殊任务。

朱元璋作为红巾军成员，观念主张与红巾军协调一致，并在攻打婺州时写下了"山河奄有中华地，日月重开大宋天"的诗句。[3]他奉行农民的平均主义观念。1353年元末战争时期，朱元璋作战机智勇猛、身先士卒、所向披靡，缴获战利品从不私自享用，而是分发赏赐给各部将士们。"他将有所获，辄以献

---

〔1〕　周力：《中国历代农民起义》，辽海出版社2011年版，第26页。

〔2〕　臧知非：《生存与抗争的诠释——中国农民战争史研究》，河南大学出版社2010年版，第166页。

〔3〕　周力：《中国历代农民起义》，辽海出版社2011年版，第99～105页。

子兴。子兴以上无所献，颇不悦。"〔1〕贫农出身的朱元璋拥有一种农民平均主义观念，与"善殖资产"的郭子兴明显不同。〔2〕

反抗元朝统治，恢复破碎山河的宏伟理想。朱元璋参加红巾军之初，"上无片瓦遮身、下无立锥之地"，他的法律观念与红巾军密切结合在一起，并逐渐发展成为红巾军的统帅。红巾军的早期政治法律观念在《红巾军军歌》中得到了有效体现。军歌唱到："杀尽胡儿才罢手……何为鞑虏作马牛！"〔3〕从中可以看出，红巾军旨在救百姓于水火，推翻元朝统治，恢复天道人心，充斥着华夷思想和大无畏的豪装情怀，有效地鼓舞了百姓和士气，动摇了元朝统治的基础。

1354年秋，朱元璋已经展现出称王称帝的决心，他曾赞颂神龙"不伤而不溢，功天地，泽下民，效灵于我"，〔4〕这正是他追求，并赋文一则，以龙寓己："威则塞宇，潜则不善；神龙治水，寰宇清宁"。〔5〕这一赋文将朱元璋的宏大心迹表露无遗，同时也是为了体现其"天命正统"的合理性与合法性。同时，他还将元末农民战争上升到民族战争、夷夏之防的高度，以驱逐夷狄、恢复中华自居，表现出了其进行战争的正义性和合法性。元至正二十三年（1363年），在给陈友谅的信中，朱元璋

---

〔1〕《明太祖实录》卷一。

〔2〕参见韩儒林主编：《元朝史》，人民出版社1986年版，第149页。

〔3〕军歌曰："云从龙，风从虎，功名利禄尘与土！望神州，百姓苦，千里沃土皆荒芜！看天下，尽胡虏，天道残缺匹夫补！好男儿，别父母，只为苍生不为主！手持钢刀九十九，杀尽胡儿才罢手！我本堂堂男子汉，何为鞑虏作马牛！壮士饮尽碗中酒，千里征途不回头！金鼓齐鸣万众吼，不破黄龙誓不休！"周启元：《朱元璋正传》，中国文史出版社2014年版，第29页。

〔4〕［加］卜正民：《挣扎的帝国：元与明》，潘玮琳译，中信出版集团2016年版，第7页。

〔5〕［加］卜正民：《挣扎的帝国：元与明》，潘玮琳译，中信出版集团2016年版，第8页。

有言：纵观天下大势，协力驱逐夷狄，恢复中华，方为正道。自相攻伐，放纵夷狄，是为无知之举。[1]俨然是一幅匡扶中华的正义姿态。

（二）高筑墙、广积粮、缓称王

"高筑墙、广积粮、缓称王"，这一战略思想成了明朝建立前朱元璋法律观念的基础和来源。所谓"高筑墙"，本意是城池坚固、军队精锐，这里主要指向朱元璋的军事法观念。首先是加强对军队的训练检阅。朱元璋认为，军队最重要的不是数量而是质量，数量虽多但却没有质量，只能徒有虚名；其次是严肃军纪，不徇私情。最后是率先垂范、身先士卒。所谓"广积粮"，本指国富民强，需要从政治、经济、军事等多个领域着力经营。政治上，朱元璋极力网罗人才、起用新人；推行"轻罚宽政，惩贪简赋"。经济上，朱元璋提倡扩大粮食生产、广开财源。所谓"缓称王"就是不要像徐寿辉、张士诚那样迫不及待地称王称帝。朱元璋始终坚持与宋政权的隶属关系，各类文书一律尊用龙凤年号，军旗、军服均为红色，宣称"虎贲三千，直抵幽燕之地，龙飞九五，重开大宋之天"，以此避免自己成为元朝统治者的重点打击对象。朱元璋的政治身份，从和州都元帅府左副元帅、吴国公到后来的吴王，或者为宋政权所封，或者在名分上置于宋政权之下。[2]至正二十三年（1363年）春，宋政权掌权者刘福通战败，为张士诚部将吕珍所杀，朱元璋率军勤王，将宋皇帝韩林儿迎接到滁州安置，至此宋政权名存实亡，韩林儿沦为朱元璋的傀儡。[3]

---

〔1〕 （明）陈建：《皇明通纪》（上），钱茂伟点校，中华书局2008年版，第70页。

〔2〕 参见周启元：《朱元璋正传》，中国文史出版社2014年版，第82页。

〔3〕 周启元：《朱元璋正传》，中国文史出版社2014年版，第152页。

保护封建生产法律关系。1356年，朱元璋占领应天，随即宣布"旧政有不便者，吾为汝除之"，[1]即废除元朝的田赋不均等苛政。然而，虽然朱元璋实行"验产力以均赋役"，却没有触动封建土地所有制度，还培育了一批新兴地主，积极维护封建剥削制度。龙凤五年（1359年），朱元璋还专门为"六世同居"的浦江大地主郑氏亲书"孝义门"，这些均表明朱元璋的阶级立场有所动摇。[2]

大力招纳地主知识分子加入政权内部。1356年，朱元璋在应天号召：贤能高洁之士若有愿意同我一起建功立业的，我必当重用厚待。[3]淮西的李善长、冯国用等，浙东的刘基、宋濂、章溢、叶琛"四先生"纷纷加入。初期，朱元璋对儒士尚存有警惕，曾言道：占据的城池由将官坚守，禁止儒士在旁边谈论是非。后来对儒士日渐信任，并在儒士们的感染下，研读圣贤之书，学习帝王之道，并听从刘基的建议，逐步与"小明王"决裂。[4]

（三）降元反复

朱元璋在降元问题上的反复同样说明了其观念的转变和变化。朱元璋原本是起事农民的成员和将领，随着实力的发展，逐渐转变为一名新兴军阀，开始为了集团利益向元廷示好。早在至正十九年（1359年）五月，朱元璋即遣使到汴梁与察罕帖木儿通好。至正二十一年（1361年），为了避免北方的军事威胁，朱元璋再次遣使结援察罕帖木儿，并派人到元大都朝贡。不久，元惠宗授予朱元璋荣禄大夫、江西等处行中书省平章政事之职。然而，随着处境和底气的变化，朱元璋对元廷的态度

---

[1] 《明太祖实录》卷四。

[2] （明）谈迁：《国榷》卷一，转引自韩儒林主编：《元朝史》，人民出版社1986年版，第152页。

[3] "贤人君子有能相从立功业者，吾礼用之。"《明太祖实录》卷四。

[4] 韩儒林主编：《元朝史》，人民出版社1986年版，第152页。

也逐渐改变。先是对元廷的招降旨意拖延不理，至正二十二年（1362年）六月，察罕帖木儿被刺杀，朱元璋对元廷的态度越发强硬。是年十二月，朱元璋将张昶一行元使接到应天，为了昭示与元廷划清界限、自谋发展，他斩杀了元朝来使，却偷偷留下了元廷户部尚书张昶，任命其为江南行中书省都事，以为己用。随后，朱元璋仍然没有停歇，为了给自己留条后路，他再次主动送还了王保保的使者尹焕章并致书示好，表达了希望睦邻友好的意愿。可是这一次王保保并不买账，他识破了朱元璋的虚情假意，扣押朱元璋的使者，至此朱元璋降元的表演才宣告结束。[1]

（四）立明军法、加强监控

元末战争年代，朱元璋的军事法观念较为丰富，首先要求立明军纪、禁止扰民。元至正十五年（1355年），诸将攻陷和阳，入城后肆意侵扰百姓、暴虐横行，城中百姓难以自保。朱元璋恻然怜悯，召集诸将说：你们入和州后，肆意抢夺欺辱百姓妻女，使得夫妇分离，"军无纪律，何以安众？凡军中所得妇女，当悉还之"。[2]于是，和阳人民大悦、家人得以团聚。至正十六年（1356年），又发兵进攻镇江。临行之前，朱元璋告诫将士："尔等当体吾心，戒辑士卒。破城之后，严禁烧杀抢掠。有犯令者，处以军法；纵之者，罚无赦。"[3]攻陷镇江后，军纪严明、秋毫无犯、全城平安。在此后的大小战役中，朱元璋还多次告谕徐达、常遇春等保境安民、仁义宽厚、广宣威德。

同时，军队应严明规范、名实相称。至正二十四年（1364

---

〔1〕 参见周启元：《朱元璋正传》，中国文史出版社2014年版，第104~107页。

〔2〕 （明）陈建：《皇明通纪》（上），钱茂伟点校，中华书局2008年版，第17页。

〔3〕 （明）陈建：《皇明通纪》（上），钱茂伟点校，中华书局2008年版，第27页。

年），朱元璋创立"部伍法"，规范编制与名称，使得名实相副、纪律严明。《太祖实录》载：起初，投诚纳降之人均按照原有官职任命，但名称有所区别。制定"部伍法"后规定，国家建设首在正名，各将称谓混乱、名不副实，毫无意义，必须核定人数，依规定名。部下有兵士五千的，称为指挥；满千人的，为千户；百人的为百户；五十人为总旗；十人为小旗。令既下，部伍严明，名实相副。众皆悦服，以为良法。[1]《明史·兵志》还记述道：朱元璋攻克集庆后，罢免各翼元帅，设置十七卫亲军指挥使司。[2]

为了监视、管控将官士兵，至正十四年（1354年）朱元璋占领滁州后大量收养义子、培养心腹人才，占据城池后规定由义子和将官同守以便监视。至正十六年（1356年），朱元璋统兵攻集庆时又规定：凡和我攻城的军官，妻子都要在京师居住，严禁搬出城外，军官正妻在京师居住者，允许在外地迎娶妾室。为了防止将官和儒士勾结，谈古论今、闲生是非，朱元璋规定所有占据的城池均由将官驻守，禁止儒者在将官身边说长论短，只允许设置一名管理文书的官吏，若有过错，只论官吏之罪。[3]

严格治军、率先垂范。征伐婺州时，全军实行宵禁，一夜朱元璋私自外出，被巡逻士兵拦下，随从斥责士兵说，此乃"大人"，速速放行！不料士兵却应声答道：我不认识什么大人，

〔1〕李国祥、杨昶主编，刘重来等编：《明实录类纂》（司法监察卷），武汉出版社1994年版，第2页。

〔2〕《明史·兵志》："太祖下集庆路，为吴王，罢诸翼统军元帅，置武德、龙骧、豹韬、飞熊、威武、广武、兴武、英武、鹰扬、骁骑、神武、雄武、凤翔、天策、振武、宣武、羽林十七卫亲军指挥使司。"转引自孟森：《明史讲义》，吉林出版集团股份有限公司2016年版，第42页。

〔3〕吴晗：《朱元璋传：从乞丐到皇帝》，华东师范大学出版社2014年版，第34页。

只知道对触犯宵禁之人必须抓捕！朱元璋见状思虑片刻，认为士兵所为乃正确之举，遂知难而返。第二天专门赏赐这位士兵二石米，并严格遵守禁令"后不夜出"。[1]

（五）寓兵于农、屯战结合

寓兵于农、军民合一、奖罚分明的军事立法观念。至正十八年（1358 年），朱元璋告谕行中书省臣曰：古代时，兵农合一，有战事的时候就出征作战，没有战事则耕种务农，空闲休息的时候就操练学习。战争时期，应根据具体时势，调动派遣。所选定州县中必定有很多英勇良才，当择优选拔，编练成军，设置"兵民万户府"进行管理。农忙的时候就下田耕作，农闲的时候就操练战术，国家有事则因时调用。立有战功者，全部进行奖赏；没有战功的，回家为民。这样一来，百姓就不会闲散偷懒，国家就没有老弱之兵，遇有战事必能取胜，坚守城池必将稳固，这就是寓兵于农的真正用意。[2]这一观念对明朝建立后的卫所兵制及相关军事制度有着直接的影响，是一种吸取历史上屯田经验，寓兵于农、守屯结合的建军制度，其功用与影响直到明朝中后期仍在存在。正如嘉靖年间（1522 年至 1566年）的陈建所言：这一制度不仅（明）建国初期可以推行，当今依然可以使用；"不独乱世可行，在治平尤可行；不独一时可行，在万世可通行"。[3]可见，这一制度直到嘉靖朝依然评价甚高。

---

〔1〕 周启元：《朱元璋正传》，中国文史出版社 2014 年版，第 85 页。

〔2〕 "古者，寓兵于农，有事则战，无事则耕，暇则讲武。今兵争之际，当因时制宜。所定郡县，民间岂无武勇之才？宜精加简拔，编辑为伍，立兵民万户府领之。俾农时则耕，闲则练习，有事则用之。事平，有功者，一体升擢；无功者，令还为民。如此，则民无坐食之弊，国无不练之兵，以战则胜，以守则固，庶几寓兵于农之意也。"（明）陈建：《皇明通纪》（上），钱茂伟点校，中华书局 2008 年版，第 38 页。

〔3〕 （明）陈建：《皇明通纪》（上），钱茂伟点校，中华书局 2008 年版，第38 页。

推行屯田制度、农战一体、且耕且战、兴修水利。占领应天后，军粮始终得不到保障，朱元璋决定自力更生，他下令所有戍边将官带领士兵就地屯田。耕地不足时可以租种地主的闲荒地，由军队按所租亩数直接交纳田租。官府文职人员根据人数分拨职田，雇佣佃农耕种，所收粮食充抵俸禄。同时，设立"以修堤防，专掌水利"的营田司，任康茂才为营田使，带领部下兴修水利，协助地方守将垦荒屯田。经过几年的努力，到至正二十三年（1363年），应天粮库"所存得谷一万五千石"，除了供给军需外尚有结余七千石。这一举措不仅推动了农业生产，保障了军队补给，还使得军心安定、军民和谐。[1]

（六）简赋开源

经济立法方面，推行"简赋"政策，朱元璋多次强调要减轻百姓的赋税和徭役负担。至正十八年（1358年），朱元璋在徽州推行土地经理制度，令"民自实田"，此法可以防止地主富户向政府隐瞒土地从而将赋税负担转嫁到农民身上。至正二十年（1360年），朱元璋废除了当时在军阀中盛行的"捎粮"制度，极大地减轻了辖区内百姓的负担。至正二十四年（1364年），朱元璋又规定在所辖府县内统一按照"赋税十取一"标准征收。对于刚刚占领或遭遇灾害的地区，他还施行免税或减税政策，使得百姓能够休养生息。他曾说：我积累不足却花费甚大，均取自于民，实在是不得已，然而都是军事所需，没有一丝一毫是为自己所取，百姓的辛苦让我时常反省深思，尽力使百姓能够休养生息，从不敢忘怀。[2]

广开财源、多种经营。在保障粮棉生产的同时，朱元璋制定了《盐茶法》，对茶、盐、酒、醋等商品广泛征税，对渔业、

---

〔1〕 周启元：《朱元璋正传》，中国文史出版社2014年版，第84页。

〔2〕 周启元：《朱元璋正传》，中国文史出版社2014年版，第83页。

林木业也规定了详细税则。具体税收额度根据行业和年份不同而有所区别，总体上按照 1/20 的比例收取。为了更好地掌握经济命脉，朱元璋还颁布了《制钱法》，自主开采铜矿，铸造"大中通宝"以取代元朝纸币。此外，他还积极鼓励百姓种植桑、麻、棉等作物，附以奖惩措施。经过数年努力，府库充盈、百姓富足、乡邑大治。

二、司法和执法观念

（一）以军律用刑

实行"以军律用刑"观念。明朝建立前，朱元璋仅为一方军阀，战事频仍，未能及时立定完备律典，即便是开国数十年的元廷也没有编纂出正式法典，一应法律活动均是"取所行一时之例为条格（皇帝诏令汇集）而已"，无法直接参鉴引用，因此律令疏漏之时，朱元璋多"以军律用刑"。[1]

（二）轻罚宽政

推行"轻罚宽政"观念。至正十七年（1357 年）十二月、至正十八年（1358 年）三月和至正十九年（1359 年）三月，朱元璋数次命令释放或从轻处罚狱中"除大逆无道及敌之侦伺"外的所有罪犯。他认为治理新的王朝应当使用轻缓的法律，处刑中道适当，百姓就不会有冤情，若是施刑不当就会给无辜者带来痛苦，就像拔除杂草一样，稍有不慎就会伤害到秧苗，因此论刑必须要仔细、谨慎才行。[2] 当时正值战乱年代，百姓生存艰难，大多是误犯律法，并非十恶不赦之徒，朱元璋的这一观念使得他们重获自新机会，对朱元璋更是感恩戴德。

宽缓仁爱是开国前朱元璋早期法律观念的主要内容，也是

---

〔1〕 周启元：《朱元璋正传》，中国文史出版社 2014 年版，第 217 页。
〔2〕 参见周启元：《朱元璋正传》，中国文史出版社 2014 年版，第 83 页。

其对作为被统治者切身利益的考虑和体现。至正十八年（1358年），朱元璋征战浙东地区时曾召集诸将阐述了征伐过程中仁爱安民、抚慰人心的法律观念。他指出，虽然攻城略地靠的是武力，但保境安民必有仁爱之心，每占据一城，应当抚恤百姓、维护秩序，如此民心所向，自然纷纷来归，切忌肆意施刑、诛戮无辜。此举不仅有助于国计民生，更是将士之福分，长此以往，天下可定、民生可安。朱元璋的这一观念展现出了其志在天下的宏大气象，推行的措施方法目光长远、超越群雄，奠定了其最终成功的思想基础。

戊戌三月己酉（1358年），朱元璋命令提刑按察司佥事到各地州县巡察录囚，凡是笞罪之人予以释放，杖罪之人予以减半论处，重刑犯仅需杖七十，有赃者免征。有关部门执行迟缓者，重罪者从轻论处，轻罪者不予追究。武将征战过程中犯有过错之人予以宽宥。身边大臣认为去年刚释放过罪犯，今年再次从轻减轻论处，法令过于宽松，难以对官民产生威慑，律令太过松弛难以保境安民。太祖曰："用法如用药，药本以济人，不以毙人。服之或误，必致戕生。法本以卫人，不以杀人。用之太过，则必致伤物。"〔1〕自元末大乱以来，生灵涂炭、流离失所，如今归附我的版图，正是安抚体恤之时。若偶然间误犯了法律，如何能过分苛责呢？定罪量刑要以宽厚为原则，否则容易落入严苛之中。〔2〕

（三）严厉惩贪、严格执法

严格贯彻"惩贪"政策。至正二十二年（1362年）正月，朱元璋将贪赃枉法的行省都事王用言凌迟处死，将刑讯逼供的行省按察司佥事宋廉使乱棍打死。可见，在王朝建立之前，朱

---

〔1〕《明太祖宝训·卷五·恤刑》。
〔2〕《明太祖宝训·卷五·恤刑》。

元璋对于官吏贪腐问题已经十分重视、绝不姑息。[1]

执法严格，令出必行。起兵初期，军粮不足，下令禁酒，胡大海领军攻越，其子触犯禁酒令，王恺请求不要诛杀其子，以安慰胡大海之心，朱元璋认为宁可让胡大海背叛于我，也不能使法令废弛，于是亲自执行了死刑。赵仲中是起兵初期的老将，奉命守卫安庆，适逢陈友谅领军来攻，他却弃城而逃，常遇春替他求情，朱元璋却说，"法不行，无以惩后"，于是用弓弦将其缢死。[2]

三、小结

从本节对朱元璋自称吴王前法律观念的论述我们可以看出，朱元璋在立法方面旨在推翻元朝的统治和压迫，实现农民平均主义，匡扶正义、救民于水火，同时扩充自身实力，发展生产、招贤纳士、绝不出头，在对待元朝的政策上反复矛盾、见风使舵，寻求自身利益的最大化。此外，他还尤为注意军队法纪建设，耕战结合，寓兵于农，以便减轻农民负担，最大限度地提高生产力，开源节流、积蓄力量，以法令形式维护和促进自身实力的不断强大。

在司法和执法中主张仁爱宽缓，朱元璋站在被统治者的立场上，希望对百姓立宽法而对官吏立严法，减缓对农民起事的镇压和打击，严肃惩治贪腐行为，这样官吏就不敢肆意妄为，同时严格守法、令出必行。《尚书》曰："民惟邦本，本固邦宁。"该阶段朱元璋法律观念从百姓福祉和民生角度出发，体现出了浓厚的"民本主义"色彩。

---

〔1〕 周启元：《朱元璋正传》，中国文史出版社 2014 年版，第 83 页。
〔2〕 吴晗：《朱元璋传：从乞丐到皇帝》，华东师范大学出版社 2014 年版，第 178 页。

第三节 自称吴王后朱元璋的法律观念

一、立法观念

（一）正义性与合法性

朱元璋将元末农民战争上升到民族战争、夷夏之防的高度，以驱逐夷狄、恢复中华自居，展现战争的正义性和合法性。这在吴元年（1367年）的《朱元璋奉天讨元北伐檄文》中有着明显表现。檄文先是论述了华夷之辨和元朝天怒人怨、气数将尽。其次，分析了元末天下形势，豪杰并起、逐鹿中原，却鲜有济世安民之主，而淮右布衣的朱元璋则有志于此。最后，阐明讨元北伐的正义性和大政方针，展现王者之师的仁义风范。这篇檄文虽是为讨元北伐所拟，却如实反映了明朝立国前朱元璋的政治法律观念，他以华夷之辨和元朝腐朽为理论基础，从天下大势入手，凸显了自己的宏大志向，继而亮明北伐的方针和意义，充分彰显了北伐战争及此后王朝建立的合法性和正统性，法统和道统正义是朱元璋政治法律观念的预设基础与核心要义，也是一切法律活动的主旨和追求。同时，新朝新法当以济世安民、匡扶中华、仁义礼教为宗旨。对于外族，虽有华夷之防，但凡能够接受教化、为臣为民者可以一视同仁、平等相待，显示出了新王朝破除身份、兼容博爱、包罗万象的崭新气象。相较于前一年讨伐张士诚的檄文，仅仅单纯地撇开红巾军，空乏地攻击元朝政府，至此才公开而具体地提出了民族革命口号和维护传统文化纲领。[1]

---

[1] 吴晗：《朱元璋传：从乞丐到皇帝》，华东师范大学出版社2014年版，第74页。

（二）承认元朝正统地位

对元朝的态度开始发生转变，除了《朱元璋奉天讨元北伐檄文》中的些许表露外，朱元璋还公开表彰忠于元朝的将领。元将余阙守安庆，朱元璋俘获其属官后将其遣还并说道："告余公善自为守"，[1]吴元年（1367年）时称余阙为"忠臣义士"，还命令官员为他树像立祠，每年定期祭拜。[2]1360年，对元朝处州守将石抹宜孙，朱元璋表彰他誓死忠孝，派官员前往祭拜，并复建原先所立之生祠。[3]

（三）纪纲法度、为治之本

早在明朝建立前，朱元璋便十分注重律令的编修制定，亲自参与研讨、严谨审慎，每次到西楼都要召集议律官和儒臣们共同研讨律令，以期妥当完善。他说道：我观察大家所制定的律令，有未决或不适之处，我就按照自己的意见决定下来，众臣均表示赞同，少有争议。律令乃重大之事，如果不能中道公正，那么臣民就会不知所措，这样又如何能垂范后世呢？[4]朱元璋对于律令内容亲自给予指导，提出修改决定，对立法工作之重视显而易见，并寄予"垂法后世"之期望。朱元璋称吴王时又提出了"纪纲法度，为治之本"的思想，[5]把"制礼定法"作为当务之急，从无推脱。经过长期努力，吴元年（1367年）十二月，律令得以创立，命颁行中外。"凡为令一百四十五

---

〔1〕（明）姚福：《青溪暇笔》，转引自韩儒林主编：《元朝史》，人民出版社1986年版，第151页。

〔2〕《明太祖实录》卷二十一。

〔3〕《明太祖实录》卷八。

〔4〕李国祥、杨昶主编，刘重来等编：《明实录类纂》（司法监察卷），武汉出版社1994年版，第3页。

〔5〕（明）焦竑编撰：《国朝献征录》卷四十四，转引自傅玉璋："朱元璋法律思想初探——明初统治措施探索之四"，载《安徽大学学报》1990年第1期。

条：吏令二十，户令二十四，礼令十七，兵令十一，刑令七十一，工令二"，〔1〕即《大明令》，洪武元年（1368 年）正月颁布。而律典的创制则参照唐律进行损益，"计二百八十五条：吏律十八，户律六十三，礼律十四，兵律三十二，刑律一百五十，工律八"，〔2〕此即《吴元年律》。律令始创之后，朱元璋还常与群臣审阅检视，简化内容、精细条目、减轻刑罚，使得律令不断完善，简当轻缓。

（四）轻典教化、反对连坐

农民出身的朱元璋对百姓疾苦有着切身体会，其早期法律观念十分强调基层百姓的利益，主张立法宽厚、教化引导，还于吴元年（1367 年）九月明确提出反对连坐、轻典教化。他对李善长、杨宪等人说：法律中连坐的规定是对百姓的侵害。我认为定罪处刑要中道平和，除非是大逆不道之罪，否则只处罚犯罪之人即可。圣主明君治国，罪刑不牵连妻妾，处罚不伤及子女，这正是忠厚仁义所在。从今以后，百姓犯罪禁止连坐。〔3〕对百姓应当多宽容、多引导，给予改过自新的机会。人民犯罪就像衣服沾染污垢，认真清洗就能变得干净。对于犯罪之人要用德礼良善加以引导，这样便可使其改过自新。若用严刑酷法来威慑百姓以期规避违法，这是十分肤浅的办法。于百姓而言，若想在严刑酷法中求得生存，就好似锅里的鱼儿求生一般，很

---

〔1〕　李国祥、杨昶主编，刘重来等编：《明实录类纂》（司法监察卷），武汉出版社 1994 年版，第 4 页。

〔2〕　李国祥、杨昶主编，刘重来等编：《明实录类纂》（司法监察卷），武汉出版社 1994 年版，第 4 页。

〔3〕　"法有连坐之条，谓侵损伤人者。吾以为鞫狱当平恕，非大逆不道，则罪止及其身。先王之政，辠不孥戮，罚弗及嗣，忠厚之至也。自今民有犯者毋连坐。"李国祥、杨昶主编，刘重来等编：《明实录类纂》（司法监察卷），武汉出版社 1994 年版，第 2 页。

难保全性命。因此，若以轻典治国，虽不敢说使百姓完全性命无忧，但至少不会引向死路。[1]朱元璋通过双重类比，说明德礼教化、从善自新才是治民之根本，单纯的严刑峻法乃肤浅之术，不能真正解决问题，只会引向死路。

（五）法贵简严

"法贵简严"是明朝立国前朱元璋立法观念的重要内容之一，并延续至开国以后。吴元年冬十月（1367年），朱元璋任左丞相李善长为总裁官，参知政事杨宪、傅瓛，御史中丞刘基，翰林学士陶安等二十人为议律官，商定律令。[2]朱元璋认为唐宋皆有律典，而元朝只用一时之条格，使胥吏易于舞弊徇私，实不可取，故从平定武昌之后就考虑议定律令之事，如今条件成熟，特命详定律令，使内外遵守。同时告谕臣下：立法贵在简当。使言直理明，人人易晓。如果条款冗杂或规定多样，时轻时重，反而容易滋生贪腐奸恶之事。原本想惩奸除恶，却反倒给恶人提供可乘之机，这样的法律难为良善之法。立法务必中道合理，避免过分庞杂。如同渔网一般，网眼太密则难有大鱼能够存活，法网过繁则举国鲜有良善之民。你们应悉心研究，所有罪名条款逐一上报，我与你们一道商议斟酌，以期可为长远之法。[3]通过简当法律可以使民众易于了解，压缩官吏徇私舞弊的空间；法令繁简适中还能保全民众，减少不必要的纠纷和侵扰。

---

〔1〕"民之为恶，譬犹衣之积垢，加以浣濯，则可以复洁。污染之民以善导之，则可以复新。夫威以刑戮而使民不敢犯，其为术也浅矣。且求生于重典，是犹索鱼于釜，欲其得活难矣。故凡从轻典，虽不求其生，自无死之道。"李国祥、杨昶主编，刘重来等编：《明实录类纂》（司法监察卷），武汉出版社1994年版，第2页。

〔2〕何勤华：《中国法学史》（第2卷），法律出版社2000年版，第470页。

〔3〕"立法贵在简当。使言直理明，人人易晓。若条绪繁多，或一事而两端，可轻可重，使奸贪之吏得以夤缘为奸，则所以禁残暴者反以贼良善，非良法也。务求适中以去烦弊。夫网密则水无大鱼，法密则国无全民。卿等宜尽心参究，凡刑名条目逐日来上，吾与卿等面议斟酌之，庶可以久远行之。"《明太祖实录》卷二十一。

吴元年（1367 年）十一月，太祖对省台官说：如今律令繁杂，弊端丛生。现今立法，务必繁简适中，避免过去之弊。元代条格冗杂，官吏乱法为奸，危害甚巨。仅以七杀而论，谋杀、故杀和斗殴杀，既然都是死罪，何须再作此分类？但误杀有需要讨论的，要和戏杀、过失杀区别开来。现在立法，就是要纠正过去的弊端，贯彻简严思想。简则难以徇私舞弊，严则官民不敢轻易触碰。尔等务必体会我的用意。[1]

基层生活的经历和苦难使朱元璋深知法令冗杂高深，乡野百姓难以知晓其意，往往无意间犯法，而官吏却肆意曲解刁难，百姓苦不堪言、申辩无门。为了让民众能更加直观、便捷地理解法令的内容和含义，朱元璋特别告诉大理卿周祯等人：创设律令就是要使人不犯法，乡野百姓如何能全然知晓律令之意。一旦有人误犯，若是赦免则为废法之举，不赦免而严格执行则没有良善之民。你们之前所制定的律令，除了礼乐、钱粮和选举之法外，所有民间常见事项均要归类成编，直接通俗地解释其中含义，并颁发到各州县，使百姓人人知晓理解。吴元年（1367 年）十二月，颁布《律令直解》。颁行后，朱元璋非常高兴。他说：元代法令条格繁密复杂，百姓很难知晓理解，给官吏坏法提供了空间。如同遮蔽了天下人的耳目，使他们在不知不觉中触犯了法律。如今颁布《律令直解》就是要让人人知法懂法，从而避免触犯刑宪。[2]《律令直解》作为一部法律解释性文件，它的颁布契合了朱元璋"法贵简严"的观念，符合民众的切身利益，制约了官吏的枉法和肆意。

---

〔1〕《明太祖宝训·卷三·守法求言》。

〔2〕 李国祥、杨昶主编，刘重来等编：《明实录类纂》（司法监察卷），武汉出版社 1994 年版，第 4 页。

（六）保障经济、量入为出

对于经济立法问题，朱元璋在战争时期已经有所关注，并通过行政手段干预指导，以维护民生、保障生产，为战时经济政策服务。元至正二十六年（1366年），朱元璋颁布"禁止种秫令"，秫即高粱。他认为，十多年的战争花费甚多，给百姓造成了巨大负担，民生艰难，社会经济十分脆弱，而造酒业浪费粮食，于民生无益，必须予以禁止，这样才能从源头上杜绝浪费粮食问题。朱元璋令曰：如今农民每年不再种秫米，以此阻塞造酒之源，意在使五谷丰登而物价平稳，百姓生活宽裕幸福，这样才是百姓福祉。[1]朱元璋通过国家干预的形式禁止高粱种植，从根本上打击了造酒业，使得相关行业迅速萧条落寞，不利于商品经济的发展，然而其目的是保障社会整体利益和国民经济的持续稳定发展，从而为政治大局服务。

同时，他还进一步明确了财税立法的指导思想，财税取之于民、民生艰苦，财税立法应当爱惜民力、量入为出、取之有度、勤俭节约，根据民生实际和区域经济科学设定徭役赋税，保证财政收入和宏观调控的稳健运行。至正二十六年（1366年）六月，朱元璋命令有司探寻古今书籍，他对侍臣詹同等人说：每当空闲时，常研读孔子之言，比如"节用而爱人，使民以时"等，真不愧为治理国家的金玉良言，孔子言行实在是万世之师表。[2]吴元年（1367年）十二月，朱元璋与世子朱标走访巡查农户生活。朱元璋对朱标说：你知道农民的辛苦吗？他们辛勤耕耘，常年劳作，侍候田土，少有能休息的时间，而所居住的只是茅屋草舍，所穿的只有粗布麻衣，所吃的不过菜汤粗粮。然而，国家经费财政却都靠他们供养，你一定要铭记之，

---

〔1〕（明）陈建：《皇明通纪》（上），钱茂伟点校，中华书局2008年版，第86页。

〔2〕孟森：《明史讲义》，吉林出版集团股份有限公司2016年版，第33页。

日常饮食起居都要顾念到农民的艰辛。[1]"取之有制，用之有节，使之不至于饥寒，方尽为上之道。若复加之横敛，则民不胜其苦。故为民上者，不可不体下情。"[2]朱元璋一席话道出了农民生活的艰辛和为国家做出的巨大牺牲和贡献。农民是国家财政的来源，是朝廷赖以生存的衣食父母，作为统治者，必须要体恤民力，科学合理地制定财税政策法令，方能长治而久安。

（七）选贤任能、改进官制

行政立法方面，制定"文武取士之法"。先前战争时期，朱元璋就十分重视人才，多次命令有司察觉文武贤良之才，凡推举贤良之才者予以重赏，滥竽充数或隐藏阻碍者严惩，大量优秀人才的加入壮大了朱元璋的实力，为明王朝的建立奠定了基础。吴元年（1367年）三月，在王朝开创之前，朱元璋正式把人才选拔工作提上议程，制定"文武取士之法"。他首先阐述了文武之才对于国家的重要性及三代治化隆盛的原因。朱元璋令曰：历代帝王打天下以武力取胜，守天下用武力威慑。而文治教化则要依赖文臣，文武之道不可偏废。讲到三代隆盛的原因，他认为重在从小的学习教育，培育出大量文武贤能兼备之才。[3]因此，新朝开创在即，必须将文武取士制度法律化、正式化、规范化，为国家人才建设服务。遂颁令曰："兹欲上稽古

〔1〕"汝知农之劳乎？夫劳四体务五谷，身不离畎亩，手不释耒耜，终岁勤动，不得休息，其所居不过茅茨草榻，所服不过练裳布衣，所饮食不过菜羹粝饭。而国家经费，皆其所出，故令汝知之。凡一居处服用之间，必念农之劳。"（明）陈建：《皇明通纪》（上），钱茂伟点校，中华书局2008年版，第110页。
〔2〕（明）陈建：《皇明通纪》（上），钱茂伟点校，中华书局2008年版，第108页。
〔3〕他说："古者人生八岁学礼乐、射御、书数之文，十五学修身、治国、齐家、平天下之道。是以周官选举之制曰：'六德、六行、六艺，文武兼用，贤能并举。'此三代治化所以隆盛也。"（明）陈建：《皇明通纪》（上），钱茂伟点校，中华书局2008年版，第93页。

制，设文武二科，以广求天下之贤……"[1]法令明确规定了开科取士的科目与要求，文举以德、业、能、政事为标准，重在考察言行、经术、书算、经史时务四方面；武举则重谋略、次武艺，讲求实效、杜绝虚华。同时，大力倡导民间贤士勤勉向学、积极入仕、为国效力、博取功名。

官制机构立法方面，元至正十六年（1356年），朱元璋初克集庆，秉承元代旧法，设行中书省，并亲自领导"江南行中书省"。元至正十八年（1358年），朱元璋攻占婺州，设置中书分省，此后攻占各地皆置行省，其官员编制除了没有丞相外，自平章政事以下大体与中书省相同。[2]因沿袭元代旧制，百官礼仪尚右，以右为尊。[3]至正二十七年（吴元年，1367年）十月，朱元璋改百官礼仪尚左，中书省第一丞相李善长由右丞相改为左丞相，第二丞相徐达则由左丞相改为右丞相，两职位均为正一品。增设御史台和各道按察司。都督府原设大都督，官阶从一品，朱文正曾任此职，至正二十五年（1365年）后不设大都督，以左右都督为最高长官，官阶于至正二十七年（1367年）改为正一品。中书省、都督府和御史台并称为三府，中书省掌管行政，都督府掌军事，御史台掌监察。增设翰林院、太

---

〔1〕 令曰："兹欲上稽古制，设文武二科，以广求天下之贤。其应文举者，察之言行以观其德，考之经术以观其业，试之书算以观其能，策以经史时务以劝其政事。应武举者，先之以谋略，次之以武艺，俱求实效，不尚虚华。然此二者，必三年。有司预为劝谕民间秀士及智勇之人，以时勉学。俟开举之岁，充贡京师。其科目等第，各出身有差。"（明）陈建：《皇明通纪》（上），钱茂伟点校，中华书局2008年版，第87页。

〔2〕 参见孟森：《明史讲义》，吉林出版集团股份有限公司2016年版，第57页。

〔3〕 元代行政机构：中书省总理全国行政事务，中书省设中书令（皇太子担任），右、左丞相受其领导，另有平章政事、右丞、左丞及参知政事。中书省下设吏、户、礼、兵、刑、工六部，吏部为六部之首，各部以尚书和侍郎总管其政，另有郎中、员外郎、主事分管其事。全国分设若干行中书省，最高行政长官为平章政事，另配右丞、左丞及参知政事。军事机构：最高军政机构为枢密院。

常寺、太史院等机构，令陶安等人为翰林院学士，任精通音律的道士冷谦为太常寺协律郎，任刘基为太史院使。[1]

二、司法和执法观念

（一）正纲纪、行法度

元至正二十四年（1364年）正月，朱元璋自称吴王，告谕群臣曰："卿等为生民计，推戴予。然建国之初，当先正纪纲。"[2]元朝昏庸无用，纪纲废弛。君主荒唐，臣子奸佞，大权旁落。由此，国家法律败坏，离心离德，最终导致举国动乱。而今你等文武大臣应当吸取教训，借鉴经验，齐心合力，成就一番大业。切忌偷奸耍滑、碌碌无为。[3]这初步勾勒出了朱元璋称王后对司法和执法的总体看法与要求。

司法机构建设是司法观念的重要内容之一。早在至正十六年（1356年）七月，朱元璋便已经开始考虑司法机构建设问题，并设置了提刑按察使司，以王习右、王德芳为佥事。其后，随着势力的不断拓展，到至正二十四年（1364年），朱元璋自称吴王，建百司官属，设从三品的参军断事官和正七品的断事经历等。吴元年（1367年）九月，他又调整了中书省和各行省有关司法官员的品级职务。[4]

〔1〕周启元：《朱元璋正传》，中国文史出版社2014年版，第154~155页。

〔2〕（明）陈建：《皇明通纪》（上），钱茂伟点校，中华书局2008年版，第75页。

〔3〕"元氏昏乱，纪纲不立。主荒臣专，威福下移。由是，法度不行，人心涣散，遂致天下骚乱。今将相大臣当鉴其失，宜协心为治，以成功业。毋苟且因循，取克位而已也。"（明）陈建：《皇明通纪》（上），钱茂伟点校，中华书局2008年版，第72页。

〔4〕"改中书省都督府断事官俱从五品，知事俱为提控案牍省注。各行省照磨、管勾正八品。理问所正理问从五品，副理问从六品。都镇抚司都镇抚正五品，副镇抚正六品。埋问所、镇抚司、知事俱为提控案牍省注。"李国祥、杨昶主编，刘重来等编：《明实录类纂》（司法监察卷），武汉出版社1994年版，第172页。

（二）礼法结合、宽缓仁爱

朱元璋早期司法观念不仅宽缓仁德，还充斥着伦常感情。乙巳年（1365年）正月，面对其侄朱文正的骄淫暴横、谋叛僭越，朱元璋虽万分气愤，却仍然顾念兄弟叔侄之情，仅免官安置桐庐县。他说道：文正固然有罪，但是我的兄长只有这一个儿子，如果依法重办，则不免忧思难抑。吴元年（1367年）十二月，蒲台有百姓违令，大将军徐达欲斩之，他的儿子却恳求代父受刑，朱元璋为其孝道感动，遂赦免其父。

（三）恤刑审慎、依时决遣

审判方面，朱元璋反对刑讯逼供，要求审判要恤刑审慎。吴元年（1367年）六月，谕宪臣曰：官员使用错误则政事难以办妥，刑罚适用错误则无辜之人会受到伤害，因此用刑必须要慎重小心。以残酷手段来刑讯犯人，什么样的口供得不到呢？古人使用刑罚的目的是保全人民而不是杀戮人民，所以恤刑审慎是为论刑的根本原则。[1]

侦查起诉阶段，严禁淹滞狱囚，必须依规依时判决执行。吴元年（1367年）十一月，中书参政傅瓛向朱元璋禀报应天府有超过半年的滞狱现象。朱元璋听罢惊讶而忧虑地说：京师尚且有滞狱现象，可想下面郡县中冤抑之人必在不少。相关部门若能派人及时决遣，何至于此呢？他所担忧的不仅是京师，而是由此联想到广大地方基层情形势必更加严重，百姓困苦难当，有司难辞其咎，于是下令：我十分爱惜百姓，然而百姓却受到如此冤抑。京师尚且这样，外地可想而知。从今以后，必须及时

---

〔1〕"任官不当，则庶事不理，用刑不当，则无辜受害，故刑不可不慎也。夫置人于捶楚之下，何求不得。古人用刑，本求生人，非求杀人，故钦恤为用刑之本。"（清）谷应泰撰：《明史纪事本末》，中华书局1977年版，第259~260页。

审理判决，严禁淹滞狱囚。[1]

刑罚执行方面，大赦中外狱囚，以敬天悯人。吴元年（1367年）七月，有雷电击中宫门，得到了一个石质斧形之物，朱元璋令将其收藏。出门时命人放在车驾前面，坐朝听政时则放在案上，以示天戒。同时，下令大赦中外狱囚。

三、法律教育和监督观念

（一）法律教育观念

至正二十四年（1364年）正月，朱元璋说：礼法是国家的纲领，礼法一旦确立，则官民思想统一，思想统一则上下安定，开国初期确立礼法乃为第一要务。[2]吴元年（1367年）十月癸丑，朱元璋又说道：治理天下，要分轻重缓急，如今天下甫定，最急迫的是衣食，最紧要的是教化。有了衣食则百姓安定，教化通达则风俗良善。[3]

朱元璋不仅善于创制法律，还很强调臣民的法律教育，以期奉法守法。吴元年（1367年）十二月，朱元璋告谕群臣："读书所以穷理，守法所以持身。因此之所以将官员称为循吏，并不是因为他们威严，而是因为他们能够遵纪守法、明白事理。卿等既读书，于律亦不可不通。大抵人之犯法者，违理故也。君子读书识理，所以不会触犯法律；小人漠视法律，故而容易重刑加身。令卿等各有官守，宜知所谨。"[4]

读书、循理、守法、持身，一脉相承、环环相扣，既读书

---

〔1〕　参见李国祥、杨昶主编，刘重来等编：《明实录类纂》（司法监察卷），武汉出版社1994年版，第3页。

〔2〕　《明太祖宝训·卷一·经国》。

〔3〕　《明太祖宝训·卷一论·治道》。

〔4〕　参见李国祥、杨昶主编，刘重来等编：《明实录类纂》（司法监察卷），武汉出版社1994年版，第4页。

自然应知理，知理则学法、奉法、重法，因此从不违法，这才是为人为官的操守品行。朱元璋此言不仅劝诫臣民学法守法，更是对为人为官的洞察和勉励。

（二）风宪官职责与担当

早在称帝前，朱元璋对法律监督问题已有深入思考，并对谏议监察官员提出了要求和希望，强调他们于国于民之重要作用。谏议官能够纠错补过，及时发现和弥补帝王百官的过错和缺失，监督政令合理贯彻执行，拥有把控分寸、舍身忘家的品质和精神。风宪官应当兴利除害、辅国裕民，以国为重、大局着眼。至正二十四年（1364 年）三月和二十六年（1366 年）春，朱元璋两度告诫谏议官："绳愆纠缪，拾遗补过，谏诤之臣，尤难其人……"〔1〕

（三）法律监督机构

吴元年（1367 年）十月，朱元璋着力构建完善法律监督机构，设置御史台和各道按察司。同时，他还进一步提出了对法律监督工作和台察官的希望和要求，台察之任事关重大，各级官员应当表率部下、忠心君上，毋徒有虚名而尸位素餐，毋消极守旧而姑息养奸，毋徇私舞弊而祸乱纪纲，〔2〕三个"毋"字可谓掷地有声、刚正严明。同年，又令御史台置给事中一职。穷困的出身让朱元璋对贪官污吏尤为憎恶，这使他十分注重对

---

〔1〕 朱元璋告诫谏议官："论道经邦，辅弼之臣，折冲御侮，将帅之职。论思献纳，侍从之任，激浊扬清，台察之司。此数者，朝廷之要职也。至于绳愆纠缪，拾遗补过，谏诤之臣，尤难其人。抗直者或过于矫激，巽懦者又无所建明。必国尔忘家、忠尔忘身之士，方可任之。不然，患得患失之徒，将何所赖也。"李国祥、杨昶主编，刘重来等编：《明实录类纂》（司法监察卷），武汉出版社 1994 年版，第 1 页。

〔2〕 "正己以率下、忠勤以事上。……毋徒拥虚位而漫不可否，毋委靡因循以纵奸长恶，毋假公济私以伤人害物。"李国祥、杨昶主编，刘重来等编：《明实录类纂》（司法监察卷），武汉出版社 1994 年版，第 173 页。

贪腐的防范和打击，于先前御史台基础上增置给事中，负责拾遗、补阙、侍从、规谏等事，官阶为正五品。

四、小结

本节论述了朱元璋自称吴王后的法律观念，该阶段为王朝建立前的铺垫和准备时期，朱元璋法律观念出现明显变化，逐渐偏离之前"民本主义"路线。立法方面，强调吴政权和发动战争的正义性和合法性，重新论证了与元朝的关系，承认元朝正统地位。强调法律的重要性，推行"轻典教化、法贵简严"观念。同时，以立法形式规范和保障产业财税和人才选任工作。司法和执法方面，强调司法公正、执法必严，司法和执法过程中奉行伦常礼教、宽缓仁爱、恤刑审慎和依时决遣等原则。守法方面，提出了教化的重要性，以德礼教化和法律教育来引导官民遵纪守法。法律监督方面，则主要阐释朱元璋对风宪官职责的期望和法律监督机构建设的观念。

第二章

洪武前期朱元璋的法律思想

第一节　思想渊源

一、传统诸家思想

　　传统法家思想是朱元璋开国之初法律思想形成的重要来源之一。《商君书·画策第十八》有言，"刑重者，民不敢犯"，[1]推行重刑主义，使百姓不敢以身试法，从而达至太平安宁，即所谓"以刑去刑，刑去事成"。[2]先秦法家主要人物商鞅和韩非子是为"重典治国"思想之代表，他们反对儒家主张的"德礼之治、德主刑辅"，指出：有些人说实行轻刑，这是乱国亡国之说。唯有重刑治国且不滥施赏赐，才能使君上爱惜臣民，臣民以赏赐为荣。若是动辄奖赏却刑罚轻缓，君上如何能爱惜民众，

---

　　〔1〕　周晓露译注：《商君书译注》，上海三联书店2014年版，第163页。"刑重，连其罪，则民不敢试，民不敢试，故无刑也。"《商君书·赏刑第十七》，周晓露译注：《商君书译注》，上海三联书店2014年版，第152页。

　　〔2〕　《商君书·靳令第十三》，周晓露译注：《商君书译注》，上海三联书店2014年版，第124页。

民众又怎会在意赏罚呢? [1]作为法家思想集大成者,韩非子融商鞅之"法"、申不害之"术"和慎到之"势"于一身,明确提出:若没有权威严厉之势和赏罚分明之法,纵有尧舜也难成治世,[2]所谓"明主治吏不治民"。[3]传统法家思想对后世历代君主影响至深,朱元璋也概莫能外。

同时,传统诸家学说对朱元璋法律思想的形成也有着潜移默化的影响。西周的"明德慎罚""惟德是辅",《尚书·大禹谟》的"汝作士,明于五刑,以弼五教,期于予治",孔孟的"政刑德礼"观,董仲舒的"阴阳五行""教本狱末"学说,《唐律疏议》中的"德礼为政教之本,刑罚为政教之用"以及朱熹"礼乐法制"中的德主刑辅、明刑弼教等思想都是朱元璋法律思想的重要渊源。[4]

二、元代法制实践

除传统思想外,对朱元璋法律思想影响最为直接的莫过于元代的法制观点与实践。朱元璋生于天历元年九月十八(公元1328年),至1368年创立明王朝,由幼年到壮年40年的经历使他对元代法制状况有着切身体会和深刻感悟,直接影响了洪武前期其法律思想的形成。有元一代,始终没有建立传统以法典为主的法律体系,而多采用单行法规汇编为法制形式,致使法律冗乱复杂,普通百姓难以了解,贪官污吏欺诈舞弊。元律规

---

〔1〕"学者之言皆曰'轻刑',此乱亡之术也。"《韩非子·六反》。"重刑少赏,上爱民,民死赏;多赏轻刑,上不爱民,民不死赏。"《商君书·靳令第十三》,周晓露译注:《商君书译注》,上海三联书店2014年版,第124页。

〔2〕"无威严之势、赏罚之法,虽尧舜不能以为治。"《韩非子·奸劫弑臣》。

〔3〕《韩非子·外储说右下》。

〔4〕参见肖建新:"明初法律的二重构建——兼论朱元璋的法律思想",载《法学杂志》2010年第7期。

定：地主打死佃客，仅处杖刑一百七并罚缴五十两烧埋银即可；若是主人误伤佃妇致死，只要挨"七十七下，依例追烧埋银五十两"就算结案。[1]元代法律条文中的民族压迫尤为突出。如元代法律规定：若蒙古人杀死汉人，责打五十七下并罚烧埋银即可；若汉人杀死蒙古人则须处死刑，并没收主犯全部家产，从犯罚缴烧埋银。元代不仅刑事犯罪如此，政治权利方面同样区别对待，例如不同民族的子孙在荫叙上所受待遇迥然不同。大德四年（1300年）八月十八日，中书省遵圣旨明定："色目人比汉儿人高一等定夺"，即"色目人比汉儿人优一等受荫"。元朝中后期，政变频繁、腐败暗弱、法纪废弛，"贫极江南，富称塞北"。连元顺帝自己都承认："系狱之囚，冤抑莫释；在位之士，好恶犹存。"[2]朱元璋后来言道：元朝的主要问题在于君主不能亲自治国理政，臣子们把持朝政、肆意弄权，最终法纪败坏、天下大乱。[3]

三、自身心理和经历

朱元璋出身贫寒、少时不幸，为地主放牛，做游方僧漂泊，读书不多，但他聪颖好学、见识不凡，成年后始终自学不倦，弥补差距，尤其注重对历代治国理政经验理念的学习借鉴。早年的艰险经历也使他的心理印上了猜疑暴戾和狭隘独断的阴影，虽然动辄言道，"予本淮右布衣"，但却难以掩饰他内心的敏感与脆弱。儿时为埋葬父母而苦苦哀求地主，云游四方乞食度命，饱受冷眼恶语，童年屡遭地主富户欺侮使他内心充满了对地主

---

〔1〕 韩儒林主编：《元朝史》，人民出版社1986年版，第50页。

〔2〕 韩儒林主编：《元朝史》，人民出版社1986年版，第41页。

〔3〕 "元之大弊，人君不能躬览庶政，故大臣得以专权自恣。"《明太祖实录》卷五十九。

官僚的憎恨和对农民天然的同情，这从其称帝后杀戮功臣、"重典"整治富家大户和贵族官僚的行动中便可见一斑。正如清代学者评价朱元璋道：依靠功臣的力量来拥有天下，等到天下安定以后，又举全国之力来诛杀他们，这种残忍历代少有。[1]正是这种草根经历和农民情怀使得朱元璋对同为基层出身的汉高祖刘邦推崇备至，他吸取借鉴了"汉承秦制"的思路理念，强调中央集权和铁腕统治。

四、现实背景

物质基础决定上层建筑，洪武初年朱元璋法律思想的形成受制于明初的社会现实和政治背景。大明初立，政治形势尚不稳定，四夷边疆战事不断，北元和倭寇时常骚扰，追随朱元璋征战天下的功臣元勋日渐骄横跋扈，官僚贪腐之风乍现，有些官吏沾染了元代遗风，枉法乱政、贪腐渎职、欺凌百姓，这让朱元璋十分忧虑不安，联想起元末腐朽民变的惨痛教训，[2]朱明皇朝政权亟须巩固。全国性政权的建立意味着朱元璋完全由农民领袖转变为了地主阶级利益的代表，需要获得地主阶级的支持并维护他们的利益，这就要求他及时调整统治政策和法律思想。经济上，满目疮痍、百废待兴，社会经济破败凋敝，百姓生活举步维艰，然而新旧地主却大肆敛财、偷逃赋税，极大地加剧了农民负担，动摇了皇朝统治的经济基础，小规模农民起事时有发生。

---

〔1〕（清）赵翼所撰的《二十二史札记》卷三十二曰："借诸功臣以取天下，及天下既定，即尽举取天下之人而尽杀之。其残忍实千古所未有。"

〔2〕参见王世谊、丁守卫："朱元璋'重典治国'思想探析"，载《南京社会科学》2006年第6期。

第二节 立法思想

一、开国称帝的正统性与合法性

（一）正统性与合法性

1368 年是中国历史上的一个重要年份，这一年朱元璋领导的反元势力推翻了蒙元统治，恢复了由汉族建立的大一统王朝。在国外史学界，这一年同样重要，它标志着帝国晚期的开始和中国走向现代世界的起点。虽然朱元璋在 1367 年的《朱元璋奉天讨元北伐檄文》中明确提出了"驱逐胡虏，恢复中华，立纲陈纪，救济斯民"之口号，但建国后朱元璋的态度有所转变，并在一定程度上继承了元朝的部分遗产，进一步构造了中国的专制政体。"他将中国社会解体，并重新以家族形式聚合起来，为更好地积累商业财富而重构了中国人的价值观。"[1]立国后，朱元璋定年号为"洪武"，即"武运洪大"之意，让明朝子民铭记他的赫赫军功。为了彰显大明王朝的正统与合法，他推崇元世祖忽必烈的统治理念，意在将元末破碎凋敝的国土变成道家的乌托邦，虽然事与愿违，很快就成了法家的古拉格。[2]朱元璋对于法制建设之重视可谓有目共睹，他力主用法律手段来维护君主专制中央集权制度，认为欲开创大明的崭新格局，稳定国初大势，必须陈纲立纪、以法治国。[3]

朱元璋立国后的首要任务就是解决统治与法律的合法性问

---

[1] ［加］卜正民：《挣扎的帝国：元与明》，潘玮琳译，中信出版集团 2016 年版，第 2 页。

[2] ［加］卜正民：《挣扎的帝国：元与明》，潘玮琳译，中信出版集团 2016 年版，第 7 页。

[3] 参见（明）宋濂：《洪武圣政记》，南京出版社 2013 年版。

题。合法性中的"法"对内是为正当性，对外则为权威性，它不仅是法律，也是一种权威和信仰，是一种令众人折服的终极力量。为了实现这种合法性，朱元璋致力于领袖权威、刑罚威慑和法律贯彻的建构。[1]首先，领袖权威是达成法律合法性的基础。正如马克斯·韦伯所言："魅力型合法统治建立在非凡地献身于一个人以及由他所默示和创立的制度的神圣性，或者英雄气概，或者模范样板之上。"[2]朱元璋在元末战争中的宏大功业，顺应时势、契合民心，他的光辉形象深入人心，光环之下颁行的律令自然容易为百姓所认可。其次，"重典治国"是达成法律合法性的保证。元朝不修法度、军政散乱，致使朝政废弛、民变纷起，朱元璋深以为戒。[3]他认为，单靠魅力和说教难以让官民遵纪守法，合法性建构更是无从谈起，必须以严刑重典来强化国家法令的遵从感。最后，法律贯彻是实现法律合法性的条件。法律若想获得认同就要被广泛地贯彻执行，然后让民众逐渐熟悉，朱元璋深谙此理，为此他十分重视立法的简明通达和事后的宣传教化。[4]

（二）承天意、顺民心

立法思想首在承天意、顺民心，民心所向、天命所归，乃王朝万世一系之根本，也是一切法律活动的最高指针。马皇后曾谓朱元璋曰：如今群雄争霸，虽不能预知天命所在，但以臣妾所见，不妄杀人方为根本之道。"颠者扶之，危者救之，收集

---

〔1〕　闫斌："朱元璋法律合法性思想研究：批判与启示"，载《兰台世界》2014年第15期。

〔2〕　［德］马克斯·韦伯：《经济与社会》（第1卷），阎克文译，上海世纪出版集团2010年版，第322页。

〔3〕　参见（清）谷应泰撰：《明史纪事本末》，中华书局1977年版。

〔4〕　闫斌："朱元璋法律合法性思想研究：批判与启示"，载《兰台世界》2014年第15期。

人心。人心所归，即天命所在。彼纵杀掠，以失人心。天命所恶，虽其身亦难保也。"〔1〕朱元璋答曰："尔言深合我意。"马皇后与朱元璋的一问一答鲜明揭示了什么是天命所在。唯有人心所向才是政治法律活动的准则和王朝天命之所在。为表现自己是承天顺意、民心所向，朱元璋登基伊始就十分重视祭祀礼法的创制工作。洪武元年（1368 年），他敕令李善长、陶安曰：自古贤君圣主治理天下都以祭祀为重，以尊奉告慰神灵。朕秉承天命，统一中华，第一要务就是建设郊社宗庙，以弘扬礼仪祭祀。创业之初，典章礼仪均未齐备，又如何能够祈祷告慰神灵呢？你等应参考历代制度，务必合适妥当，拟定条章后上奏于朕。〔2〕神明祭祀既是古今之制，更是天命的象征，必须要典礼齐备，崇敬而严肃，以祈求神明的护佑和祝福。

二、取古善法、抬升皇权

立法应当"取法于古，择其善者而从之"。朱元璋认为新朝立法必当传承、借鉴先前历代，但也不可一味盲从，需要有所取舍、创新发展。新朝法制当以儒家仁义礼教为思想基础，同时吸收法家所长，借鉴采纳荀子的思想理论和唐太宗的法制实践，实行礼本刑辅、礼法结合，以此作为法制工作的指导思想。〔3〕刘基和陶安曾建议朱元璋仿照元朝旧制设立中书令，并请太子

---

〔1〕 （明）陈建：《皇明通纪》（上），钱茂伟点校，中华书局 2008 年版，第112 页。

〔2〕 "自昔圣帝明王之有天下，莫不严于祭祀，以交于神明。朕诞膺天命，统一海宇，首建郊社宗庙，以崇祀事。顾草创之初，典礼未备，将何以交神明而致灵祝？卿等宜酌古今之宜，务在适中，定议以上闻。"（明）陈建：《皇明通纪》（上），钱茂伟点校，中华书局 2008 年版，第113 页。

〔3〕 傅玉璋："朱元璋法律思想初探——明初统治措施探索之四"，载《安徽大学学报》1990 年第 1 期。

担任，朱元璋断然拒绝。他说：取法于古，必择其善者而从之。元朝乃蒙古人所建，典章不遵传统，任官不顾德才，只照顾本族利益，如何能效法呢？何况太子年纪尚幼，学识不足，阅历浅薄，正应拜师从教，研习经典，博闻强识，通达世事。以后国家大事都要让太子参与，又何必让他做中书令呢？可见朱元璋不仅认为立法应择古之善者而从，对于行政立法，还要贯彻"设官以贤、不惟其类、尊礼重教"的基本原则。

立法贵在"刑期于无刑"，"令以教前、律以惩后"。洪武元年（1368年），中书省御史台臣向朱元璋禀奏所修之《大明令》。朱元璋说："律令者，治天下之法也。令以教之于先，律以齐之于后。书曰：'刑期于无刑'。"[1]朱元璋此话点明了律与令的根本区别和不同作用，为《大明律》和《大明令》的创制指明了方向，同时也揭示了立法"刑期于无刑"的最终追求。

立法贯彻"打压士大夫、抬升皇权"之宗旨。明代以前，士大夫与皇家可谓共存共治。宋代以前三公坐而论道，到宋代变为三公群卿立而奏事，至明代连站着也不行，要跪着说话。魏晋南北朝的士族门阀是共建皇业的股东，与皇家休戚与共、共存合作，"上品无寒门、下品无士族"。唐宋以后，考试制度逐渐代替门阀制度，官僚士绅和皇家的关系成了老板和伙计，是雇佣而非合股，老板为了让伙计忠心尽职只能礼遇优待。[2]

---

〔1〕（明）陈建：《皇明通纪》（上），钱茂伟点校，中华书局2008年版，第115页。

〔2〕正如熙宁四年（1071年）文彦博和宋神宗的对话，文彦博说："王安石胡乱主张，要改变法度。其实祖宗朝的法制就很好，不要胡改，以致失掉人心。"宋神宗说："更改法制，对士大夫也许有些吃亏，可是，老百姓是喜欢的。"文彦博说："这话不对，皇家是和士大夫治天下的，和老百姓何干？"宋神宗说："就是士大夫也不全反对，也有人赞成改革的。"转引自吴晗：《朱元璋传：从乞丐到皇帝》，华东师范大学出版社2014年版，第151页。

士大夫与皇家由前期的共存关系变为共治关系,由股东降格为伙计了。到了明代,士大夫的地位进一步下跌,成了卖身皇家的奴役,为官者需揣摩圣意、迎合君主,稍有不慎便会家破人亡。君臣关系变为主奴,奴化教育造就的士大夫只能体贴入微地逢迎阿谀,将皇权抬上了历史的巅峰。"打压士大夫、抬升皇权"的观念彰显于国家政治生活的方方面面,成了重要的法律思想之一。[1]

遵循"刑新国用轻典,刑乱国用重典"的立法精神,贯彻"慎刑""用宽"的立法主张。"洪武六年律"编成后,基于与时俱进的考虑和现实情况的改变,朱元璋决定对部分条款进行修改,令右丞相胡惟庸和御史大夫汪广洋等人再行厘正。洪武九年(1376年)底,《大明律》修订完毕,颁示全国。这部法典完全遵循了"新国轻典、乱国重典"的立法精神和"慎刑""用宽"的立法主张,成了洪武年间定罪量刑最轻的一部法典。[2]

三、法贵简严、重重轻轻

(一)法贵简严

1.基本内涵

首先,确立"法贵简严"的指导原则。所谓"法贵简严",即"法律简单,官吏难以作弊,法律严厉,百姓不敢轻犯",[3]立法务必要实现简明扼要、通俗易懂、重罪严惩、重重轻轻。洪武元年(1368年)正月十八日,朱元璋颁布《大明令》。圣旨载:"今所定律令,芟繁就简,使之归一,直言其事,庶几人

---

[1] 吴晗:《朱元璋传:从乞丐到皇帝》,华东师范大学出版社2014年版,第152页。

[2] 周启元:《朱元璋正传》,中国文史出版社2014年版,第218页。

[3] 叶孝信主编:《中国法制史》,复旦大学出版社2002年版,第285页。

人易知而难犯。"〔1〕由此可见，洪武初年朱元璋对"简严"的重视。"简严"思想着重强调的是预防官吏徇私枉法、胡作非为，从而保证中央法令能够真正贯彻执行。同时，法令简明严厉、人人易知，能够有效教化和震慑百姓，从而达到"难犯"和"不犯"，维护王朝统治的长久安宁。〔2〕

朱元璋不仅提倡法律内容简单明了，还要求执法和行政过程简便快捷。洪武六年（1373 年）九月，更定"有司申报庶务法"。同时要求大力简化程序、节省开支，提高部门办事效率，压缩官吏徇私弄法空间。〔3〕

其次，通过立法严厉打压秘密宗教和农民起事。农民起事出身的朱元璋深知宗教组织和农民起事对王朝统治的巨大威胁，称帝后一反常态，极力否定红巾军起事并严打一切秘密组织和聚众起事，颁布《大明律》等法令禁止一切邪教巫术，尤其是白莲教和大明教。《大明律》还规定：凡谋反和谋大逆者皆凌迟处死，本人所有亲属中年满 16 周岁的男性一律株连处斩。该规定

---

〔1〕 圣旨载："古者律令至简，后世渐以繁多，甚至有不能通其义者，何以使人知法意而不犯哉！民既难知，是启吏之奸而陷民于法。朕甚悯之。今所定律令，芟繁就简，使之归一，直言其事，庶几人人易知而难犯。"转引自叶孝信主编：《中国法制史》，复旦大学出版社 2007 年版，第 285 页。

〔2〕 上曰："以宽得之，则闻之矣；以宽失之，则未之闻也。夫步急则蹶，弦急则绝，民急则乱，居上之道，正当用宽。元季君臣，耽于逸乐，循至沦亡，其失在纵弛，非宽也。大抵圣王之道，宽而有制，不以废弃为宽；简而有节，不以慢易为简；施之适中，则无弊矣。"（清）谷应泰撰：《明史纪事本末》，中华书局 1977 年版，第　页。

〔3〕 "类咨中书，吏牍烦碎，而公私多靡费。又有司决狱，笞五十者县决之；杖八十者，州决之；一百者，府决之。其徒罪以上具狱送行省。由是州、县或受赃减重从轻，省、府或弄法加轻入重。文移驳议，务从简便。乃革月报为季报，以季报之数类为岁报。凡府、州、县轻重因即依律断决，不须转发。果有违枉，从御史、按察司纠劾。令出，天下便之。"李国祥、杨昶主编，刘重来等编：《明实录类纂》（司法监察卷），武汉出版社 1994 年版，第 10 页。

相较以往，株连范围更广，而在现实执行中许多16周岁以下且按律不受株连的青少年也难逃厄运。另外，针对谋反和谋大逆，《大明律》不论情节轻重一律严刑论处，牵连人数动辄成百上千。[1]

最后，"严法治吏"和"汉承秦制"。作为出自乡野的平民皇帝，朱元璋对与他出身接近的汉高祖刘邦十分推崇，立法思想上受刘邦"汉承秦制"的影响颇深，倡导铁腕治国、中央集权。一方面，杀宰相和废宰相。洪武十三年（1380年），朱元璋以"谋不轨"罪名诛杀宰相胡惟庸九族，并杀御史大夫陈宁和御史中丞涂节等数人，同时废除宰相制度，由皇帝亲理朝政。胡惟庸等人被诛后，朱元璋告谕中外官员：朕登基十三年，设立中书省管理民政，都督府统辖兵事，御史台监察纲纪。未料到有奸臣祸乱朝纲、结党营私、图谋不轨。待东窗事发，被一举剿灭。朕想借此撤销中书省，提升六部职位，各司其职。同时设立五军都督府分管各军。这样可以避免权力集中于单一部门，治国理政更为透明高效。[2]朱元璋明确晓谕天下诛杀胡惟庸等人之原因和废除宰相制度的决心和合理性。此外，他还大力构建由检校和锦衣卫组成的特务网，强化了专制皇权。

另一方面，立严刑峻法来惩治贪官污吏和奸顽豪富，整顿官场吏治和社会风气，促使各级官吏士绅遵纪守法、上令下达，保证国家法令得到有效的贯彻落实。洪武四年（1371年）下令

---

〔1〕 参见安伟娟："明太祖朱元璋的法律思想"，载《兰台世界》2013年第6期。

〔2〕 "朕自临御以来十有三年矣，中间图任大臣，期于辅弼以臻至治，故立中书省以总天下之文治，都督府以统天下之兵政，御史台以振朝廷之纪纲。岂意奸臣窃持国柄，枉法诬贤，操不轨之心，肆奸欺之蔽，嘉言结于众舌，朋比逞于群邪。蠹害政治，谋危社稷。譬堤防之将决，烈火之将然，有滔天燎原之势。赖神发其奸，皆就殄灭。朕欲革去中书省，升六部，仿古六卿之制，俾之各司所事。更置五军都督府以分领军卫。如此，则权不专于一司，事不留于壅蔽。卿等以为何如?"李国祥、杨昶主编，刘重来等编：《明实录类纂》(司法监察卷)，武汉出版社1994年版，第14页。

"自今官吏犯赃罪者无贷"。洪武五年（1372年）昭告天下：闽浙两广等地的官贵地主经常私自阉割百姓之子作为奴仆使用，称他们为"火者"，今后胆敢再有此行径，处以宫刑，收入官府为奴。[1]可见，朱元璋对贪官奸顽立刑之严可谓毫不留情、重其重罪，而且即使遇赦免罪，也要追征其赃。

　　不仅如此，对于皇亲国戚和公侯功臣朱元璋也同样严厉。洪武五年（1372年）六月，朱元璋特令工部草拟章程，铸成"铁榜"，申明管制训诫皇亲国戚和公侯功臣之条令。[2]条令之前，朱元璋对制定的背景、缘由、意义颇有一番陈述。他先说到自古帝王对公侯功臣的保恤和怜悯，可无奈有些功臣骄横跋扈、屡教不改、自取灭亡，有的则是功臣之奴仆欺压良善而功臣未能及时察觉，长此以往将造成君臣误会猜忌、心生嫌隙，加之奴仆从中挑拨构陷，最终会祸及功臣自身而君臣两失，实在是奴仆之罪过和功臣不能察下之误。为了避免功臣之奴仆沾染恶习、触犯国法，故特作铁榜申明律令。除了公侯功臣的亲属另议外，但凡奴仆犯法一概照此惩治，不许干涉藏匿。朱元璋表面打击奴仆，实际上是在申诫和威慑功臣。铁榜的具体内容共有九条，[3]归纳起来无非三类：军事上禁止功臣和官军密

---

　　〔1〕　李国祥、杨昶主编，刘重来等编：《明实录类纂》（司法监察卷），武汉出版社1994年版，第7页。《大明律》规定："受财枉法者，一贯以下杖七十，每五贯加一等，八十贯则处以绞刑。受财不枉法，一贯以下杖六十，每五贯加一等，至一百二十贯杖一百，流放三千里，后改为受四十贯就流放。"

　　〔2〕　参见王世谊、丁守卫："朱元璋'重典治国'思想探析"，载《南京社会科学》2006年第6期。

　　〔3〕　①各级军官不得私受公侯钱物；②公侯没有特旨不得私役官军；③公侯之家不得强占官民田产园舍；④各级官军不得在公侯门前侍立听候；⑤功臣之家管庄人不得仗势欺人；⑥功臣之家各类亲属、伙计、奴仆等不得倚势侵犯百姓田产财物；⑦公侯之家严禁私托门下隐匿公差徭役；⑧公侯之家不得欺压良善，侵夺他人田产房屋；⑨功臣之家不得受诸人田土和朦胧投献物业。

切来往；政治上禁止欺扰百姓、巧取豪夺；经济上禁止隐匿差役赋税。即从政治、经济、军事三大方面全面强化了对公侯功臣的监管和约束，使其谨守其身、严训于家、优享天年。当然，针对这些法令，朱元璋还相应制定了惩治办法，包括罚俸、笞杖、充军、刺面、劓鼻、籍没、处死等，同时对功臣大多给予特权优待，前两次触犯只记过，第三次再犯可以免死一次，体现出了对公侯功臣的体恤和保全。可见，洪武初年，朱元璋虽严于治吏，但是对公侯功臣还是给予了相当的照顾和宽容，希望他们能够遵章守纪、各安其家，并非一味不讲情面、严苛滥罚，对于那些宽宥数次、屡教不改、扰乱国法者则依法立断、不再姑息。[1]

2. 官吏对"简严"思想的态度

面对朱元璋的"简严"思想，有些官吏颇有微词，并上书陈告，展现出官吏对于朱元璋法律思想的态度和意见，其中以山西平遥训导叶居升的万言书为代表。叶居升，字伯臣，浙江宁海人。他时常对人说：当今天下有三件大事，其中有两件容易发现且隐患较小，还有一件却难以知悉且隐患甚大，这三件事闷在我心里很久了。即使无人问津，我也要禀奏，更何况已有明确的诏令呢？此三事概略说来即为：封建诸王数量过多，治国理政急躁冒进，论罪处刑繁密苛重，[2]可见其中两件为患小之事均与法律思想密切相关。其一，"用刑太繁也"。叶居升认为，当今四方安宁、民心思治，朝廷应以宽大政策治理天下，而现实却是视人命如草芥，肆意刑杀，天下恐慌。笞、杖、徒、

---

〔1〕 参见李国祥、杨昶主编，刘重来等编：《明实录类纂》（司法监察卷），武汉出版社1994年版，第9页。

〔2〕 "分封太侈也，求治太急也，用刑太繁也。"（明）陈建：《皇明通纪》（上），钱茂伟点校，中华书局2008年版，第208页。

流、死五刑的适用如果"一出乎大公至正可也",而实际中却是"多出圣衷",致使狱吏多加重罪责、用刑严苛,治狱平允万难实现。其二,"求治太急也"。叶居升说到,古代为官之人,以入仕为荣,以罢职不用为耻,而如今则以混迹无闻为福,以不被录用为幸运,至于屯田工役和鞭笞打骂更是习以为常。朝廷网罗天下人才,不许遗漏一人,有司四处催征,如同抓捕囚犯,到了京师后,随意派官,根本不考虑所学和特长,稍有不慎就会受到屯田工役的处罚,录用时待之如珍宝,录用后却视之如泥沙。治理乱世就像梳理杂乱的丝绳,慢慢寻找就会逐渐理出头绪,急躁拉扯则结扣更紧,如今天下躁动、法令严苛、赏罚无常,君主日夜辛劳,臣子痛苦困顿,却依旧难见治理成效。[1]对于叶居升的万言书,朱元璋十分生气,将其抓捕入狱,最终导致其瘐死狱中。然而,朱元璋公开给出的理由却并非上述两件事,而是叶居升提出的"分封太侈也",朱元璋认为这是离间骨肉之行为。尽管朱元璋对这封万言书大为恼火,但他最终并没有公开反驳"用刑太繁也"和"求治太急也",可见朱元璋虽并非认同,但是还是有所触动和思考的。

3. 循分守法

虽然朱元璋对奸顽富豪和公侯功臣严厉戒备,但作为帝王他毕竟是地主阶级意志的最大代表,所以他的法律思想本质上是要构建"循分守法"的法制格局,实际上就是要维护现有封建生产关系,保障大明王朝的长治久安。[2]洪武三年(1370年),朱元璋在召见各地豪绅公侯时言明:而今朕为天下之主,制定法律、创设制度,意在让富贵者能够安享富贵,贫弱者能

---

〔1〕　参见(明)陈建:《皇明通纪》(上),钱茂伟点校,中华书局2008年版,第209页。

〔2〕　吴晗:《明史简述》(增补本),华东师范大学出版社2015年版,第12页。

够维持生存,你们应当安分守己、遵纪守法,如此便能保全身家。[1]他明确承认维护地主阶级利益,保全封建剥削制度,保障富人剥削穷人的基本制度,旗帜鲜明地站在了地主阶级一方,只是出于统治和剥削的长久稳定考虑,要求剥削有所节制,确保穷人的基本生存权益,而对待富豪官吏的严厉少恩也是出于维护剥削的长久利益考虑,维系上下贫富之间的利益平衡和相安,根本上还是要保护地主阶级统治利益和朱明王朝"人心和悦、天心眷佑、国祚久长"[2]的繁盛局面。现实中,朱元璋在严法治吏治富的同时,除罪大恶极者外,对官僚富豪也时有庇护。洪武六年(1373年),工部尚书王肃犯法,应当判罚笞刑。朱元璋说"六卿贵重,不宜以细故辱",[3]下令用俸禄赎罪即可。洪武十二年(1379年),朱亮祖坐镇广东,多有不法行为,朱元璋将其召回,不久后朱亮祖病死,朱元璋仍以"侯礼葬之"。虽说洪武年间朱元璋对待官吏富豪较以往更加严厉,但"礼不下庶人,刑不上大夫"的等级特权影响仍然是存在的。

(二)重重轻轻、得其中道

朱元璋并非单纯强调严厉,在针对广大百姓的一般立法方面,他主张应轻缓而得其中道。洪武四年(1371年)五月,朱元璋与大臣研讨刑法,御史中丞陈宁提出立重法、察下情,如此下民才不敢轻易犯法、隐瞒徇情,朱元璋对此予以批驳。他说:严刑重法必然导致刑罚酷滥、为政苛责。对百姓管制越多则犯法之人越多,监视探听过密则欺诈谣言四起。石头累积的山岗形势陡峻,却鲜有草木生长。河流溪水太过清澈,则鱼虾难以生长。法律若是公正,百姓自然诚实;罪刑若是合理,民

---

[1] 《明太祖实录》卷四十九。

[2] (明)陈子龙等选辑:《明经世文编》卷七,中华书局1962年版。

[3] (清)张廷玉等:《明史》(简体字本),中华书局2000年版,第1557页。

众自当诚服。现在如果推行重刑且严厉督查，百姓必然无所适从。[1]同时，其明确表达反对滥用重法和干扰百姓，并作喻阐释，主张"法正而罪当"，否则只会导致"犯者众、巧伪滋"。洪武九年（1376年）十月，朱元璋审阅《大明律》，对左丞相胡惟庸和御史大夫汪广洋等人说："古时礼俗淳厚而法令稀疏，后来人心不古，律令更加严苛。因此，圣明之主推崇宽缓简约，反对繁密苛重。朝廷创制法律一定要中道适当，这样才能让民众心悦诚服、万世流传。西汉萧何制定九章律，内容简当，后来仍被张汤肆意修改。九章律并非完善，时间久了也会有不宜之处。朕最近研读法条，感觉多有不当之处，你们去认真商议修订办法，务必契合公正中道之意。"[2]

针对江南诸郡民和世家大族，作《教民榜》训谕之。洪武三年（1370年）八月，朱元璋诏令江南诸郡大家赴京并亲自训谕，关涉"天地阴阳、性命仁义、古今治乱盛衰、纪纲法度、风俗政治得失之故"，[3]谆谆告诫之言多达千百。为了防止臣民事后遗忘，专门刻制为书，赐予各地各家，即名为《教民榜》。其内容涉及包括律令纲纪在内的诸多方面，充分反映出了洪武初年朱元璋的政治和法律思想。

具体罪刑方面，朱元璋提出"谋反不实者抵罪"思想。洪武元年（1368年）九月，有民告富人谋反，经调查并不属实，实

---

〔1〕　参见李国祥、杨昶主编，刘重来等编：《明实录类纂》（司法监察卷），武汉出版社1994年版，第7页。

〔2〕　"古者风俗厚而禁纲疏，后世人心漓而刑法密。是以圣王贵宽而不贵急，务简而不务烦。国家立法，贵得中道，然后可以服人心而传后世。昔萧何作《汉律》九章，甚为简便，后张汤犹得以私意乱之。况未尽善，其能久无弊乎？今观律条，犹有议拟未当者，卿等可详议更定，务合中正。仍具存革者以闻。"《明太祖宝训·卷五·恤刑》。

〔3〕　（明）陈建：《皇明通纪》（上），钱茂伟点校，中华书局2008年版，第167页。

为诬告。根据元代规定，告谋反不实者，仅杖一百，以鼓励告奸。朱元璋并不赞同这一规定，他认为奸恶之人若不抵罪，就会有更多良善之人被诬陷，从今起凡是控告谋反不属实之人予以抵罪，立为法令。[1]这一规定更多地从保护好人的角度出发，避免人们遭到不应有的诬陷和打击，有利于维护百姓的正当利益。

四、部门立法思想

（一）"大权在君、耕战协调"的军事立法思想

早在元末农民战争时期，朱元璋就展现出了卓越的军事法思想，立国后又进一步丰富完善。朱元璋结合早年实践经验和历代征兵和募兵制利弊，认为征兵制虽然兵源广泛、有战即来、无事归农、无养兵之费，但长期战争会影响农业生产，难以支持大规模作战。募兵制的士兵多为职业兵，不受农业生产限制，但需要维持大量常备军，军费负担太重，兵源来路不明、素质不高。理想的制度应是取两者之优而去两者之弊，核心要义就是保持战斗力和生产力协调一致，这一观念成了明初军事法的主要思想和原则，而其应对办法就是卫所制度。[2]

1. 实体方面

（1）确定"卫所官军及将帅将兵之法"。洪武元年（1368年）规定：上自京师、下到郡县，皆设立卫所，大约以5600人为一卫，1120人为一所，112人为百户所，每百户所设总旗2名，小旗10名。日常管理约束通常由指挥使等官员负责，大小卫所相联，共同组成建制官军。对于将帅领兵规则，此法规定：

---

〔1〕李国祥、杨昶主编，刘重来等编：《明实录类纂》（司法监察卷），武汉出版社1994年版，第5页。

〔2〕吴晗：《朱元璋传：从乞丐到皇帝》，华东师范大学出版社2014年版，第103页。

遇有战事，指令选派总兵官，并颁发将印为领兵凭证。待凯旋后，把将印归还朝廷，军士返回原属卫所，领兵将军则独自回府。军权全部统归朝廷，禁止私自擅权调动。自今以后，调兵征伐皆以此为准。[1]由此法可以看出三方面内容：第一，明代正规军的建制为卫所制，卫所遍及全国，员额明确、等级分明。第二，日常管理和战时指挥相分离，卫所官军的日常管理训练由指挥使等官员负责，而非将帅军官。第三，将领和士兵没有统属关系，战时临时指派，发给将印以为凭证，战事结束则归还将印，将领与士兵各自归置，解除领导关系，将不知兵、兵不知将。这部卫所军制与领兵之法展现出了明军建制规整、管理有序的总体格局，同时体现出了明初军政大权统于皇帝，大将只是依照命令履行职务，并无兵权可言，有效预防了将领拥兵自重、不听调遣的弊端，但也使得士兵和将领互不熟悉、缺乏了解，临时组建后战斗力发挥受到极大影响。

（2）确定"军卫法"。《洪武圣政记》和《刘基传》记载，洪武元年（1368年）正月，刘基启奏确定军卫之法。开国之前所核定的兵数，比洪武元年要少，原因在于原先没有确定军籍，统计数量时只计算了兵数，而没有包括军官在内。洪武元年确立"军卫法"，则以卫所统属军籍，士兵和军官的军籍均附属于卫所，世代不变，因此计算人数时自然有所增加。附籍之后，每家分配土地耕种。一家之中，一人为士兵或军官，其他家人，若是军官的子弟则为舍人，若是士兵的子弟则为余丁。当士兵或军官出缺时，则由舍人和余丁补充，当发生战事或日常操练之时，则由舍人和余丁负责耕种收获。如此这般，士兵既不是浮浪之人，征兵也不再是劳民伤财之事，养兵同样不会消耗国

---

[1]　（明）陈建：《皇明通纪》（上），钱茂伟点校，中华书局2008年版，第115页。

家财政。卫所所分配的土地大多出自屯田，所有军士一律参加屯田，屯田由此成了卫所和府兵制度的根本。[1]明初确立的"军卫法"充分体现了朱元璋集征兵和募兵优势于一体、兼顾战斗力和生产力的军事法思想。军士隶属于卫所，而卫所既是军事单位，又是生产单位，既有职业兵，也有临时补充的舍人和余丁，自力更生、农战一体、相互支持，戍边防卫的同时又能开发边疆、屯田垦荒，可谓是明初军事立法和制度上的一项创新之举。《续通考》曰：洪武制度，驻外军士都是屯田之兵，军官俸禄和士兵军粮都由屯田提供。"帝尝曰：'吾养兵百万，不费百姓一粒米'。"[2]

（3）确立"禁武官纵军鬻贩之法"。洪武三年（1370年）规定：在外卫所武臣严禁派遣部下出境经商，谋取小利而忘记防卫大事，设立卫所就是要抵御外侮，此为首要任务，[3]对于胆敢再犯者，罪之无赦。

（4）确立"门禁法"。洪武四年（1371年）春，对内立门禁法，规范了兵士轮岗时间、号牌使用、失职惩处等内容。具体包括：守卫的指挥、千户和百户每天轮换一次，士兵三天轮换一次。宫内人员进出须凭借号牌。若胆敢私自携带武器或药品进出，依律论处。站岗官兵失职而未能查获的，同罪论处。如果是马车出入还需有一名御史亲自点视。[4]

（5）征伐战争中，禁止妄加屠戮，降者抚之、抗者诛之。洪武二年（1369年）十二月，朱元璋下诏赦免逃匿到山谷的临

---

〔1〕 参见孟森：《明史讲义》，吉林出版集团股份有限公司2016年版，第42页。

〔2〕 钱穆：《中国历代政治得失》（新校本），九州出版社2012年版，第133页。

〔3〕 李国祥、杨昶主编，刘重来等编：《明实录类纂》（司法监察卷），武汉出版社1994年版，第6页。

〔4〕 李国祥、杨昶主编，刘重来等编：《明实录类纂》（司法监察卷），武汉出版社1994年版，第6页。

逃将士。临洮将士投降之初，禁止随意诛杀，凡是主动投降的，均量才授官并保全其家人，后有降卒逃匿到山谷中，朱元璋仍不予追究、一概赦免。

2. 程序方面

洪武三年和四年，分别规定"军官有犯必奏请后逮问"以及"京卫军士犯罪笞四十以上者，发补外卫"，对军士的逮问和执行作出明确规范。而在征战过程中，对于触犯军法者，将军有权就地处置，警示众人。洪武三年（1370 年）四月，左丞胡德济临阵畏缩、触犯军法，大将军徐达将其押解进京，听候朝廷发落。朱元璋本想依律惩治，但念其功劳只能无奈赦免，于是便以此案为依据，立下规矩：军队出征在外全由将军节制，如果有功之人犯罪都要送交朝廷才能处置，那么军威号令何在？将在外，君命有所不受，今后凡触犯军法者可于军中就地处置、毋庸姑息，以严明军纪，若是报至朝廷则争议颇多，难以秉公处理，反受其累。

（二）"发展生产、轻徭薄赋、规范市场"的经济立法思想

1. 轻徭薄赋、均平负担

贯彻"轻徭薄赋、均平负担"政策。建国初，朱元璋着手实施唐宋的"两税法"来取代元朝混乱繁重的税制。所谓"两税"，是指夏税和秋粮，夏税完税时间不能超过八月份，秋粮则不能超过次年二月，征收内容主要以米和麦为主，丝绢和钞为其次。征收比例大体为：民田每亩三升三合五勺，官田每亩五升三合五勺，重租田每亩八升五合五勺，没官田每亩一斗二升。当时，农田一年的亩产量大约在一石到五石之间，而民田田赋为三升三合五勺，即使按亩产一石计算，也仅是三十税一，这个税率确实是很轻的。[1]

---

〔1〕　周启元：《朱元璋正传》，中国文史出版社 2014 年版，第 223 页。

2. 规范市场秩序、维护商人权益

规范市场秩序、加强商人监管、维护商人权益。洪武元年（1368 年），朱元璋诏令中书省：由京师兵马指挥司一并管理市司，每三天校勘一次斛、斗、秤、尺和经纪人的姓名，保持物价平稳。驻外各府州城门兵马司也一并兼管市司。严禁商人和牙侩私造斛、斗、秤、尺等度量工具，凡欺行霸市、哄抬物价者，皆予治罪。同时，为加强商人监管，朝廷规定商人外出经商，必须提前报请官府批准并领取"关券"，方才合法。朱元璋始终秉持"农尽力畎亩，士笃于仁义，商贾以通有无，工技专于艺业"之理念，[1]十分注意保护商人的合法权益。洪武年间的商税一直很低，始终维持着龙凤十年"三十税一"的税率，若有官吏敢超额征收，严惩不贷。不仅税率较低，许多物品交易也不在征税之列。洪武十三年（1380 年），朱元璋采吏部意见，裁撤了 364 个岁收额米不足五百石的税课司、局，极大减轻了商人负担。明廷还规定：官府若在市镇采购物品，需比民间交易价钱每多一分，这样就避免了官府仗势欺人、压价贱卖的现象。各个城镇还要设立官、私客店，方便来往商人住宿生活，商人住宿必须详细登记姓名、人数和日期，以便官府随时检查。基于朱元璋采取的保护政策和各行业的蓬勃发展，商业经济逐步复苏并繁荣起来，各大城市开始呈现出欣欣向荣的繁华景象。[2]

3. 屯田制度

广泛推行屯田制度。屯田分为军屯和民屯，朱元璋最初设立民兵万户府，寓兵于农，制度良善，并命令诸将在龙江各处屯兵。洪武六年（1373 年），太仆丞梁野仙帖木尔禀告说：宁

---

〔1〕 周启元：《朱元璋正传》，中国文史出版社 2014 年版，第 336 页。

〔2〕 周启元：《朱元璋正传》，中国文史出版社 2014 年版，第 337 页。

夏和四川一带，东北至塔滩，西南到船城，沃野千里，可召集流亡之人开展屯田，朱元璋予以批准。当时，朱元璋还敕令邓愈、汤和等军屯垦于陕西、汝宁、北平等地，征迁山西、真定百姓至凤阳屯田。[1] 同时规定制度：迁移百姓到人口稀少之地，或者公开召集，或者将罪犯发配过去，归属于有关衙门管理，而军屯则归属卫所管理。边疆地区三分守城防卫，七分屯田耕种；内陆腹地则二分卫城，八分屯垦。每军受田五十亩，为一分，配给耕牛和农具，教导植树，恢复税赋田租，并派遣官吏劝导教化，严惩侵害百姓的贪官污吏。洪武初年，每亩征税一斗。洪武三十五年（建文四年，1402年）确定科则：一分军田，收十二石正粮，储存在屯仓，由本军自用；其余粮食作为本卫所官军俸禄。[2]

4. 江南重赋

对江南实行重赋政策、严明法令。"江南重赋"即明朝统治者在江浙地区的苏州、松江、湖州和嘉兴四府推行重科赋税之政策。时人评价道：苏松税赋天下最重，一县赋税相当于北方一郡之多，可想而知。对江南推行重赋是朱元璋建国后制定的决策，尽管在明代各个阶段，朝野官绅士庶对该政策都颇有争论，废除之声不绝于耳，但直到明朝灭亡，这一政策也没有明显改动。为什么朱元璋立国后要对江南推行重赋呢？这一问题历来众说纷纭。清代所修的《明史》认为，这是朱元璋个人泄愤的产物，朱元璋进攻苏州城时，向来民风柔弱的苏州人竟然拥护张士诚而殊死抵抗，建国后朱元璋为昭示不满和惩罚，遂刻意对张士诚辖区百姓科以重赋。韦庆远先生则持不同意见，他在《明初"江南赋税畸重"原因辨析》一文中指出，"江南

〔1〕 孟森：《明史讲义》，吉林出版集团股份有限公司2016年版，第43页。
〔2〕 孟森：《明史讲义》，吉林出版集团股份有限公司2016年版，第43页。

重赋"并非朱元璋个人意愿的产物,而是客观现实的需要,朱元璋并未对同样为敌的陈友谅辖区百姓过分严惩就说明了这一点。此外,还有许多不同见解,均各成一说。[1]

5. 产业和财税法

产业和财税立法是朱元璋法律思想的重要内容之一。洪武元年(1368年),制定产业和财税之法,以法律形式规制农业生产和财税征收问题。立国伊始,朱元璋旋即下令:百姓若有田五到十亩的,种植桑、麻、棉各半亩,有田十亩以上的加倍种植。麻,亩征八两;木棉,亩四两;栽桑,以四年起科。不种桑,出绢一匹;不种麻及木棉,出麻布、棉布各一匹。此农桑丝绢所由起。洪武九年(1376年),确定布绢与米麦相折之价。[2]

6. 倒钞法

洪武九年(1376年)冬,立倒钞法。随着行钞日久,很多钞票开始破烂,需要收回更换。朱元璋于是下令:每贯烂钞回收更换,折钱三十六文,五百文以下依次递减。回收时须在钞面印上"昏钞"字样后入库封存,每季度统交户部。如果钞面金额完整清楚却故意倒买倒卖的,按破坏钞法罪论处,制作或使用伪钞的,依法严办。[3]倒钞法不仅规范了烂钞收回更换程序,而且对于倒易者予以严肃惩办,维护了市场秩序和国家经济安全。

7. 大明盐法

确立大明盐法。《明史·食货志》载:"有明盐法,莫善于

---

[1] 参见黄波:《最可惜一片江山:传统政治文化中的朱元璋》,东方出版社2017年版,第135页。

[2] 孟森:《明史讲义》,吉林出版集团股份有限公司2016年版,第32页。

[3] 李国祥、杨昶主编,刘重来等编:《明实录类纂》(司法监察卷),武汉出版社1994年版,第12页。

开中。"洪武三年（1370 年），山西行省禀告，大同的储粮从陵县（今山东省德州市陵城区）运到泰和岭，路途遥远、甚为麻烦，请求命令商贾在大同仓交米一石，太原仓交米一石三斗，然后给淮盐一小引（通常大引为四百斤，小引为二百斤）。商人卖完后，就用原来给的引目到所在官司缴纳，这样不仅节省转运费，还能充实边地存储。朱元璋听罢，予以批准。所谓"开中"，就是召集商人输入粮食，然而给予他们相应的盐。此后，各省边境大多召集商人开中淮盐，以充实军队储粮，如此使得盐法和边地相互促进、相辅相成。洪武四年（1371 年），制定"中盐例"，输送粮米到荆州、大同、太原、北平、临濠、襄阳等粮仓，根据路程远近，从五石到一石不等。增减的规定并不统一，根据时间缓急、米价高低、商人利润、道路危险等因素来增减变动。同时，要编制勘核和底簿，配发到各布政使司和都司卫所，商人缴纳粮食完毕，书写记载所纳粮食数量和应当支取的盐数，然后去各转运提举司依据规定的数量支取淮盐。各转运司也有底簿，按照是否与勘合相符，如数给予淮盐。卖盐有法律明定并公开颁行之规范，胆敢贩卖私盐者，其罪最高可至死刑，伪造盐引者同样论罪，盐与盐引分离或不符，以私盐罪论处。[1]由此可见，朱元璋的盐法思想旨在将食盐买卖行政化和政治化，以国家手段严格干预和管控食盐的买卖，将食盐买卖与粮米挂钩来谋取国家政治利益，促进边地稳定发展，同时因地制宜地规范完善开中制度和买卖程序并著为法令、公开颁行，并严厉打击违反盐法之行为，以刑罚为后盾来维护盐法的贯彻落实，保证盐法为国家政治利益服务。

---

〔1〕 参见孟森：《明史讲义》，吉林出版集团股份有限公司 2016 年版，第 45 页。

（三）"规范细致、集权专制"的行政立法思想

1. 行政管理与机构建置

行政立法方面，朱元璋强调立法要精细化、规范化，要求秘书工作和公文程式等细节工作也要有具体、严密的章程和规则。洪武六年（1373年）三月，设置六科给事中，每科二人，官正七品，负责奏本和旨意的记录、整理和批注，并于簿册内写明日期和记录人，以防欺诈舞弊。[1]同时，对公文规程格式也有严格要求：所有奏本必须用楷体书写于厚白纸之上，奏本结尾标明页码字数、开头结尾及作者抄手。给太子和亲王的称为"启本"，不能称"奏本"，格式一样。如果是紧急大事，可以不必等待朝会，直接报给事中上奏即可。[2]由此可以看出朱元璋对于行政立法具体化、精细化的严格要求。立法工作不能单纯宏大叙事，原则和规则要相互结合，尤其是在面对繁芜庞杂的行政工作时，更应该有章可依、循章办事，这样才能尽量规避官员上下其手、滥用职权，同时保障王朝统治的高效与稳定。

洪武九年（1376年），朱元璋在批评元朝行政制度时说："胡元之世，政专中书。"所有政事都要先报中书省，然后才能上达皇帝。而皇帝又大多昏庸，导致讯息阻塞、天下大乱，应当引以为鉴。[3]于是，他先是废除了元朝的行中书省（行中书省总管地方一切事务，元末几乎如同唐代藩镇，不听中央号

---

[1] "凡省府及诸司奏事，给事中各随所掌于殿庭左右，执笔纪录，具批旨意可否于奏本之后。仍于文簿内注写本日给事中某钦记相同，以防壅遏欺蔽之弊。如有特旨，皆纂录付外施行。"李国祥、杨昶主编，刘重来等编：《明实录类纂》（司法监察卷），武汉出版社1994年版，第174页。

[2] 参见李国祥、杨昶主编，刘重来等编：《明实录类纂》（司法监察卷），武汉出版社1994年版，第174页。

[3] 参见《明太祖实录》。

令），用承宣布政使司、提刑按察使司和都指挥使司三个机构来取代，三机构直属于六部。是年，改浙江等处十二行省为布政使司，原来行省的平章政事、左右丞等官职均予以罢免，将参知政事改为布政使。洪武十五年（1382年），增置云南布政司。起初的布政司与六部并重，布政使进入中央则为尚书或侍郎，副都御史到地方则为布政使。洪武十一年（1378年），他又将六部三司的日常事务直接移交到自己手中并大量取消丞相职能。洪武十三年（1380年），最终彻底废除中书省和丞相，集国家元首和政府首脑于皇帝一身。随后，他又设立了四辅官，辅佐自己、出谋划策，两年后予以废除，仿效宋朝官制，将四辅官改为殿阁大学士。

奉行州府和卫所平行管辖体系。由于明初实行军屯制度，卫所不仅是军事机构，还兼管卫地的行政事务。因此便形成了两条平行的管辖体系：①"中书省—行中书省—府、州、县"的行政管辖体系；②"大都督府—行都司—卫所"的军事管辖体系。[1]

2. 官吏任用与管理

（1）亲属回避和籍贯回避。官吏任用严格实行亲属回避和籍贯回避制度，防止官吏利用亲属和地缘关系结党营私、贪赃枉法。[2]朱元璋认为治人者必先自治。洪武元年（1368年）刚颁行的《大明令》规定：父子兄弟叔侄等不许在同一衙门及所属部门任职，如发生此种情况，应将辈分低者调往其他衙门。任何人不许在本人籍贯地任职，通常将南方人派到北方为官，

---

〔1〕　周启元：《朱元璋正传》，中国文史出版社2014年版，第207页。
〔2〕　［意］利玛窦：《耶稣会与天主教进入中国史》，文铮译，［意］梅欧金校，商务印书馆2014年版，第40页。

北方人派到南方做官,以避免亲属同乡间结党营私的发生。[1]

(2)功臣庶子封官袭爵。在官员任免承袭方面,开创了功臣庶子封官袭爵制度。依据传统,为功臣封爵,为贤者加官,并由宗子承袭食禄,而庶子则为庶人。洪武七年(1374年),朱元璋顾念早年与诸功臣"披坚宵画,提三尺之铠锋,帅六军而四出,其野宿风飧,与诸功臣立命于白刃之杪,鏖战于猛士丛中,其患难之苦,朕倍知之",[2]并考虑到"惟功臣庶子,未有所得",而古代宗子继承宗祧俸禄后,有些庶子却生计艰难,遂敕令:中书省和都督府等处均可封庶子为流官。此后若能建功立业,功名可世袭罔替而不受流官之限;若是慵懒懈怠、毫无建树,则遵律令处置。[3]可以说,这一制度改变了原本庶子只是庶人的困窘境地,赐予功臣庶子流官并依功过奖惩擢用,此举不仅安抚了功臣之心,对于功臣庶子也发挥了激励作用,有利于充分网罗人才人心,同时彰显出朱元璋对于功臣的优待和特权思想。正如元末诗人贝琼所云:"两河兵合尽红巾,岂有桃源可避秦?马上短衣多楚客,城中高髻半淮人。"

对此,嘉靖朝陈建也有所评说:"我太祖之报功臣,可谓无所不周、无所不厚矣。崇其爵焉,重其禄焉。未也,复有山田之锡焉,有佃户、仪仗户、守坟户之锡焉,赏延于世嫡焉。未也,众子庶子皆官之焉,非子尚公主,则女为王妃焉。犹未也,其还乡也,有安富厥家之金币焉,有造第之缗钱焉,有葺先茔之钞锭焉。自秦、汉而下,报功之典,未有如此之周且厚者。

---

[1] 周启元:《朱元璋正传》,中国文史出版社2014年版,第210页。

[2] (明)陈建:《皇明通纪》(上),钱茂伟点校,中华书局2008年版,第201页。

[3] (明)陈建:《皇明通纪》(上),钱茂伟点校,中华书局2008年版,第201页。

厥后，功臣多不保终者，无亦其自取也夫。"〔1〕在陈建看来，朱元璋对待功臣是十分优渥的，而很多功臣最后未能善终，多是咎由自取。后人多批评朱元璋妄杀功臣，陈建此一看法提供了一种新的视角和观点。

（3）全新的吏员制度。构建全新的吏员制度。中国古代官员和吏员素来不同，官员主要由察举或科举选拔，而后由吏部任命，曰"朝廷命官"，品级、俸禄均由国家确定，素质较高、地位尊崇。而吏员则是各级衙门自行招聘的事务性工作人员，常称为"吏典"或"胥吏"，薪水由衙门长官自行解决，身份类同于官员奴仆，素质和地位较为卑微，遭到世人轻视和憎恶。〔2〕元朝之所以灭亡，因素颇多，"以吏治国"便是其中之一。元代法令条格繁琐，文牒主义盛行，新任官员一时难以驾驭，若想熟悉掌握，必须向胥吏请教，导致所有法令文书均要听从胥吏意见才可实行的怪象产生。原本地位卑下的胥吏开始扬眉吐气，成为治国专才，提拔升迁日渐频繁，长此以往，各级政府衙门充斥着大量出身胥吏的官员，形成了元代"以吏治国"的格局。胥吏大多文化素养不高，一旦当权主政便会欺上瞒下、徇私舞弊、唯利是图，使得国家吏治败坏，统治矛盾加剧，政权岌岌可危。朱元璋在开国伊始便深知以吏治国的危害，在借鉴元代教训的基础上，着力构建全新的吏员制度。第一，吏员在聘期内三年考核一次，连续三次合格并经吏部审查后可转为官员，授予相应官职，特别优异者可破格提拔。第二，新聘吏员必须从善良农民中选择，士兵、市民及有衙门工作经历者禁止录用，

〔1〕（明）陈建：《皇明通纪》（上），钱茂伟点校，中华书局2008年版，第268页。

〔2〕那思陆：《清代州县衙门审判制度》，范忠信、尤陈俊校，中国政法大学出版社2006年版，第27页。

以此保证吏员队伍的纯洁性。第三,府县两级衙门的吏员必须实行"避贯对迁"政策,原理同官员籍贯回避类似。明初对吏员制度的重新构建和革新,大大改良了官吏生态环境,提升了政府工作效率,具有积极的时代意义。[1]

(4)宦官禁令。不仅一般官吏,对于宦官的规范问题朱元璋亦有详细的思考,于洪武五年(1372年)六月制定"宦官禁令"。对于内使在宫城内的骂詈、斗殴、不伏本管钤束等行为规定了笞、杖各等刑罚,而对心怀恶逆、出不道之言者则处罚极为严酷。《明实录》记载:内使中凡有心怀恶逆和出言不道之人,凌迟处死。凡是知情包庇者,同罪论处。知情而不举报者斩首,举报者赏银三百两。[2]

3. 民众监管

基层民众监管方面,建立"路引"制度。所谓"路引",就是加盖官印的文书,百里内农民可自由往来,若要到百里之外则须由官府审查,颁发"路引"为凭证,朝廷在交通要道设立巡检司来检查过往人员,如若离开百里之外,又没有"路引",巡检司将抓捕送官。"路引"制度于洪武元年(1368年)即已施行,该制度是中国历史上前所未有的。洪武六年(1373年)八月,常州一百姓祖母病危,急于外出求医,仓促之间不能申请"路引",为巡检司抓获,欲送有司问罪,朱元璋知悉后予以释放。史学家谈迁在《国榷》中说道:明初规定夜晚禁止聚众喝酒,村庄里深夜禁止随意行走,因此很多人常稍有不慎就因"口语细故"而被流放充军,他的家乡因此充军者多达六千余人。谈迁生活在明末清初,但提到这些时依然情不自禁地

---

〔1〕 参见周启元:《朱元璋正传》,中国文史出版社2014年版,第209~211页。

〔2〕 李国祥、杨昶主编,刘重来等编:《明实录类纂》(司法监察卷),武汉出版社1994年版,第7页。

说：“言之至今心悸也!”〔1〕

洪武元年（1368 年）二月乙丑，命中书省定“役法”。朱元璋认为国家初立，百废待兴、亟须劳役，又担心过分役使贫民，于是决意“验田出夫”。中书省众臣决意：每一顷田出劳力一名，不足一顷的，用其他田补充，称之为“均工夫”。每年农闲的时候需到京师服劳役三十天，然后遣散回家。如果家中田多人少，可以让佃客充当，但地主要资助佃客一石米，如果不是佃客而充当役夫的，雇主每亩应资助米二升五合。〔2〕

4. 礼仪服饰

祭祀等典礼仪式亦有具体的规则范式，以制度形式保障礼仪的有序和规范。洪武十三年（1380 年）八月，应天府尹鲁朝佐因为祭祀历代忠臣不穿祭服而被告到朱元璋处，朱元璋令翰林院详细考证。第二天，翰林院回禀说：“祭前代忠臣便服行礼为宜。”于是，以此案为依据，朱元璋将这一规则立为常法，今后祭祀前代忠臣不用穿祭服，穿便服为宜。是年九月规定，除非是本地没有之物或难以购买之物，否则祭祀之物不许随意替换，须一切齐备，以示诚心。朱元璋之所以对祭祀活动如此严谨和重视，是因为在他看来，祭祀不仅只是象征和形式，而是和现实社会息息相关的政治活动，反映着百官品行和现实统治。他认为各级官吏之所以能够履职尽责，是因为他们时常保有敬畏之心，为官者如果对待神灵都消极懈怠，那么又如何指望他们对待政务能尽心尽力呢?〔3〕

---

〔1〕 黄波：《最可惜一片江山：传统政治文化中的朱元璋》，东方出版社 2017年版，第 180 页。

〔2〕 孟森：《明史讲义》，吉林出版集团股份有限公司 2016 年版，第 36 页。

〔3〕 参见李国祥、杨昶主编，刘重来等编：《明实录类纂》（司法监察卷），武汉出版社 1994 年版，第 1005 页。

衣冠服制方面，诏令：禁止"胡俗"，恢复中华衣冠。元朝起于大漠，立国后以"胡俗"变革中华之制，官民皆辫发椎髻，头戴胡帽，衣裳则是绔褶窄袖和辫线腰褶，妇女上穿窄袖短衣，下着裙裳，中国衣冠制度无存，更有甚者，将家族姓氏也改为"胡姓"，长此以往竟不以为怪。[1]对此，朱元璋十分厌恶，既克元都，于是诏令曰："衣冠悉复唐制，官民都在头顶束发，为官者服乌纱帽、圆领、束带、黑靴，士庶则用四带巾，杂色，盘领，衣不得用黄玄，其辫发、胡髻、胡服、胡语，一切禁止。"[2]经过行政规制，至洪武年间，延续百有余年的"胡俗"被革除，中国衣冠传统得以恢复。

5. 宗教与教育

宗教立法方面，洪武元年（1368年）即颁布诏书禁止一切邪教，尤其是白莲社、大明教和弥勒教，并将其上升为法律。《大明律·礼律·禁止师巫邪术》[3]和《昭代王章·条例》[4]均作出严格规定，为首者可判处绞刑。可见，朱元璋对于宗教的严格管控和对邪教的严厉打压。洪武年间，虽然朱元璋也崇敬宗教活动，但是其真正意义上的宗教信仰是比较淡薄的，实际上并不十分信任神仙。朱元璋曾经告诉宋濂说：秦皇汉武信奉神仙，欲求长生不老，落了一场空，人君若能清心寡欲，让

---

[1] 沈从文：《中国古代服饰研究》，商务印书馆2011年版，第618页。

[2] （明）陈建：《皇明通纪》（上），钱茂伟点校，中华书局2008年版，第137页。

[3] 《大明律·礼律·禁止师巫邪术》规定："凡师巫假降邪神，书符咒水，扶鸾祷圣，自号端公、太保、师婆，及妄称弥勒佛、白莲社、明尊教、白云宗等会，一应左道乱正之术，或隐藏图像，烧香集众，夜聚晓散，佯修善事，扇惑人民，为首者绞，为从者各杖一百，流三千里。"

[4] 《昭代王章·条例》："左道惑众之人，或烧香集徒，夜聚晓散，为从者及称为善友，求讨布施，至十人以上，事发，属军卫者俱发边卫充军，属有司者发口外为民。"（明）态鸣岐辑：《昭代王章》。

百姓安于田里，衣食饱暖，踏实生活，便是神仙了。不仅宗教如此，朱元璋对于祥瑞同样毫不在意。洪武二年（1369 年），有人进献了一茎五穗的瑞麦，众臣称赞。朱元璋说：我当皇帝，致力于修养德行和天下太平，寒暑适时、风调雨顺就是国家的祥瑞，至于物的祥瑞又何必在意。[1]祥瑞可以不在乎，灾异却是要格外当心的，朱元璋下令有司今后若有灾异，无论大小，必须及时报告。

　　教育立法方面，洪武二年（1369 年），朱元璋谕旨中书省，阐释了教育立法的指导思想。他说：朕以为治国要务，首在教化，教化根本在于学校。如今京师虽设太学，而全国却未能普设学校，故命令郡县广设学校，聘请大儒教授生员，传授圣人之道，使民众日新月异，恢复传统文化，革除不良习俗，这是当前急务，应尽快施行。[2]此后，分别于洪武初年、十五年、十六年和二十年颁行国子监和府州县学学规，并整理汇编为《学校格式》。明太祖以后，《学校格式》于明英宗正统九年（1444 年）三月、明宪宗成化元年（1465 年）三月、明孝宗弘治元年（1488 年）三月、明武宗正德元年（1506 年）三月、明世宗嘉靖元年（1522 年）三月和十二年（1533 年）三月、明穆宗隆庆元年（1567 年）八月多次重申颁行。[3]朱元璋认为教育乃治国要务，要发展教育必先广设学校，然后普及圣道、光大传统。以此为据，朱元璋多次颁行学规，制定了详细而严格的教育规范，以期践行教化宗旨。不仅洪武一朝，明代后世之君对教育立法同样十分重视，数次重申完善，可见教育立法的重

----

〔1〕 参见吴晗：《朱元璋传：从乞丐到皇帝》，华东师范大学出版社 2014 年版，第177页。

〔2〕 《洪武宝训·卷一·兴学》。

〔3〕 《皇明制书》学校格式。

大意义。[1]

纵观朱元璋生平理政，其尤为重视两件事，一为农桑，二是教育，将二者视为立国之根本。从洪武初年开始，在教育立法指导思想的指引下，朱元璋出台了一系列关于教育的具体规范。洪武元年（1368年），周宗上疏奏请天下府州县开设学校，朱元璋十分赞赏并予以采纳，从此明朝构建起了全国范围的教育体系，中央设国子监，地方府、州、县设郡学、社学等，明朝初年堪为中国历史普及学校之源。针对学校的投入和待遇，规定国子监学生伙食由朝廷免费供应，服装按季节配发，有家眷者允许携家眷入学，由马皇后为家眷提供粮食，每逢年节还有礼物赏钱，朱元璋本人也经常赏赐学生。府、州、县等地方学校的学生，按月定量供应米、肉，除学生本人外，还免除家里两个成人的差役。为了确保学校财政宽裕，朝廷专门拨出官田，田租收入全部用于办学。为了发展北方的教育事业，朱元璋还选派国立学校中的优等生去北方从事教育工作，并给予物质资助，向北方学校颁发书籍文献等。为了鼓励书本文具生产流通，朱元璋专门规定书籍笔墨等物免收商税。[2]学校的主要科目包括《大诰》《大明律令》《四书五经》《说苑》等。朱元璋的很多做法都是前无古人的，经过不懈努力，明代教育获得了极大发展。《明史》赞曰："无地而不设之学，无人而不纳之教"，"明代学校之盛，唐、宋以来所不及也"。当然，朱元璋的教育立法亦有诸多禁例。如禁止学生对"军国政事"发表言论，禁止代人诉讼，禁止为民间冤情越级申诉。针对日常生活作出

---

〔1〕 于语和、石蓉蓉："明太祖教化思想的民间实践"，载《甘肃社会科学》2012年第4期。

〔2〕 黄波：《最可惜一片江山：传统政治文化中的朱元璋》，东方出版社2017年版，第184页。

规定：学生不得擅自进入厨房，不得随意议论饭食好坏，不得辱骂殴打厨师。违令者笞五十，遣返回原籍，亲自服役劳作。若是敢侮辱老师和挑拨是非，属于干名犯义，有伤风化，必须杖刑一百，发配云南充军。[1]

（四）"尊卑有序、礼法结合"的婚姻家庭立法思想

1. "女诫"与"孝慈录"

婚姻家庭立法方面，洪武元年（1368年）四月，朱元璋令朱升等人编修"女诫"，以规范和教育后宫嫔妃，确立后宫基本规则，同时为天下夫妇和家庭提供借鉴和指导。针对"女诫"的指导思想，朱元璋认为，"女诫"和夫妇关系意义重大，关乎到家庭和睦和天下太平，"治天下者，修身为本，正家为先，始于谨夫妇"。[2]关于具体立法思想，他强调禁止后宫干政、娇宠恣肆、妖媚惑主等。后妃虽母仪天下，不可使其干预政事。至于嫔妃之类，只是履行职责，侍候君主。如果过分宠爱，难免会骄纵跋扈，扰乱纲常。纵观历史，后宫干预政事都是祸患之源。妃嫔对于君主的魅惑有时候比毒药还可怕，唯有明君圣主能够及时察觉阻止，其他帝王则大多难逃。你们为朕讲述的女诫和古代贤妃事迹，可以著为法令来教化警示后世之君。[3]朱元璋对"女诫"立法的原则和意义作出了充分说明，希望能以法令形式规范后宫、警示后世。洪武七年（1374年）九月，成穆孙贵妃薨，朱元璋诏令礼部和翰林院议定礼仪。礼部和翰林院都认为：如果父亲尚在，则为母亲服丧一年，若是庶母（父

---

〔1〕　黄波：《最可惜一片江山：传统政治文化中的朱元璋》，东方出版社2017年版，第185页。

〔2〕　（明）陈建：《皇明通纪》（上），钱茂伟点校，中华书局2008年版，第124页。

〔3〕　（明）陈建：《皇明通纪》（上），钱茂伟点校，中华书局2008年版，第124页。

亲的妾），则不用服丧。对此，朱元璋认为不近人情、难以接受，于是命令儒臣考察历代书籍，寻找合理办法。后来，索性亲自制定规则："子为父母，庶子为其母，皆斩衰三年；嫡子、众子为庶母，皆齐衰杖期。"[1]由此，朱元璋对五服制度作出调整，并下令编纂成书、一体遵行，定名为"孝慈录"，并亲自为其作序。由此可见，朱元璋对于宗法伦理规则格外重视，凸显出了强化等级秩序和忠孝尊卑的立法思想，他认为若想巩固集权统治，就必须将礼教的精神和法律的强制力结合起来。[2]

2. 致仕官处乡党之礼

洪武十二年（1379年）十月，朱元璋针对官员与乡党亲属间的礼法关系问题也制定了相应规范，即"致仕官处乡党之礼"。具体内容为：只在本族内讲究尊卑礼节，以家人间礼节为准；在外祖父和岳父母家也要讲究尊卑礼节。若出席宴请，要设置专门席位，不能坐在没有官职之人的下位。如果会见异姓官员，礼节以爵位为准，爵位相同则以年龄为准。若遇到异姓且没有官职之人，不用行礼。普通百姓须以官礼拜见，若对百姓有所侮辱的，依律论处。[3]核心意旨就是即便是在乡党和亲戚之间也必须遵循上下尊卑的伦理道德，官职爵位均为等级身份的象征，万不能僭越，并将之上升到法律高度，以礼入法、礼法结合，以法律来保障贯彻执行。

---

[1] （明）陈建：《皇明通纪》（上），钱茂伟点校，中华书局2008年版，第199页。

[2] 安伟娟："明太祖朱元璋的法律思想"，载《兰台世界》2013年第6期。

[3] "惟于族内序尊卑，如家人礼；其于外祖及妻家，亦序尊卑。若筵宴，则设别席，不许坐于无官者之下。如与异姓致仕官会，则序爵，爵同则序齿。其与异姓无官者相见，不须答礼。庶民以官礼谒见，敢有凌侮者，论如律。"（明）陈建：《皇明通纪》（上），钱茂伟点校，中华书局2008年版，第218页。

3.《皇明祖训》与宗藩犯罪

（1）《皇明祖训》。洪武前期，在家庭宗族立法方面尤为著名的当属朱元璋亲自主持编修的《皇明祖训》。其内容主要是为维护专制皇权而对后继儿孙们的训导，原名《祖训录》，[1] 始编于洪武二年（1369年），洪武六年（1373年）书成，洪武九年（1376年）又加以修订，洪武二十八年（1395年）重定，更名为《皇明祖训》，可见其主要在洪武前期完成编纂。对于这部律典，朱元璋倾注了许多心血，他认为自古建国立法都在于开国之君，一旦法律制定，官民尊奉，然后恩威广播四海，天下才能安定祥和。为了编好这部祖训，他命令将此书悬挂于墙上，早晚审阅研读，精益求精，前后达六年，七次修改……命令翰林院编纂成书，礼部印刷出版，永久传世。该典凡十三章，关涉内容众多，从守成君王言谈举止到文武百官的品行礼仪，从后宫德行操守到皇室关系协调，从帝王威严树立到宗室礼遇保障等，可谓具体而精细。[2]

（2）宗藩犯罪。作为明朝社会的主要问题之一，宗藩问题（宗禄问题和宗室犯罪）始终令统治者困扰，强化惩治宗族犯罪、妥善安置和管束犯宗是预防宗室犯罪和适应特殊处置之需要。另外，宗室为国家特殊群体，处罚罪宗不能违背朝廷"亲亲之道"，而《皇明祖训》正为化解这一困境提供了规则与参考。《皇明祖训》不仅是朱元璋为后世儿孙制定的家规家训，也是明王朝预防和处治宗室犯罪的规则和武器，并被奉为处理皇族内部事务的圣条。虽然在明代中后期，《皇明祖训》的实际效用逐渐丧失进而成了一种旗号，但对后世帝王处理皇室内部事

---

〔1〕（清）夏燮撰：《明通鉴》，沈仲九标点，中华书局2013年版，第313页。

〔2〕参见雷炳炎："明代祖训与宗室犯罪的量罚问题"，载《江苏社会科学》2011年第4期。

务和宗室犯罪问题依然具有显著影响。[1]

对于宗藩犯罪,《皇明祖训》规定:即便犯有重罪,也不应用刑。重罪者降为百姓,轻罪者应来朝陈述过错或者派人训诫教导,令其悔过自新。[2]亲王若有过错,重罪者,宣召入京,若三次不到,再派流官和内官一起宣召,皇帝亲自训诫审理。轻罪者召集京师宗室讨论,重罪者召集内外宗室讨论,最终皆由皇帝裁定,针对犯罪亲王和家人,法司只能上奏,不能擅自抓捕。宗藩若有谋逆、反叛朝廷等恶性犯罪自然不赦,并训告:胆敢窥伺帝位之人必将自取灭亡,甚至祸及王朝安危。[3]然而,朝廷对于宗室触犯"十恶"的处治也是宽严各异的。

对宗藩普通犯罪的处置通常不根据律令条文,而是打着尊崇祖训旗号,参照祖训或以祖训名号处断,这是明代管束宗藩行为和惩办宗室犯罪的显著特点。永乐年间,晋王朱济熺被人污蔑造反,虽没有确凿的证据,但成祖凭借《皇明祖训》"免其父子为庶人"。[4]作为社会特殊群体,《皇明祖训》赋予了宗室诸多特权,有罪不加刑,重罪仅削夺宗藩身份或对本人拘押看管等。如此处罚与《大明律》对普通臣民动辄科以笞、杖、徒、流、死等刑罚有着根本区别,即使对少数犯十恶大罪的宗藩判处死刑也与普通臣民遭受的凌迟、族诛等方式截然不同。[5]《皇明祖训》不光是治罪利器,同时也是预防宗藩犯罪的法宝,用《皇明祖训》预防犯罪是指朝廷对那些行为有失的宗藩给予适当

---

[1] 雷炳炎:"明代祖训与宗室犯罪的量罚问题",载《江苏社会科学》2011年第4期。

[2] 参见《皇明祖训》。

[3] 参见《皇明祖训》。

[4] 《明太宗实录》。

[5] 雷炳炎:"明代祖训与宗室犯罪的量罚问题",载《江苏社会科学》2011年第4期。

警告，要求他们严守《皇明祖训》。永乐年间，由于代王朱桂对王官"虐以非礼"，明廷随即援引《皇明祖训》条则，警示代王。[1]

　　那么，宗室有罪为何不处刑罚且不依律法，而要参照《皇明祖训》或假托《皇明祖训》之名来进行处置呢？主要原因首先是君主赐予宗藩的特权。明太祖朱元璋率先"稽古法，封同姓"，一方面考虑"盖惩宋元孤立，宗室不竟之弊"，[2]另一方面，"大封土疆，所以睦亲支之厚"，[3]赐予宗室各项特权。其次，太祖皇帝所创《皇明祖训》的至上权威无可取代，从而成为后世君主万难跨越的屏障。洪武二十八年（1395年），《皇明祖训》颁行时，太祖即严明后世子孙胆敢更改祖法之人，按奸臣论罪，绝不宽赦。[4]

　　宗藩借《皇明祖训》论罪制度旨在从形式上维护明初创制的宗室特权，但此举对于打击犯罪、彰明正义有百害而无一益。嘉靖朝之后，宗藩罔顾《皇明祖训》条规，屡屡作奸犯科，由于不适用刑律，他们越发肆无忌惮。虽然到万历年间，朝廷已经意识到强化宗室刑律教育的重要性，但直至明朝灭亡也没有用刑律来替代祖训祖制惩治宗室。[5]

　　（五）"奉行海禁、确立宗藩"的对外关系立法思想

　　对外关系立法方面，首要推行海禁政策。洪武三年（1370年），朝廷"罢太仓黄渡市舶司"，洪武七年（1374年）敕令撤销广州、泉州和明州三处市舶司，而这些机构大多自唐朝以来

---

〔1〕《明太宗实录》。

〔2〕参见（明）陈子龙等选辑：《明经世文编》，中华书局1962年版。

〔3〕参见（明）陈子龙等选辑：《明经世文编》，中华书局1962年版。

〔4〕《明太祖实录》。

〔5〕雷炳炎："明代祖训与宗室犯罪的量罚问题"，载《江苏社会科学》2011年第4期。

就已存在,是历代专司负责海外贸易的官方机构。[1]其次,确立大明帝国和藩属的关系。遵循历代传统,帝国派遣使臣宣告新朝建立,藩国必需缴还前朝颁赐的印绶册诰,废弃原有藩属关系,相应地,新朝会赐予新的印绶册诰,重新对藩王进行册封,使其成为新朝藩国,然后逐年颁赐大统历,使之尊奉新朝正朔,永为藩臣。藩国方面则必须遣使称臣入贡,新王即位,必须请求帝国承认册封,所享有的权利是通商和皇帝的赏赐,若与其他国家发生纠纷或被攻击,得请求帝国调解和援助。至于藩国内政,则可完全自主,帝国不加干涉。帝国开辟了三个沿海口岸,设立市舶司负责管理通商和招待蕃舶等事宜。宁波市舶司通日本,泉州市舶司通琉球,广州市舶司通占城、暹罗和南洋诸国。[2]

第三节　司法和执法思想

一、刑乱国用重典

(一) 基本内涵

确立"刑乱国用重典""明刑弼教"等指导原则。朱元璋认为元朝之所以失败原因在于"朝廷暗弱、威福下移、法纪废弛、官吏放纵"。[3]他在给刘基的信中说道:"胡元以宽而失,朕收平中国,非猛不可。"刘基同样认为"宋元以来,宽纵日

---

〔1〕 黄波:《最可惜一片江山:传统政治文化中的朱元璋》,东方出版社2017年版,第226页。

〔2〕 吴晗:《朱元璋传:从乞丐到皇帝》,华东师范大学出版社2014年版,第118页。

〔3〕 王世谊、丁守卫:"朱元璋'重典治国'思想探析",载《南京社会科学》2006年第6期。

久”，首先需强力镇压，整顿法纪，其次再行仁政。[1]这里的"宽"并非指元朝立法宽缓和对百姓宽容仁和，而是指对待官吏宽容放纵，致使法纪废弛、官员为非作歹。而所谓"猛"也并非单纯追求重刑酷法、滥用杀罚，而是要严肃法纪、肃清吏治，严格司法和执法过程，确保国家法令上下贯彻，百姓各安生业。

"刑乱国用重典"的思想并非朱元璋创造。《周礼·秋官司寇第五》载："大司寇之职，掌建邦之三典，以佐王刑邦国，诘四方：一曰刑新国用轻典，二曰刑平国用中典，三曰刑乱国用重典"，[2]即大司寇要辅佐王用刑法惩罚违法的诸侯国，其中惩罚叛乱篡弑的国家要用从严从重的法典。而此时朱元璋所面对的并不完全是周礼意义上的"乱国"，其在某种程度上更接近于"新国"，似乎当用轻典。在轻典和重典之间，他最终选择"刑乱国用重典"有着更为深刻的考虑。大明初立是为新国，然新王朝的创立是在元朝混乱奸猾的基础之上，人心不古、民不见化，若一味轻典则难以稳固统治、革除"元俗"。然而，朱元璋的"刑乱国用重典"已经超越了周礼的一般含义，而是在新国轻典和乱国重典融合之上的重典治国，它不是一味追求严刑重法，而是轻其轻者、重其重者，着重强调司法和执法过程中的重点领域和严格落实，对于官民贪污腐败、犯上作乱、肆意妄为予以重点打击。

（二）"空印案"

洪武九年（1376年）的"空印案"是朱元璋整肃法纪吏治、严格法令贯彻的代表之一。明初规定：每年各级官府都要派遣计吏到户部，报送本地财政账目和钱谷数目，各级官府间

---

〔1〕　叶孝信主编：《中国法制史》，复旦大学出版社2007年版，第284页。

〔2〕　徐正英、常佩雨译注：《周礼》（下），中华书局2014年版，第735页。

的报送数字必须完全一致，稍有误差，就要驳回重新造册，并盖原衙门印章。而各地计吏因为距离京师户部甚远，为了避免来回奔波，通常就拿着已经盖印的空白账簿，一旦被户部驳回，便可随即填写更改。此类空白账簿一般加盖有骑缝大印，不会乱用，户部对这一现象也从不干涉。洪武八年（1375年）考察校对钱粮账簿，空印做法为朱元璋知悉，他甚为恼怒，命令深挖严办。上到户部尚书，下至地方主印官，全部处死，副职及以下官吏杖责一百，发配边境充军。"空印"本是自元朝就有的习惯性做法，明初也未明令废止，虽然与规定不符，但已成为实践中之惯例，官吏皆习以为然，但朱元璋认为这是不遵法令、奸猾欺君的表现，坚决予以惩治，株连甚广，对于明初严明法纪吏治意义颇深。对于"空印案"，有些人持赞成态度，也有不少人表示怀疑。当时有个叫郑士利的人冒死给朱元璋上书，他认为所谓国家司法，首先要有法，有法可依，人们犯法才能予以惩罚，而本朝以往并没有"空印律"，现在突然要将盖空印的人杀头，如何能让犯人心服？于是乎，很多人认为"空印案"与其说是法律案件，更不如说是朱元璋本身对官僚集团不信任，害怕他们侵蚀自己的统治基础而制造的政治事件。[1]

（三）轻重均衡、务求至当

朱元璋的"刑乱国用重典"从来都不是单纯地追求重刑酷法，除了重点领域和问题外，他更多强调的是"轻重均衡、务求至当"。洪武元年（1368年）八月，他担忧律令有失轻重，特令官员日讲唐律二十条，择优借鉴，增补律令，以期中道至当。洪武六年（1373年）正月，江西商民沮坏盐法，法司打算以乱法罪处死，朱元璋却不以为然。他说：无知小民触犯刑宪，

---

〔1〕 参见黄波：《最可惜一片江山：传统政治文化中的朱元璋》，东方出版社2017年版，第84页。

如同孩童误入井中，人们看见后不免心生怜爱，怎能都以死罪
论处呢？无知小民破坏盐法，本心只为贪图小利，并无其他恶
意。全部免除死罪，发到临濠服役去吧。[1]同年十一月，朱元
璋根据多年研习唐律之成果和法制实践之经验，诏令刑部尚书
刘惟谦修订《大明律》并亲自加以修改裁定，以期合轻重之宜。
次年二月修成，是为"洪武六年律"。["洪武六年律"共606
条，包括旧律（吴元年律）288条，续律128条，旧令（吴
元年令）改律36条，因事制律31条，掇《唐律》补遗123条，
它的体例承袭唐律，共计12篇章30卷][2]洪武八年（1375
年）二月，朱元璋又敕令刑官减免诸多罪犯刑罚，改为输作、
屯田等，并告谕刑官说：上天尊崇生命厌恶刑杀，人性渴望生
存恐惧死亡。朕治理国家，彻夜难眠。时常担心刑律偏颇而有
悖于自然法则，因此专门强调法律要宽缓适中。所有杂犯死罪
之人改为劳役屯田，希望他们能悔过自新、重新做人。你们要
体会朕的用意，保证处刑公道中正，百姓没有冤情，不要辜负
朕之信任。[3]朱元璋反对严刑酷法、追求刑罚适中公平之思想
显而易见，对待臣民如保赤子、几多怜爱，希望以此感化教育
罪犯，使之悔过自新、复为善人。

二、德主刑辅和明刑弼教

"明刑弼教"是朱元璋又一重要指导思想，所谓"彰明刑
罚、辅助教育""刑以惩恶、教以劝善"，功能与传统的"德主
刑辅"大体一致。两者相比，"明刑弼教"的教化内容不仅包括

---

〔1〕　李国祥、杨昶主编，刘重来等编：《明实录类纂》（司法监察卷），武汉出
版社1994年版，第205页。

〔2〕　周启元：《朱元璋正传》，中国文史出版社2014年版，第218页。

〔3〕　李国祥、杨昶主编，刘重来等编：《明实录类纂》（司法监察卷），武汉出
版社1994年版，第12页。

原本"德"的内涵，还将严刑峻法也纳入其中，使之蒙上了一层温情面纱，化解了德刑的紧张关系。因此，如《大诰》般严苛之法，仍然通过训诫教化方式传播于天下，让臣民在严刑峻法的威慑和处罚中感受教育，从而实现德礼教化之初衷。[1]而"明刑弼教"亦成了朱元璋"律外用刑""重典治吏"和创制《大诰》的动机和基础。[2]曾宪义先生曾指出："'明刑弼教'是立法原则，'重典治国'是和'明刑弼教'相配套的执法思想，'重典治国'是在'明刑弼教'的理论基础之上，成为明初司法执法重要原则之一的。"[3]尽管在"刑、教"和"德、刑"的先后顺序上发生了变化，但以刑惩恶并为德礼教化服务，最终追求仁义道德的本质功能并未改变，这一思想融王道与霸道为一体。如汉宣帝所言："汉家自有制度，本以霸王道杂之，奈何纯任德教，用周政乎！"[4]朱元璋以政刑来推行儒家仁义礼教，再以伦理道德保证国家法令的贯彻落实。正如明末清初大儒顾炎武所评："法制禁令者，王者之所不废，而非所以为治也，其本在正人心、厚风俗而已。"[5]因此，在开展法制建设的同时，朱元璋尤为重视德礼教化问题，希望通过严刑峻法的惩戒和实行来教育威慑广大官民，使其从中受到教育，从而达至仁义向善之目标。《大明律》还首次将"八礼图"置于篇首，并将"存留养亲""奴不证主"等伦理道德内容融入法律，提出

---

〔1〕 参见肖建新："明初法律的二重构建——兼论朱元璋的法律思想"，载《法学杂志》2010年第7期。

〔2〕 参见杨一凡："明大诰与朱元璋的明刑弼教思想"，载《烟台大学学报（哲学社会科学版）》1989年第1期。

〔3〕 转引自齐慧："解析明朝时期'明刑弼教'法律思想"，载《兰台世界》2015年第27期。

〔4〕 （东汉）班固撰：《汉书·元帝纪》，（唐）颜师古注，中华书局1962年版。

〔5〕 （清）顾炎武：《日知录·法制》，转引自傅玉璋："朱元璋法律思想初探——明初统治措施探索之四"，载《安徽大学学报（哲学社会科学版）》1990年第1期。

法律旨在教人和救人，而不仅仅是为了惩罚和杀戮，用刑万不能过度。[1]

此外，朱元璋在强调"明刑弼教""德主刑辅"的同时，还进一步阐述了政刑与德教的关系。洪武四年（1371年），朱元璋对刑部尚书刘惟谦说：仁义是滋养百姓的食粮，刑罚则是惩治邪恶的药材。舍弃仁义而独用刑罚，就是在用药物养育民众，如何能得到好结果呢？[2]也就是说，善治天下不能仅依靠刑罚威慑，还要多用仁义礼教，仁义礼教才是养民之根基，务必要刑教结合，以德教为根本。并进一步嘱咐到：夏商周以心治国，秦之后以法治国。心就是仁义道德，功用无穷无尽，法就是规则手段，并不总是万能的，因此法律规则的选择必须要慎重。[3]他还引用汉宣帝之言来阐明刑狱的目标和宗旨：刑狱旨在禁绝暴虐、抑止奸恶，从而滋养民众，卿等必须认真体悟其中真意。[4]

需要强调的是，虽然朱元璋的"明刑弼教"思想由来已久，但其运用和强化是一个循序渐进的过程，在洪武前期其实尚不常见，更多的是沿用传统"德主刑辅""礼法合一"思想作为立法和司法工作的指导原则，直到《大诰》颁行之后情况才显著

---

〔1〕 肖建新："明初法律的二重构建——兼论朱元璋的法律思想"，载《法学杂志》2010年第7期。

〔2〕 "仁义者养民之膏粱也，刑罚者惩恶之药石也。舍仁义而专用刑罚，是以药石养人，岂得谓善治乎？"（清）张廷玉等撰：《明史》（简体字本），中华书局2000年版，第1541页。

〔3〕（明）谈迁《国榷》卷四："三代而上治以心，三代而下治以法，心则道德仁义，其用无穷，法则权谋术数，其用有时而穷，故择术不可不慎也。"

〔4〕 参见李国祥、杨昶主编，刘重来等编：《明实录类纂》（司法监察卷），武汉出版社1994年版，第4页。

改变,"明刑弼教"思想开始被反复运用强化。[1]

三、选贤执法与同罪异罚

"选贤执法"是朱元璋法律思想的重要内容之一,"择仁人治刑,则海岳奠安"。[2]治理国家单靠个人力量是不够的,只有依靠贤良官吏的辅佐才能求得天下大治。早在开国之初,朱元璋就曾提出"天下之治,天下之贤共成之",[3]"众人之见,必广于一人"。[4]为什么要提倡"众治"呢?洪武元年(1368年)正月,朱元璋对宰臣说:朕每当闲暇之时,常思考天下之事,没有一天能够安宁,治理天下如同治丝,有一根不齐,则整体都会混乱。每当遇到事情,朕总是三思而后行,就担心有什么不妥之处,致使百姓受苦……对于刑法格外关心,但这并非朕一己之力所能完成,臣子们都应当尽职尽心,让百姓没有冤屈,刑狱鲜有罪犯。[5]因此,他对各级司法官吏提出希冀和要求,即司法官吏应当"通敏练达,持文平而用法当者",[6]"务求公平,使刑罚得中,下无冤抑"。[7]唯有贤良方正的司法官吏才能赏当其功、罚当其罪。洪武十二年(1379年),他对"明于法律、廉直执法"的都察院右都御史袁泰和"立心公平、用律详审"的刑部侍郎吕宗艺在司法实务中取得的成绩颇为满

---

〔1〕 参见杨一凡:"明大诰与朱元璋的明刑弼教思想",载《烟台大学学报(哲学社会科学版)》1989年第1期。

〔2〕《明太祖实录》卷一三一:"善治国者,必择仁人以治刑。"《明太祖实录》卷一五二:"若官得其人,则海岳奠安。"

〔3〕(明)谈迁:《国榷》卷三。

〔4〕《明太祖实录》卷一二五。

〔5〕(明)谈迁:《国榷》卷三。

〔6〕《明太祖实录》卷一二七。

〔7〕《明太祖宝训》卷五。

意，[1]提升吕宗艺为刑部尚书。[2]

在司法和执法过程中根据不同对象区别对待是朱元璋法律思想的特点之一，也是封建社会法制的常见特性。除达官显贵外，统治者眼中的君子和小人往往也能成为同罪异罚的根据和标准。朱元璋认为君子如有过错，则自知惭愧、反省改正，而小人不知廉耻、无所忌惮，因此古人说对待君子要礼义仁德，对付小人则以刑宪为据，对于廉洁且优秀的官员，即使偶尔有错，朕也多予以宽免，而若是奸贪小人，即便是小错也绝不饶恕。[3]此外，部分有特殊身份的人也能够驾凌于法律之上，享有司法特权。洪武七年（1374年）春，百姓控诉曲阜知县孔希大，按律当逮捕讯问，而朱元璋却说：孔希大是圣贤后人，如果判处刑罚恐怕会连累圣人之贤德，这并非尊崇圣贤之道，还是释放宽宥他吧。[4]可见，在传统人治社会，法律不过是统治的工具而已，在不利于统治阶级利益之时会被无情抛弃。

四、司法机构建置

司法机构方面，朱元璋创立了重大案件民间直诉的"登闻鼓制度"。洪武元年（1368年）十二月，下令在午门外放置登闻鼓，每天派一名监察御史负责监管。凡是民间词讼案件，地方官员不能伸张正义或百姓有重大冤屈不能上告者，允许击登闻鼓直诉，监察御史则必须引入禀奏，但是民间户婚、田土等

---

〔1〕《明太祖实录》卷一二七。

〔2〕 参见傅玉璋："朱元璋法律思想初探——明初统治措施探索之四"，载《安徽大学学报（哲学社会科学版）》1990年第1期。

〔3〕 李国祥、杨昶主编，刘重来等编：《明实录类纂》（司法监察卷），武汉出版社1994年版，第10页。

〔4〕 李国祥、杨昶主编，刘重来等编：《明实录类纂》（司法监察卷），武汉出版社1994年版，第206页。

琐碎小事由地方自行解决,不许击鼓。可见,朱元璋在司法机构构建方面,出于百姓利益和司法权集中的考虑实行一般和特殊相结合的建置模式,在常规机构运作的同时还辅之以特殊机构来协助保障国家司法权的顺利、平稳行使。此外,朱元璋还施行"军民司法分立政策",设置专门的司法部门来处理军人词讼案件。洪武四年(1371年)二月,批准各地都指挥使司所属各卫设立断事司处理军人词讼案件,断事司设六品断事一名,七品副断事一名。不但外官如此,内官同样予以单独司法,设立专门的司法机构进行管理。洪武六年(1373年)冬,设内官司,置司正一人,正七品,司副一人,从七品,专门负责纠察内官违规犯法行为。[1]

特务司法机构"检校"的设立。主要职责为查访、探听京师各衙门官吏的渎职和不法行为,但凡有所耳闻,一律奏报。担任检校的不仅有文官武将,还有和尚,吴印、华克勤等人均还俗为官,成为朱元璋的耳目,报告外间私人动态。检校的足迹可谓无处不到,可以侦察一切场所和官民,朱元璋譬喻为恶狗。[2]

五、侦查起诉与审判执行

(一) 侦查起诉

侦查起诉阶段,严禁淹滞狱囚、超期羁押。所谓淹滞狱囚,

---

[1] 李国祥、杨昶主编,刘重来等编:《明实录类纂》(司法监察卷),武汉出版社1994年版,第173~175页。建置机构的同时,朱元璋对司法官员同样作出期望与要求。洪武十二年(1379年)十一月,擢升刑部员外郎吕宗艺为刑部尚书,并以此为契机发布告谕,表明对司法官员及其工作的认识与希冀,诰曰:"古者秋官明五刑,以弼五教,以期于治也,必得通敏练达,持文平而用法当者,方称兹选。尔宗艺立心公平,用律详审。今命尔为刑部尚书,必期民协于中以副朕意,钦哉。"李国祥、杨昶主编,刘重来等编:《明实录类纂》(司法监察卷),武汉出版社1994年版,第1317页。
[2] 吴晗:《朱元璋传:从乞丐到皇帝》,华东师范大学出版社2014年版,第146页。

就是没有期限地关押未决犯人与涉案证人。洪武七年（1374
年）春，广平府成安县丞唐询刚上任三个月就因为小过错被关
押起来，长达两年，他在狱中向朝廷上书。朱元璋得知后说：
没有大的过错却被关押两年，如果不幸死在狱中，何其无
辜？[1]于是便下令将其释放并逮捕那些淹滞狱囚的官吏。可见，
朱元璋深知淹滞狱囚的冤抑与危害并严厉予以禁止。

（二）案件审判

1. 功臣案件审判

洪武三年（1370年）十二月，因右丞薛显专杀之罪，朱元
璋专门论述了对于功臣案件审判的意见和想法。首先，借汉高
祖和唐太宗来阐明惩处功臣的缘由和历史。他说：当年汉高祖
大封功臣，结果很多功臣最后被杀。侯君集为大唐立下赫赫功
勋，后触犯法律，按律当杀，唐太宗想要宽宥他，而执法官员
坚决反对，最终被诛杀。这些并非汉高祖和唐太宗遗忘了功臣
们的功劳，而是他们自恃功高、肆意坏法的结果。[2]这就是说，
功臣之所以被诛杀，并非君主不想宽宥，也并非忘记他们的功
劳，而是臣子骄横跋扈、目无法纪，自己走上绝路。然后，朱
元璋分析了薛显的罪过，虽抚之甚厚，却是性格固执、不知后
悔、屡教不改。最后，朱元璋阐明了针对薛显的处理意见。朕
本想将他处以极刑，考虑到天下初定，不忍诛杀大将，但如果
宽宥他，受害人又难洗冤情。因此决定仍封薛显为侯爵，贬谪
到海南，将其财产分为三份，一份赔偿受害人家属，一份赡养
马军之家，一份供给自己父母妻儿的生活。这样才能功过分明

---

[1] 李国祥、杨昶主编，刘重来等编：《明实录类纂》（司法监察卷），武汉出
版社1994年版，第681页。
[2] 李国祥、杨昶主编，刘重来等编：《明实录类纂》（司法监察卷），武汉出
版社1994年版，第204页。

且坚守国法，薛显的行为值得众臣吸取借鉴。[1]即权衡考虑，兼顾国法与功过，一面封以侯爵，赏赐绮帛，彰显其功劳和君上的恩惠，另一面罚其谪戍海南，划分财产以赔偿受害之家，体现国法的威严和对受害人的抚慰，可谓功过分明、警示后人。

洪武十年（1377 年）十一月，江夏侯周德兴犯罪，朱元璋念其有功予以特赦。虽然作出赦免，但朱元璋针对功臣违法犯罪问题再次作出告谕和警示，希望他们自觉奉法，不要使朝廷为难，否则后果自负。他说：法律是朝廷治理天下的准则，功臣们不能遵守法律、爱惜自身，反而要朝廷废法来照顾尔等，实属不得已之所为，如果反复多次，朝廷也难以保全。顾念到你们追随朕多年，战功显赫、爵高位重，所以专门叮嘱你们，不要忘记朕的劝告，好自为之。[2]

2. 照顾人伦常情

对于案件的审理裁量在遵守律令的同时应尽量照顾人伦常情，不能细苛寡恩，对于亲故友人间的正常帮助馈赠不要过分苛责、滥用刑律。洪武六年（1373 年）三月，广西卫卒王昇出差回家，受亲友馈赠，有司欲逮其治罪，朱元璋却下令释放并说到：人们回归故乡，谁没有亲人故旧呢？相互看望馈赠礼品乃人之常情。近年来，有关部门执法过分细苛，使百姓动辄违法犯罪，实在是有悖于宽厚论刑之理念。[3]朱元璋虽然重典治

---

〔1〕参见李国祥、杨昶主编，刘重来等编：《明实录类纂》（司法监察卷），武汉出版社1994年版，第204页。

〔2〕"夫法度者，朝廷所以治天下也，为功臣者不能守法自保，使朝廷屈法保汝，乃不得已，苟至再三，朝廷亦难处矣。……念汝等相从曾有功，致有爵位，故丁宁告汝，汝等毋忽朕言，善自保持。"李国祥、杨昶主编，刘重来等编：《明实录类纂》（司法监察卷），武汉出版社1994年版，第822页。

〔3〕李国祥、杨昶主编，刘重来等编：《明实录类纂》（司法监察卷），武汉出版社1994年版，第206页。

吏、严刑肃贪，可对于符合人伦常情的正常交往仍保持了理性克制的态度，可见其用法张弛有度、分寸合理。同时认为对于百姓的艰难处境和情非得已应当多体恤理解、感化教育，而不能刻薄寡恩、滥施刑罚。洪武十年（1377 年）五月，有人诬告山西有百姓跟从北元势力为寇，法司遂将其逮捕进京，向朱元璋禀告。对于此等聚众作乱之人，朱元璋通常必会依法严惩，而对于此案，朱元璋仔细审查后却说：刑罚意在感化罪恶之人，适用应与罪行相适应，不滥用刑罚才会让民众诚服。山西一带临近北元地区的百姓经常遭受北元骚扰胁迫，不得已而成为盗贼，并非他们心甘情愿。古人说，如果确有隐情，应多予理解体恤。现在若是大力抓捕百姓，必将激化矛盾，助推他们投敌作乱。[1]于是下令将其释放并给予其路费回家。

　　参照礼法并用理念，朱元璋提出审判量刑需"依法、循情、遵礼"，就是将法、情、礼结合起来。[2]对于符合伦常孝悌的道德行为予以加恩表彰，即便违背法律也在所不惜。洪武八年（1375 年）春，淮安府山阳县百姓犯罪当处杖刑，他的儿子请求代为受刑，朱元璋得知后下令释放，并对刑部大臣说：父子血脉相连，然不孝之子即使亲人有难也坐视不管，如今此子请求代父受刑，情感笃诚，朕宁愿为孝子屈法一次来鼓励天下之人，遂下令释放。[3]在伦常道德和法典律令面前，朱元璋宁愿屈法而劝励天下，可见法律不过是为道德教化和统治利益服务

---

〔1〕　李国祥、杨昶主编，刘重来等编：《明实录类纂》（司法监察卷），武汉出版社 1994 年版，第 682 页。

〔2〕　参见朱玉婷："朱元璋法律思想探析"，载《济南大学学报》2001 年第 3 期。

〔3〕　"父子之亲天性也，然不亲不逊之徒，亲遭患难有坐视而不顾者，今此人以身代父，出于至情，朕为孝子屈法以劝励天下，其释之。" 李国祥、杨昶主编，刘重来等编：《明实录类纂》（司法监察卷），武汉出版社 1994 年版，第 821 页。

的工具，随着帝王的意志而废立变动。此类屈法案件作为朱元璋礼法并重的具体实践，在现实中并不常见，很多时候只是取决于朱元璋个人的临时决断，所以他的礼治并非一以贯之、有章可循，很多时候似乎像是为法制穿上的仁义外衣。[1]

3. 以功抵过

在案件审判中，可以功抵过而免除处罚，这也是"八议"特权的体现之一。[2]所谓"八议"，是指法律确定的八类人物犯罪，不适用普通诉讼程序且司法官无权管辖，必须奏请皇帝定夺，由皇帝依身份和情况减免刑罚的制度。到了明代，朱元璋废除宰相、乾纲独断，生杀予夺均由皇帝斟酌决断，维护官贵特权的"八议"制度已然衰败落寞，但影响尚存。这也是中国古代法律伦理化、儒家化进程的展现。洪武四年（1371年）十二月，汉中府知府费震犯罪被逮捕到京，朱元璋却并未治罪，而是将其释放。究其缘由，是因为费震署理汉中时多有善政，汉中大旱，他开仓放粮、赈济百姓，来年又及时填补亏空，安定了局面和人心，朱元璋十分满意，鉴于其勤于政事、治理有功，故特加恩免罪释放。此案中，朱元璋因勤政有功而免除费震刑罚虽是他加恩独断的结果，但其间也渗透着"八议"思想和封建等级制度的直接影响。[3]

4. 审判方法与技巧

审判方法与技巧方面，朱元璋借鉴了传统"五听"制度，并提出由表象言辞而观内心事理的审判方法，将传统的表面察

---

[1] 安伟娟："明太祖朱元璋的法律思想"，载《兰台世界》2013年第6期。

[2] "八议"制度最早源自西周的"八辟"，在曹魏《新律》中首次入律。这八种人是：议亲、议故、议贤、议能、议功、议贵、议勤、议宾。这八种人犯罪可以堂而皇之、有法可依地享有"议、请、减、当、免"之特权。

[3] 类似案例还有洪武六年（1373年）冬，金事章龄、王简犯罪，章龄按律当死，后论功而免，迁于琼州，王简也论功而免罪。

言观色转向对当事人内心和事实的洞察。洪武元年（1368年）八月，有两名风宪官在朝廷上相互攻讦，其中一人说话言多语快，另一人则简短而缓慢，朱元璋听罢说道：道理源自内心，言辞出自口舌，内心坚定则言辞简约，内心空虚则言辞多于道理，这两人中说话少的应当在理，而说话多者应当少理。后来命令大臣详加审查，果然是言寡者有理。对此，朱元璋对大臣们说：这两人都是风宪官，应当秉公执法、监察百官，怎么能因为私人恩怨而相互攻击呢？古人十分看重辨别言词真假的能力，知道言词真假则好坏自然就清楚了。[1]由此案可见朱元璋在审判中对于"五听"制度的借鉴与发展。

"五听"是传统司法官员在审理案件时观察当事人神态内心的方法手段，具体包括辞听、色听、气听、耳听、目听五种，最早见于《周礼·秋官·小司寇》。[2]后世各朝多将"五听"作为重要审判手段予以参鉴。如《唐六典·刑部员外郎》规定："凡察狱之官，先备五听。"[3]明代亦不例外，朱元璋虽然没有明确提出，但审判方法中浸润着"五听"之影响，并对传统"五听"进行了发展，使其更加合理、完备。传统"五听"的合理性自不待言，而缺陷也十分明显，如过分强调察言观色和主观判断，对司法官素质的要求也颇高，轻视证据重视口供等。针对这些缺陷，朱元璋强调审判不能仅看表面辞色和口头陈述，而是要努力洞察内心和事实道理，应从"五听"的察

---

〔1〕　参见李国祥、杨昶主编，刘重来等编：《明实录类纂》（司法监察卷），武汉出版社1994年版，第1379页。

〔2〕　依据郑玄注释，辞听是"观其出言，不直则烦"；色听是"察其颜色，不直则赧"；气听是"观其气息，不直则喘"；耳听是"观其聆听，不直则惑"；目听是"观其眸子视，不直则眊然"。

〔3〕　（唐）李林甫等撰：《唐六典》（上），陈仲夫点校，中华书局2014年版，第180页。

言观色入手来辨明是非曲直和主客观事实，不能为主观表象所迷惑。

5. 特定罪名审判

特定罪名的审判方面，过失致人死亡要考虑是否是因公事而起，因公事过失致死应区别于过失致人死亡罪。洪武六年（1373 年）秋，淮安卫点旗因参加习射误杀军人，都督府主张以过失致人死亡罪论处，朱元璋反对。他认为，习射属于公事，因执行公事误杀，不应与一般的过失致人死亡同论，主张予以赦免。过失致人死亡罪成立与否要考虑是否因执行公事，而公事本身可能是存在危险性的，当事人当时可能并未预见会有死亡结果，但这一危险行为的发生确实因公而起，当事人无法避免。同时，这一案件与当今警察执行公务误杀路人颇为相似，当今执行公务而误杀他人大多还是按照过失致人死亡罪论处，执行公务作为量刑情节予以考虑，并不影响罪名认定。而在此案中，朱元璋显然将执行公事作为定罪因素加以考量，最终并未论罪而予以赦免，个中缘由值得思考。他的原话为："习射公事也，邂逅致死，岂宜与过失杀人同罪，特赦勿问。"[1]

还有一起案件发生于洪武九年（1376 年）十一月，卫卒夜晚巡查逃跑的役夫，发现有两个人潜伏在草丛之中，以为是逃跑的役夫，于是大声呵斥，两人手拿棍杖起身，卫卒逮住了两人中的甲，而另一人乙却上前攻击卫卒，卫卒遂以长矛反击，刺中乙致其死亡，这时甲才说他们两人也是巡逻的卫兵而非逃跑的役夫。第二天起诉到官府，法司以斗殴杀人律判处卫卒死罪。朱元璋听闻后说："卫卒巡夜诘奸，职也。乙不自言其实而反击之，

---

〔1〕 李国祥、杨昶主编，刘重来等编：《明实录类纂》（司法监察卷），武汉出版社 1994 年版，第 206 页。

故被刺死，卒亦何罪？释之，而赐乙妻子钞为葬费。"[1]根据
《大明律·刑律》的规定，[2]过失是本无害人之意而因耳目不
及或思虑不到致使他人伤亡，未提及是否应当预见行为的危险
性和已经预见却轻信能够避免之情形。《大明律》中过失的规定
实际上涵盖了今天刑法中的过失和意外事件两种情况且不包含
已经预见却轻信能够避免这一过失类型。此案中，卫卒并非故
意杀人，确有过失或意外因素，法司以斗殴杀人罪判处死刑有
量刑过重之嫌。而朱元璋考虑到其中的过失和意外因素，倾向
于作为意外事件且被害人自己有过错，故主张卫卒无罪并释放，
同时免除赔偿代以赏赐抚恤家属，这种处理较为符合今天刑法
的处理思路，却有违《大明律》的相关规定。可见，对于此案
朱元璋是明显减轻处罚的。此外，类似于前述案例，本案中朱
元璋还考虑到了执行公事问题，认为卫卒是在尽本职工作，"卫
卒巡夜诘奸，职也"，执行公务再次作为定罪要件为朱元璋所考
虑采纳，这一点与前述案件有着共同的想法和思路，体现出执
行公事在朱元璋犯罪构成思想中有着格外重要之地位。

（三）刑罚执行

刑罚执行方面，朱元璋反对用刑连坐，主张罪止其身。洪
武二年（1369 年）十一月，真州王昭明等人谋为不轨，皆已捕
获，需明正典刑，同时其老母幼子均要连坐，朱元璋不以为然，

---

[1]　李国祥、杨昶主编，刘重来等编：《明实录类纂》（司法监察卷），武汉出
版社 1994 年版，第 208 页。

[2]　《大明律·刑律》规定："凡因戏而杀伤人，及因斗殴而误杀伤傍人者，
各以斗杀伤论。其谋杀故杀人而误杀傍人者，以故杀论。若过失杀伤人者，各准斗
杀伤罪，依律收赎、给付其家（过失：谓耳目所不及，思虑所不到，如弹射禽兽、
因事投掷砖瓦、不期而杀人者，或因升高险、足有蹉跌、累及同伴，或驾船使风、
乘马惊走、驰车下坡、势不能止，或共举重物、力不能制，损及同举物者。凡初无
害人之意，而偶致杀伤人者，皆准斗殴杀伤人罪，依律收赎，给付被杀被伤之家，
以为茔葬及医药之资）。"

说：昭明自然不能释放，但与老幼家人有何干系？于是下令杀王昭明而释放了其家人，由此可见洪武初年朱元璋法律思想中的谦抑与仁惠。洪武十二年（1379年）四月，古北口千户擅自派八名军士出境伐木，被贼人所杀。刑部认为，按律当处死，卫指挥以下七人都应连坐。朱元璋则认为千户既然违法擅自役使士兵，致使士兵死亡，应按律论处，其他人当一并宽宥。[1]

根据时势需要而大赦天下。洪武元年（1368年）八月，朱元璋诏曰："重念推戴以来，军士劳苦，农民罢蔽，未有以安之；贤人君子逃匿严穴，未有以来之；狱讼繁兴，未有以平之；供亿频数，未有以纾之。朕为此寝食弗宁，特大赦天下，与民更始，敢有以赦前事相告言者抵罪。"[2]具体规定，凡八月十一日以前，除了谋逆、杀祖父母、父母、妻妾杀夫、奴婢杀本使、谋故杀人、犯强盗、蛊毒、魇昧不予赦免外，其余罪行无论轻重一概赦免，包括已判决、未判决、已发现和未发现的所有罪行。同时，开国之初，万象更新，朱元璋借大赦天下之机对百工万民作出要求：从征将士厚恤安置，新克州郡优加抚遇，受灾困民悉免租赋，还乡复业给予耕田，孔子阙里尊奉如前，才德之士礼聘入京，天下贤良量材授任，书籍田器不得征税，蒙古色目一体擢用，鳏寡孤独官为存恤，失火之家量加赈恤，年七十以上免其差役，等等。最后，朱元璋展望未来道："民坠涂炭，十有七年，今天下甫定，光狱之气于焉始复，继今宜各修尔业，厚尔生，共享太平之福，以臻雍熙之治。"[3]新朝初创大

---

[1] 李国祥、杨昶主编，刘重来等编：《明实录类纂》（司法监察卷），武汉出版社1994年版，第203~208页。

[2] 李国祥、杨昶主编，刘重来等编：《明实录类纂》（司法监察卷），武汉出版社1994年版，第818页。

[3] 李国祥、杨昶主编，刘重来等编：《明实录类纂》（司法监察卷），武汉出版社1994年版，第819页。

赦天下在历史上屡见不鲜，虽然是刑罚裁量和执行的重要方式和统治者司法政策的鲜明表现，但本质上是出于政治和道德的考虑，司法意义倒在其次。当然，对于大赦也不可随意施行，需适时谨慎而为，否则就会姑息奸吝而使冤者难伸正义。洪武七年（1374年）十一月，朱元璋专门下诏说："释罪宥愆，昔君未曾轻发，发则精详，岂有获罪而苟免，致冤而无诉者？古人谓小人之幸，君子之不幸，岂不信然。"[1]

此外，还将部分刑罚易科为工役和屯种并发至凤阳。洪武八年（1375年），朱元璋下旨：凡是杂犯死罪者可予免死，但是要终身服役，判处徒流之刑者，依照年限服劳役。官吏贪污受贿或犯私罪需罢职者，发配到凤阳屯田耕种。判处流刑之人，也要赴凤阳服劳役一年，然后参加屯田。[2]

第四节　法律教育和法律监督思想

一、守法与法律教育思想

除了立法、司法和执法思想外，朱元璋的守法思想亦很丰富，尤其是对于官员遵纪守法、率先垂范十分看重，要求臣民以法律为行为准则，依照律令履职尽责，维护朝廷的体制和权威。洪武三年（1370年），张温驻守兰州，元将王保保领军围困夜袭，千户郭祐酒醉而未能察觉，解围后张温欲斩杀郭祐，朱友闻建议说：敌人进犯之时，将军处斩郭祐来命令和警示众人，是执行军法的正义之举，没有人会有异议，如今敌人已经

---

〔1〕 李国祥、杨昶主编，刘重来等编：《明实录类纂》（司法监察卷），武汉出版社1994年版，第821页。

〔2〕 （明）陈建：《皇明通纪》（上），钱茂伟点校，中华书局2008年版，第205页。

撤退，现在再来追究罪责，不仅没有任何作用，还会背负擅杀恶名，故不宜如此。张温深以为然，遂杖打郭祐后释放。朱元璋听闻此事后对朱友闻遵守法纪、开导官长的行为大加赞誉，于是下令赏赐天策卫知事朱友闻绮、帛各五匹，可见朱元璋对于坚守朝廷法令、恪尽职守，不惜开罪官长的行为十分赞赏。

不仅要求臣民尊法守法，有些时候朱元璋自己也会以身作则、带头垂范。洪武四年（1371年）夏，朱元璋途经午门，有两人横越中道而行。中道乃天子所行，依传统横越是对君王不敬。于是左右卫士将两人抓捕，朱元璋见状，认为虽有此传统，但律令对此并未明确规定禁止，遂下令将其释放。同时规定：从今只有在中道上直走才治罪，横越不予追究。[1]这一事例表现出了朱元璋对于律令的推崇和坚守，对律令规定的内容坚决遵行，没有规定的内容绝不妄加扩大，如欲新增惩罚内容，必定先行立法，然后再依法而论，颇有当今罪刑法定和适用平等之意味。

朱元璋一直十分重视法律教化和宣传，期望臣民能够自觉守法、德行纯良。洪武元年（1368年），地方官来京朝见，朱元璋告诫他们：天下刚刚安定，百姓困顿贫乏，就像刚学飞的小鸟和新栽种的树苗，不要剪除它的羽毛，不要晃动它的根茎。只有廉洁之人能够约束自己并爱护他人，贪滥之徒只会敲诈百姓而谋一己私利，你们应当引以为戒。[2]洪武二年（1369年），他说道："威人以法，不若感人以心，敦信义而励廉耻，此化民

---

〔1〕 李国祥、杨昶主编，刘重来等编：《明实录类纂》（司法监察卷），武汉出版社1994年版，第205页。

〔2〕 "天下新定，百姓财力俱困，如鸟初飞，木初植，勿拔其羽，勿撼其根。然惟廉者能约己而爱人，贪者必朘人以肥己，尔等戒之。"（清）张廷玉等撰：《明史》（简体字本），中华书局2000年版，第4804页。

之本也。"〔1〕为了更好地推行法律教育工作，激励民众自觉守法信法，朱元璋还创设了专门的宣教机构，使教化工作不再流于泛泛说教，而是有了可以依托的平台和载体，也使遵法守法有了坚实的机构保障。洪武五年（1372 年）二月，朱元璋提出乡野百姓往往不能充分了解国法禁令，从而容易误犯律令，故敕令有司在各府州县及乡之里社设立"申明亭"，凡当地百姓有过，均书于亭上、张榜告示，以起惩戒教化之功用。敕令一出，各地州县乡里广泛设立申明亭，乡里百姓有违孝悌伦常、作奸犯科者，姓名和罪行全部书写张贴于板上，公之于众、昭示惩戒，希望能知耻而后勇、改过而自新。乡里诉讼案件，除少数重罪外，细故琐事全部于申明亭审理裁断，以宣传法令、教化民众。〔2〕因此，儒家传统伦理教义便成了明代刑罚的重要补充，而仁义礼智的教化素来有益于官民百姓懂礼义、知廉耻，从而使得四海安宁、犯罪减少。〔3〕

二、法律监督思想

监察官员不能妄听谗言、捕风捉影、造谣生事。洪武元年（1368 年）八月，有御史控诉陶安有罪，朱元璋询问御史如何得知陶安之罪，御史说是听路人所说。朱元璋训斥道：身为御史凭借道听途说来毁坏他人名誉，这能称得上尽职吗？于是令中书省将其罢黜。洪武三年（1370 年）春正月，风宪台官来

---

〔1〕 （明）俞汝辑：《礼部志稿》卷九十八。

〔2〕 "州县各里皆设申明亭，里民有不孝不悌，犯盗犯奸，一应为恶之人，姓名事迹，俱书于板榜，以示惩戒，而发其羞恶之心，能改过自新则去之。民间词讼，除犯十恶强盗及杀人外，其户婚田土等小事，许里老於此劝导解分，乃申明教诫之制也。"（清）薛允升撰：《唐明律合编·卷二十六上·杂犯·拆毁申明亭》，怀效锋、李鸣点校，法律出版社 1999 年版。

〔3〕 安伟娟："明太祖朱元璋的法律思想"，载《兰台世界》2013 年第 6 期。

朝,朱元璋作出严格指示和要求,提出风宪官应当"折奸邪、理冤抑、正庶事、肃纲纪,大公至正、扬善遏恶、辨别邪正",万不能如元末台宪"假公济私、构陷倾轧",如此方能"不失职守、不负朕托"。[1]洪武四年(1371年)春,朱元璋亲自审阅删改宪纲四十条,提出"惟才是使、风宪耳目"之说,主张对风宪官的选拔任用应不分民族、无闻南北,唯才是举,使之成为君王耳目,君王"自无壅蔽之患"。法律监督要不避权贵、刚正不阿,无论是谁,一旦发现有违法乱纪行为,坚决纠察禀报,即便是被尊为太师、韩国公的李善长也不能避免。虽然"胡惟庸案"发生在洪武十三年(1380年),李善长死于洪武二十三年(1390年),但早在洪武九年(1376年)就有监察官纠举李善长的不法行为。洪武九年(1376年)九月,御史大夫汪广洋、陈宁奏请将李善长父子免冠待罪。汪广洋、陈宁等认为李善长位居太师、授爵上公,荣耀地位文武之冠,而其子娶公主为妻、恩宠万千。然而,尽管如此,陛下生病日久,他们竟从不探望问候,驸马多日不朝,朝见时礼节全无,失礼甚重,可见李善长家法颓败、毫无规矩,这样岂是事君之道,故请求交付法司治罪。虽然朱元璋最终念及旧情予以宽宥,但他对汪广洋等人的纠举行为还是十分支持、肯定的。他说:大的罪行如果不惩治则国法难以施行,小的过错如果不宽宥则没有良善之民。李善长乃国家重臣,不能约束自己、教育子孙,确实应该弹劾,但考虑到追随朕多年,还是宽恕他吧。[2]洪武十年(1377年)秋,朱元璋诏令监察御史巡按州县,临行前谆谆告诫道:你们马上就要巡察全国了,禀报奏事要有实际内容,不要讲套

---

〔1〕 参见《明太祖实录》卷四十八。
〔2〕 李国祥、杨昶主编,刘重来等编:《明实录类纂》(司法监察卷),武汉出版社1994年版,第1004页。

话空话。治理天下以安定百姓为根本，百姓安宁则国家平安。你们要多关心百姓疾苦，察访礼教、彰明教化。办事要有法有据、公道正派、符合实际。立志有所作为，不要贪图一时的名誉。[1]巡按御史品秩虽不高，但权力很大，类似于钦差大臣，专司负责在各地巡视，如遇大事则直接向皇帝禀报，小事则可以自行处理。

监察机构方面，洪武六年（1373年）在六部设给事科，每科设给事中两人，专司负责补阙拾遗及举劾六部官员，官阶为正七品。另外，在各行中书省设提刑按察司，负责监察该行省所辖州县官员，长官为按察使，官阶正三品。[2]

第五节　本章小结

《明史》有言：“大抵明律视唐简核，而宽厚不如宋。”[3]这句话反映出了洪武前期朱元璋法律思想的部分特点，较之唐宋更注重简练，但宽缓仁厚不及之。然总体而论，洪武前期朱元璋法律思想中的用刑轻重还是较为适宜中道的，主要强化法律的执行贯彻和打击犯上作乱。立法方面，开国之初，朱元璋尤为重视建国称帝的正统性与合法性问题，并有着深刻的思考和论证，这也是立法工作的权威和正义基础。他主张立法要积极借鉴古代良法善政，维护皇帝至高无上的大权，立法贵在简明扼要、严肃审慎，重其重者、轻其轻者，轻重均衡、得其中道。具体来说，军事立法要贯彻战斗力和生产力相协调的思

---

〔1〕 李国祥、杨昶主编，刘重来等编：《明实录类纂》（司法监察卷），武汉出版社1994年版，第13页。

〔2〕 周启元：《朱元璋正传》，中国文史出版社2014年版，第207页。

〔3〕 （清）张廷玉等撰：《明史》（简体字本），中华书局2000年版，第1523页。

想，保证军权统归于皇帝；经济立法旨在发展生产，保护粮棉产业，轻徭薄赋、爱惜民力，同时规范市场秩序，维护官民合法利益；行政立法思想丰富，奉行"规范细致、集权专制"理念，在日常规程、机构建置、官吏任用管理、民众监管和礼仪服饰等方面均有详细论述；婚姻家庭立法强调"尊卑有序、礼法结合"，《皇明祖训》和"女诫"是立法亮点；最后在对外关系中实行海禁政策和传统的宗藩关系，具有一定的保守性。

在司法和执法方面，虽有重典治国之说，但并非单纯强调重刑酷法，而是旨在严格贯彻执行，严格治官和打击作乱，该部分从侦查、起诉、审判、执行和司法机构等方面综合论述了朱元璋的有关思想。首先，提出"刑乱国用重典"和"明刑弼教"法律思想。他的"刑乱国用重典"并非单纯重典治国，而是轻重结合，当轻则轻、当重则重，重点打击贪腐渎职、犯上作乱、妖言惑众、威胁皇权等行为，对于普通百姓的一般违法行为则应宽缓仁爱、均衡中道。"明刑弼教"则重在以刑罚来助力教化，以刑罚来教育民众。实际上，洪武前期"明刑弼教"思想虽已萌发，但更多强调的是与之相关的"德主刑辅、礼法合一"思想，直到《大诰》颁行后，"明刑弼教"才进入全盛时期。其次，在司法机构中创设了登闻鼓制度和早期特务机构"检校"。最后，关于具体侦查起诉和审判执行思想，比较有特色的有朱元璋关于功臣案件的审判思想，照顾人伦常情、不能细苛寡恩的司法理念以及以功抵过和对"五听制度"的借鉴。这一时期，他依然提出反对连坐，要求罪止其身。

在法律教育和法律监督方面，朱元璋尤为重视教化和宣传的作用，并努力以身作则，期望臣民能够自觉遵从法律。法律监督思想主要体现在对监察官的要求方面，希望他们能够不避权贵、刚正不阿，不妄听谗言，不捕风捉影。这一时期朱元璋法律思想总体态势良好、发展迅速，对各方面都有着卓越要求，"理想主义"倾向明显，致力于建设契合理想的乌托邦式的美好社会，彰显出王朝新立的抱负与气象。

第三章
洪武中期朱元璋的法律思想

第一节　立法思想

一、立法"尚清晰、忌巧密"

立法切忌巧密，法网过于巧密容易构陷百姓，使得民众多身陷囹圄，不利于社会稳定和经济发展。严禁立法巧密是朱元璋始终强调的重要立法思想，尽管随着形势的发展，洪武中后期的法令已有愈加繁密之势，但朱元璋依然努力使法令在系统、完善的基础上尽量保持简当，至少形式上是这样的。洪武十六年（1383年）四月，刑部尚书开济建议立法应巧密，遭到朱元璋训斥：设立刑罚旨在禁止百姓为非作歹，让他们远离犯罪，而不是使百姓动辄困于牢狱。你制定如此严密之法来要求无知百姓，用意何在？放干水来捕鱼，必将殃及鱼苗，烧光树林来耕田，必会伤害鸟兽，法律过于巧密，百姓如何能够逃离刑罚呢？这不是朕对你应有的期望。[1]

---

〔1〕"刑罚之设，本以禁民为非，使之远罪耳，非以陷民也。汝张此密法以罔无知之民，无乃用心太刻夫？竭泽而渔，害及鲲鲕，焚林而田，祸及麛鷇，巧密之法百姓其能免乎？此非朕所以望汝也。"李国祥、杨昶主编，刘重来等编：《明实录类纂》（司法监察卷），武汉出版社1994年版，第20页。

立法要随着形势发展增损调整，保持门类清晰，使得各级官员清楚明了，准确适用，《名例律》应载于篇首，保证适用的科学与合理。根据这一思想，洪武二十二年（1389 年）八月，朱元璋适时地对《大明律》进行厘定调整，后命颁行之，是为"洪武二十二年律"。该部律典将《名例律》由原来附于断狱之下，特转移至篇首，总共三十卷四百六十条。又依据中央六部职能，将原先承袭《唐律》的十二篇体例改为七篇，原三十卷卷数保持不变，这样就改变了使用八百余年的封建法律体例结构，使得全文更为简洁集中、条分缕析。"洪武二十二年律"[1]增加了镇压危害皇权的死罪条款，对"谋反""谋大逆""官吏犯赃"和"强盗"等罪行严厉惩处，因此"洪武二十二年律"成了洪武年间定罪量刑最为苛重的律典。[2]

二、强化"重典治吏、重典治世"思想

（一）重典救时弊

树立和贯彻"重典救时弊"思想。两宋以降，传统封建社会趋于没落，自然小农经济受到手工业、商业和城市经济的冲击，儒家思想和宗法观念也遭到市民意识的动摇，其后百余年的外族统治和元末农民战争使得传统纲常名教不断遭到削弱和

---

〔1〕　具体篇目如下："名例一卷，四十七条；吏律二卷，曰职制，十五条，曰公式，十八条；户律七卷，曰户役，十五条，曰田宅，十一条，曰婚姻，十八条，曰仓库，二十四条，曰课程，十九条，曰钱债，三条，曰市廛，五条；礼律二卷，曰祭祀，六条，曰仪制，二十条；兵律五卷，曰宫卫，十九条，曰军政，二十条，曰关津，七条，曰厩牧，十一条，曰邮驿，十八条；刑律十一卷，曰盗贼，二十八条，曰人命，二十条，曰斗殴，二十二条，曰骂詈，八条，曰诉讼，十二条，曰受赃，十一条，曰诈伪，十二条，曰犯奸，十条，曰杂犯，十一条，曰捕亡，八条，曰断狱，二十九条；工律二卷，曰营造，九条，曰河防，四条。"李国祥、杨昶主编，刘重来等编：《明实录类纂》（司法监察卷），武汉出版社 1994 年版，第 24 页。

〔2〕　周启元：《朱元璋正传》，中国文史出版社 2014 年版，第 219 页。

破坏。在这样的背景下，朱元璋一方面承袭效仿历代圣君，隆礼重教；另一方面立足现实，对传统儒家法律思想进行改造发挥，逐渐形成了一种"重典救时弊"的法律思想。这种思想的特点主要表现在如下三个方面：①治国方式上主张道德、礼仪、律令、刑罚四种手段并行，尤为重视法令和刑罚的功用，虽然朱元璋依然将德礼作为治国之本，却将刑罚升格为拯救时弊的主要手段，可以说把法令和刑罚的地位大大提高了。②在刑罚运用上倾向于重刑主义，尤其是针对特定人群和特定犯罪，这在"胡惟庸案"和"蓝玉案"中均有所体现。③在法制宣教上贯彻"以法为教、以刑为威"的理念。朱元璋的法制宣教与传统教化有相通之处，但更为侧重以刑罚手段来加强法制教育，追求"吾民可以寡过"，使民众知法、守法而不犯法，继而寻求"有耻且格"的进阶目标。而且，宣教内容上首重官方法令及文件，然后才是纲常名教。此外，宣教手段也颇为独特，例如广设申明亭，鼓励民众熟记法律，"臣民犯罪如持有《大诰》并能讲述可以罪行减等，能背诵精讲者入京给予奖励"，以及要求臣民围观酷刑执行从而达到威慑教育作用等。[1]

通过上述对朱元璋法律思想的论述我们可以看出，他对传统儒家思想的信奉和推崇更多是出于对历史惯性的尊重和对皇权合法化的证明，对儒家思想的改造发挥则体现出现实中君主专制集权的需要和明代工商市民社会发展的客观要求，而这些正是传统儒家思想所不能满足的。朱元璋对传统儒家思想的改造与发挥恰恰昭示了在新的社会历史条件下，法与刑将要冲破德与礼的束缚，真正成为一种独立的调整社会关系的规则

---

〔1〕 张生、张勇："略论朱元璋对儒家法律思想的继承与异化"，载《研究生法学》1996 年第 2 期。

体系。[1]

（二）"重典治吏"与《大诰》

进一步强化"重典治吏""重典治奸"思想。在洪武九年（1376年）《大明律》刚修订完不久，随着内外斗争的加剧，朱元璋决定在这部"轻典"的基础上加强惩治力度，用"重典"震慑"奸顽刁诈之徒"，对"情犯深重"者实行"法外加刑"。自洪武十八年至二十年（1385年至1387年）陆续颁行"大诰四集"，即《御制大诰初编》74条、《御制大诰续编》87条、《御制大诰三编》43条和《大诰武臣》32条，总计236条，统称为《大诰》，作为《大明律》的配套法令。"大诰四集"是朱元璋在《大明律》基础上加重科罪、加强惩治的代表之作。[2]《皇明通纪》记载：洪武十九年十二月，《大诰》前三集编纂完成并颁行全国。起初，朱元璋鉴于天下民众受元朝污俗影响，不能安分守己、遵纪守法，因此仿照西周"乃洪大诰治之"的制度来训导教化民众。他摘取现实中可著为法令的善举和可立为教训的恶行汇编成书，昭告天下。后来又考虑到条款内容尚不完善，故增加一集，申明用意，让民众知晓是非善恶。此后，民众违法犯罪现象明显减少，从风向化蔚然成风。所以，又增补了第三集，昭示天下，使内容更为详尽。朱元璋还亲自为其作序。[3]"大诰四集"作为特殊法，填补了《大明律》在定罪处刑领域的缺漏，与《大明律》具有相同的法律效力。[4]"大诰四集"由新立严

---

〔1〕 张生、张勇："略论朱元璋对儒家法律思想的继承与异化"，载《研究生法学》1996年第2期。

〔2〕《御制大明律序》载："由是出五刑酷法以治之，欲民畏而不犯，作《大诰》以昭示民间。"

〔3〕（明）陈建：《皇明通纪》（上），钱茂伟点校，中华书局2008年版，第255页。

〔4〕 朱玉婷："朱元璋法律思想探析"，载《济南大学学报》2001年第3期。

刑法令、现实案例和明太祖"训诫"三方面内容构成。其中，严刑法令是强迫民众"从教"的手段，现实案例是用来"明刑弼教"的反面教材，这两种具体措施与太祖"训导"有机地融合起来，系统地展现出了朱元璋"明刑弼教"思想的具体内涵。[1]

朱元璋尤为看重《大诰》，他于最后训谕臣民曰："朕出是诰，昭示祸福。一切官民诸色人等，户户有此一本。如果触犯了笞杖徒流等罪名，每人可以减刑一等；无者每加一等。所在臣民，熟观为戒。"此后三集，均明确规定：所有大明子民，每家必须珍藏，人人背诵，学习借鉴。另外，还诏令国子监、州府县学及民间私塾教授学生诵读《律》《诰》，然后到礼部背诵。据《明太祖实录》记载，截至洪武三十年（1397年），全国来礼部背诵《大诰》的师生竟多达十九万三千四百余人，可见明初举国普法活动之盛况。[2]

《大诰》是强化"重典治吏"和"重典治世"思想之代表，科罪量刑极大地超越了《大明律》。仅就《御制大诰三编》而论，其中凌迟、枭示等酷刑不计其数。从清末沈家本所著《明大诰峻令考》列举的内容来看，所涉酷刑大体四十二种，其中很多均为明代首创。据《孤树裒谈》卷二记载："国初重典，凌迟处死之外，有洗刷：裸置铁床、沃以沸汤；有铁刷：以铁帚扫去皮肉；有枭令：以钩钩脊悬之；……有抽肠：亦挂架上，以钩入谷道钩肠出。"[3]类似酷刑还有断足、割舌、砍手、挑筋等。此外，朱元璋还创设了"剥皮实草之刑"，官吏凡贪赃钞六十两以上即枭首示众，处剥皮之刑，且将所剥之皮塞以稻草悬

---

〔1〕 杨一凡："明大诰与朱元璋的明刑弼教思想"，载《烟台大学学报（哲学社会科学版）》1989年第1期。

〔2〕 周启元：《朱元璋正传》，中国文史出版社2014年版，第218页。

〔3〕 （明）李默：《孤树裒谈》卷二。

挂于衙署公座旁，令后任官员触目惊心，以之为戒。

《大诰》中有大量惩办贪官污吏的案例和内容，充分体现出了洪武中期朱元璋进一步强化重典治吏、整肃官僚队伍的思想与决心。对同一犯罪，《大诰》定罪量刑要比《大明律》加重许多。"大诰四集"列举的诸多案件，以《大明律》为标准，绝大多数属于轻罪重判，甚至是无罪错判。[1]还有一些行为原本不构成犯罪，却因违背朱元璋意旨或触犯他的权威而被处以重刑。例如，贵溪名士夏伯启叔侄二人因为不愿做官而自断手指，被朱元璋诛杀并籍没全家，苏州的姚润和王谟因为拒绝征召，同样遭到杀戮并抄没全家。[2]据《明史》记载：在朱元璋的残酷镇压之下，数以千计的贪官污吏遭到杀戮，数万奸恶之徒被发配流放，单单遭到凤阳务农的官吏就有近万人。[3]《大诰》作为中国封建社会晚期一部立法严苛的法典，是朱元璋历时多年的精心之作，也是洪武中期社会现实和朱元璋政治法律思想的直接写照。正如朱元璋发布的命令、谕旨当然具有最高法律效力一样，他所制定的《大诰》可以凌驾于法律之上，成为最高法令，颁发臣民，永世为训。[4]

（三）重典治士

"重典治士"，立定法律，"寰中士大夫不为君用，是自外其教者，诛其身而没其家，不为之过"。[5]通过大兴文字狱打压那

〔1〕《大明律》规定：各衙门文卷隐漏不报，杖八十，收粮违限，杖一百；而《大诰》对这二者均处凌迟之刑。

〔2〕朱玉婷："朱元璋法律思想探析"，载《济南大学学报》2001年第3期。

〔3〕（清）张廷玉等撰：《明史》，中华书局2000年版，第2646页。

〔4〕傅玉璋："朱元璋法律思想初探——明初统治措施探索之四"，载《安徽大学学报（哲学社会科学版）》1990年第1期。

〔5〕《御制大诰续编》，（清）张廷玉等撰：《明史》，中华书局2000年版，第1541页。

些不肯为之服务的文人士绅，当然其重点仍是"重典治吏"。如天才诗人高启，朱元璋授予他户部右侍郎，他不予接受，当时朱元璋隐忍未发，实际上已然十分生气，后来高启在"魏观案"中受到牵连而被诛杀，一个文人若是不合作、不出仕就可能有掉脑袋的风险。虽然古代中国鲜有真正的"自由"，但在朱元璋以前，传统文人是有"消极自由"的。一个文人只要不公开和现政权对抗，是拥有不合作自由的，古之隐士逸民大多就是这一类人。而到了洪武年间，这种"消极自由"却不被认可，稍有不慎可能便会有杀身之祸。[1]

进一步强化"打压士大夫、抬升皇权"的立法思想。隋唐的三省制度将政权一分为三，中书省决策、门下省封驳、尚书省执行，各机构相互钳制，防止皇帝滥权。皇帝并不直接对国事承担责任，而是由政府首长宰相负责。元朝则将三省合作一省，洪武十三年（1380年）诛杀胡惟庸后，又废除中书省，提升六部地位，直接对皇帝负责，从根本上取消了宰相制度。皇帝既是国家元首，又是政府首长，皇权和相权合而为一，所有大权均集中于皇帝一人之手。[2]

除"治吏""治士"外，对于百姓"奸顽盗贼""犯上作乱"和"妄生异议"同样予以严厉惩处。洪武二十年（1387年）令曰：民间百姓学习研读《大诰》及各类律令，若有敢肆意议论、诋毁朝廷者，处以极刑。[3]

---

〔1〕 黄波：《最可惜一片江山：传统政治文化中的朱元璋》，东方出版社2017年版，第151页。

〔2〕 吴晗：《朱元璋传：从乞丐到皇帝》，华东师范大学出版社2014年版，第152页。

〔3〕 肖建新："明初法律的二重构建——兼论朱元璋的法律思想"，载《法学杂志》2010年第7期。

三、榜例

(一) 榜例与榜文的关系

洪武中后期大量颁行的榜例也是朱元璋立法思想的重要表现形式。《南京刑部志》记述的朱元璋所发四十五份榜文中，最早的发于洪武十九年（1386 年）四月初七，最晚的是洪武三十一年（1398 年）正月二十五。[1]洪武年间发布的榜文大多集中于洪武中后期，尤其以洪武二十七年（1394 年）最为突出。洪武二十八年（1395 年）前的榜文大多实行律外加刑，而洪武二十九年（1396 年）至洪武三十一年（1398 年）的五榜中，虽然仍有三榜较律加重了刑罚，但不再使用肉刑，可见其中的微妙变化和洪武中期与后期思想的转变。[2]

那么，榜文与榜例到底是何关系呢？作为法律术语和法律形式的"榜例"创始于明代初年，被广泛应用于明代立法和司法活动之中，是明初统治者在沿袭前代榜文、告示基础上，通过多年立法实践而被确定的官方法律形式。[3]明代以后，可能是出于"上下有别"及榜文地位提升之故，君主和朝廷六部的布告称"榜文"，地方官府布告为"告示"。榜文和告示大体可被分为两类：一是以告谕、教化为宗旨；二是公示官方律令和政令。第二类榜文告示拥有规范性与强制性，是拥有法律效力

---

〔1〕　其中洪武十九年（1386 年）四榜，二十年（1387 年）一榜，二十二年（1389 年）三榜，二十三年（1390 年）四榜，二十四年（1391 年）三榜，二十五年（1392 年）一榜，二十六年（1393 年）五榜，二十七年（1394 年）十六榜，二十八年（1395 年）二榜，二十九年（1396 年）一榜，三十年（1397 年）二榜，三十一年（1398 年）正月二榜，无年代者一榜。

〔2〕　杨一凡："明代榜例考"，载《上海师范大学学报（哲学社会科学版）》2008 年第 5 期。

〔3〕　明代以前，官方布告类文书的称谓有多种且时有变化，"榜文"与"告示"称谓往往混用，此外还有告谕、文告、公告等称呼。

的法律体系的组成部分。[1]朱元璋在位期间颁布了大量榜文，其中既有晓谕教化类榜文，也有公布法律法令类榜文。在他通过榜文形式发布的各项律令中，有很多针对社会治理和基层管理领域的事例或禁例，被称为"榜文禁例"或"榜例"。[2]由此可见，"榜例"是法律、法令类"榜文"的一种类型。[3]

（二）榜例的功能和特色

洪武年间榜例内容丰富，涉及国家社会诸多领域，其除具有向民众普及法律、推行教化等价值外，在促进法制和完善治理方面也颇有功用：一是公布了诸多化解治理问题的民事、行政、教育和军政类榜例，有助于行政制度发展完善。二是公布了很多律令未载的刑事禁例，用以惩处犯罪行为。[4]

严刑峻法和惩奸治顽是洪武朝榜例最突出的特色和功能。将《南京刑部志·卷三·揭榜示以昭大法》收录的洪武朝榜文与《大明律》作一对比便可知一二。首先，榜例新增了许多刑事条款，将原本明律所没有或规定得较为笼统的内容进一步具体化。其次，榜例所设刑罚大多较当时适用的洪武二十二年律更为加重。[5]最后，针对触犯风俗礼仪等违法行为（即明律较唐宋

---

〔1〕 杨一凡："明代榜例考"，载《上海师范大学学报（哲学社会科学版）》2008年第5期。朱元璋曾说："不明教化则民不知礼义，不禁贪暴则无以遂其生。"认为唯有将法制与教化结合起来，治国方可有成效。（清）谷应泰撰：《明史纪事本末》，中华书局1977年版。

〔2〕 杨一凡："明代榜例考"，载《上海师范大学学报（哲学社会科学版）》2008年第5期。

〔3〕 如《大明会典》卷一五二："凡管马官员，洪武榜例：各卫所、府州县管马官员，职专提调马匹，不许管署卫所、府州县事务及别项差占。"

〔4〕 杨一凡："明代榜例考"，载《上海师范大学学报（哲学社会科学版）》2008年第5期。

〔5〕 《大明律直解》，转引自杨一凡："明代榜例考"，载《上海师范大学学报（哲学社会科学版）》2008年第5期。

律处刑较轻的内容），已知刑事榜例大部分处以"枭令""斩""阉割"和"全家迁化外"等酷刑。因此，榜例中凡处刑比《大明律》重的，一般也比唐宋律重，相比弛缓的元代法律也就更重了。[1]

（三）榜例创制和颁布程序

榜例从来都不是随意颁布的，相应的立法和批准程序是每部榜例创制颁行的必经之路。从现有资料来看，这种程序大致包括三类。[2]明代榜例大多以皇帝名义或是部院奉旨而发，也有一些是地方大臣奉旨发布的。然而，任何榜例的颁布都要经皇帝批准或授权，可见榜文制定和发布均有严格的法定程序。榜例通常被张贴或悬挂在通衢或人员稠密之处，以便第一时间让广大民众知晓。其中也有不少榜例是针对官吏、军士、书生等特定人群发布的，这类榜例通常在被告知对象所在地予以公告。[3]对于一些较为重要的榜例，朝廷还特令各级官府刻于木板之上，悬于署衙正厅，以示永久铭记与恪守。[4]此外，明代

---

〔1〕　朱元璋在《御制大明律序》中说："特敕六部、都察院官，将《大诰》内条目，撮其要略，附载于《律》。其递年一切榜文禁例，尽行革去，今后法司只依《大诰》议罪。"根据前述考察可知，《律序》中所说"榜文禁例"并非泛指行政、经济、文教、军事等领域的榜文禁例，而是指洪武年间以榜文形式发布的刑罚严苛的各种刑事禁例。榜例在洪武朝法律体系中本属权宜之计，而刑事榜例处刑多较《大明律》为重，故朱元璋于《律序》中要求尽行革去，严禁后世子孙使用。杨一凡："明代榜例考"，载《上海师范大学学报（哲学社会科学版）》2008年第5期。

〔2〕　一是朝廷各部院等中央机构或大臣、监察御史等官员针对现实问题，拟定或议定榜例内容，然后奏请皇帝批准。二是皇帝参考时局需要，令六部、都察院、大理寺、通政司等部门就某项亟须解决的问题立法，以榜文形式颁行天下。三是命布政司、府州县或有关衙门把朝廷制定的榜文出榜公布。杨一凡："明代榜例考"，载《上海师范大学学报（哲学社会科学版）》2008年第5期。

〔3〕　杨一凡："明代榜例考"，载《上海师范大学学报（哲学社会科学版）》2008年第5期。

〔4〕　例如，《南京刑部志》所载六十九榜洪武永乐榜文就是嘉靖朝南京刑部仍旧悬挂的板刻榜文。宋国范："两种洪武榜文文献初探"，载《中外法学》1992年第5期。

还将重要榜例刻于石板或石碑上，令人们熟读铭记。[1]

（四）榜例实施

颁发榜例意在解决国家治理中出现的紧急事务或沉疴时弊，它的实施状况成了衡量官员政绩和升降的重要标准。因此，各级长官在榜例初颁之际尤为重视它的实施。根据《明实录》记载，各朝颁行的榜例确实对处理突发事件或紧急事务发挥了相应功用。为了保障榜例实施，朝廷采取了一系列具体措施。如要求各地官员严格遵照榜例行事，不许私自更改或曲解。朝廷还选派监察御史或其他官员巡视诸地，监督榜例贯彻落实，并给予妄议榜例或实施不力的官员严肃处罚。另外，由于榜例兼具法律和教化双重功能，为促使各级官吏和广大民众熟知榜例、遵守榜例，明王朝也十分注重榜例的张挂和宣示。[2]

四、部门立法思想

（一）"严惩诽谤和诬陷"的刑事立法思想与"文字狱"

刑事立法方面，基于洪武十八年（1385年）"郭桓贪污案"中出现的妄指平民和诽谤朝廷的现象，朱元璋专门下诏严厉申斥、大赦不赦。他说贪赃枉法者本身已然恶贯满盈，对国家和百姓危害甚巨，归案后却不思悔改，随意妄指平民、诽谤朝廷，可恶至极，必须铲除，若非如此就是朕之失职，非朕所愿，颁诏以后，凡是敢扰乱民众者，即使是大赦也不予赦免。[3]

随后，针对诋毁诽谤的打击范围不断扩大，渐有"文字狱"之势。洪武十八年（1385年），名僧来复因答谢赐食，作

---

〔1〕（明）申时行等：《明会典》，中华书局1989年版。

〔2〕杨一凡："明代榜例考"，载《上海师范大学学报（哲学社会科学版）》2008年第5期。

〔3〕（明）陈建：《皇明通纪》（上），钱茂伟点校，中华书局2008年版，第249页。

了一首谢诗。[1]诗中许多字眼十分敏感，朱元璋见诗后大怒，认为诗中用"殊"字是蓄意攻击他为"歹朱"。又说道："无德颂陶唐"是说朕没有德行吗？这岂是以陶唐赞颂朕呢？何等妖僧，竟敢如此大胆！遂下令将其诛杀。后来"文字狱"的禁忌越发广泛，朱元璋做过和尚，和尚是光头，因此"光""秃""僧""生"等字都会犯忌讳。尉氏县教官许元为府台撰《万寿贺表》："体乾法坤，藻饰太平"，结果"法坤"成了"发髡"，"藻饰太平"解释为"早失太平"。[2]又因朱元璋早年当过红巾军士兵，而红巾军士兵被元朝政府称为红贼、红寇，所以"贼"字甚至"则"字都为朱元璋所厌恶，而朱皇帝厌恶的结果可能就是"文字狱"，就是砍头抄家。"文字狱"从洪武十七年到二十九年（1384至1396年）前后经历十三年。明初著名诗人、吴中四杰：高启、杨基、张羽、徐贲，没有一个得以善终的。[3]

此外，强调惩恶扬善、善恶分明，严禁罪人诬引良善。朱元璋认为，善恶殊途，然而险恶之人却经常诬陷良善之人，即便最终获得清白，好人也难免遭受屈辱，必须予以禁止。洪武二十四年（1391年）七月，朱元璋要求刑部立严法重罪以惩治诬陷良善之行为，榜谕天下。

（二）"规范征选管理、强化待遇保障"的军事立法思想

军事立法思想在洪武前期的基础上也有进一步发展，洪武十四年（1381年）二月，朱元璋根据武官的不同品级制定了相

---

〔1〕 诗云："淇园花雨蜕吹香，手挽袈裟近御床。阙下彩云生雉尾，座中红莆动龙光。金盘苏合来殊域，玉碗醍醐出上方。稠叠滥承天上赐，自惭无德颂陶唐。"（明）陈建：《皇明通纪》（上），钱茂伟点校，中华书局2008年版，第251页。

〔2〕 吴晗：《朱元璋传：从乞丐到皇帝》，华东师范大学出版社2014年版，第137页。

〔3〕 吴晗：《朱元璋传：从乞丐到皇帝》，华东师范大学出版社2014年版，第142页。

应的逮捕审讯程序，规定：从今天起，三品以上武官犯罪的，必须要禀奏请旨后才能审问。四品以下武官犯罪，法司可审讯定罪后报请皇帝裁决。如果文官犯罪，牵扯到三品以上武官的，也需要上奏请旨，不得擅自审问。[1]由此体现出了对高阶武官的重视和司法权的高度集中。

洪武十五年（1382年）三月，颁布"军法定律"，规范军官阅视官旗、军马之制，以保证建制完整和战力充沛。[2]同年，还颁定军法，严禁军职人员宿娼，如有宿娼行为，即便被赦免也终身不再叙用。[3]洪武二十二年（1389年）二月，申明"武臣不得干预民事禁令"。先前规定，各军卫武臣只能管理所部军马，除非是军民之间的重要诉讼，否则民间之事一律不许过问。然而，各地违禁之事频发，屡禁不止，于是下诏严禁：所有在外都司卫所若有造作之事，需逐级上报，准许后方可兴建，建造所需物料均由官方供给，不许擅自向民众索取，违令者治罪。[4]限制征兵入伍的年龄，对于年老和年幼者严禁应征入伍，每家允许免征一名男丁延续香火。怀远县百姓王出家儿年逾七十，两个儿子均从军战死，只有一个刚八岁的孙子。洪武二十五年（1392年）夏，官府要抓其孙入伍充军，王出家儿向朝廷上诉，朱元璋听闻后十分悲痛，他对大臣们说：军法规定年幼

---

〔1〕李国祥、杨昶主编，刘重来等编：《明实录类纂》（司法监察卷），武汉出版社1994年版，第14页。

〔2〕"凡管军、指挥、千户到任，务必先知卫所官旗、军马之数，每月初一、十一、二十一，三次阅视。违一次者，指挥罚俸两月，千户一月，百户半月；违三次者，俱停俸三月；违六次者，俱停俸半年。及兵卫、队伍老幼优给与宫禁、守御之令凡二十九条，皆参酌律意，颁行遵守。"李国祥、杨昶主编、刘重来等编：《明实录类纂》（司法监察卷），武汉出版社1994年版，第17页。

〔3〕（清）查继佐：《罪惟录》卷二十一，浙江古籍出版社1986年版。

〔4〕李国祥、杨昶主编，刘重来等编：《明实录类纂》（司法监察卷），武汉出版社1994年版，第23页。

者禁止征召，怎么能公然违背法令呢？何况此人老迈，两个儿子都已战死，只剩下一个小孙子，如果还被征召，老人还有什么寄托呢？[1]于是下令免除其兵役，并赏赐宝钞二十锭。从此例中我们不仅能够看出朱元璋关于军事立法方面的具体想法，还能体会到洪武年间百姓直诉于皇帝的现实可行性和朱元璋对于普通黎民百姓的关怀体恤。不仅老幼如此，对于有功战死之军士及家属均要抚恤优待，以为常法。洪武二十二年（1389年）五月，军人孙德兴战死，他的三个儿子也相继参军，后二人战死，理当优待抚恤，而有司却故意刁难，为朱元璋所知悉。朱元璋训斥有司官吏没有仁心，不能体恤下情，遂逮捕治罪，同时念及孙德兴父子战功，升任他的小儿子为总旗，优加抚恤。

朱元璋不仅对现役军士发布了诸多律令条例和具体要求，还将其子弟纳入了军事法令的规范对象，扩大了军事立法的范围。千户虞让之子行为不端、不修武事，整日饮酒作曲，被告发到朱元璋处，朱元璋大怒，洪武二十三年（1390年）二月，下诏立规曰：武臣子弟胆敢酗酒赌博、填词唱曲、欺压百姓而荒废武艺的，依律严惩。[2]同时规定，承袭职务前需比试武艺，不合格者，父子一并发配戍边，剥夺俸禄。可见，朱元璋的军事法思想深刻长远，不仅规制和惩处当下，还对未来做出管控和预防，以法律和制度保障国家武备不废、军力常存，还整肃了社会风气，澄清了吏治，维护了百姓的利益。

---

〔1〕 李国祥、杨昶主编，刘重来等编：《明实录类纂》（司法监察卷），武汉出版社1994年版，第218页。

〔2〕 李国祥、杨昶主编，刘重来等编：《明实录类纂》（司法监察卷），武汉出版社1994年版，第1009页。

（三）"规范考核、内外有别、严于管控"的行政立法思想

1. 明定品秩、内外有别

所谓"名不正则言不顺，言不顺则事不成"，朱元璋十分重视以法律方式明定各级官吏的品秩和职权，要求立法内容必须以明确级别和职责为基础。洪武十三年（1380 年）正月，明确规定六部、御史台等官员的品秩，规范行政管理秩序。洪武十三年（1380 年）三月，又明定六部官制，以法律形式确定职责权属，保证责权明晰、各司其职。其中规定：刑部尚书、侍郎各一人，总管天下刑法及徒隶、勾覆、关禁之政令。刑部下属部门有四个，即总部、都官、比部和司门。[1]

洪武十七年（1384 年）春，敕令：内官严禁干预朝政之事，朝廷诸司不准和内官监往来交流。[2]朱元璋对身边大臣谈道，治理朝政必须内外有别，谨慎预防，杜绝结党营私，以扰乱纲纪清明。历史上的很多君主没有吸取教训，纵容宦官和外臣结交，使得内外勾结、狼狈为奸，假借天子权威扰乱国家，危害甚大，最终尾大不掉，反受其害。汉唐各朝多有此事，务必深以为戒，防患于未然。据《宦官传》记载，太祖主政江南，鉴于历代得失，控制宦官人数不超过百人，到洪武末年颁行《皇明祖训》时才确定宦官编制为十二监及各司局，人数基本齐

---

[1] 六部尚书正二品，侍郎正三品，郎中正五品，员外郎从五品，御史台左右中丞正二品，左右侍御史正四品。在外承宣布政使正三品，左右参政从三品，提刑按察使正四品，副使从四品，佥事正五品，都转运盐使正四品，副使从四品。刑部有四个部门：①总部，掌格律及人命、贼盗、殴詈，称冤狱，具公式职制；②都官，掌配没人口及诈伪、工役、徒流、逋逃、屯户过名诫谕；③比部，掌赃赎勾覆及钱粮、户役、婚姻、田土、茶盐、纸劄、俸给、囚粮、断狱诸奸；④司门，掌门禁及关渡邮驿、军政、捕亡、孳牧、营造、略诱、杂行。李国祥、杨昶主编，刘重来等编：《明实录类纂》（司法监察卷），武汉出版社1994年版，第177页。

[2] "内官毋预外事，凡诸司毋与内官监文移往来。"（明）陈建：《皇明通纪》（上），钱茂伟点校，中华书局2008年版，第242页。

备。同时，制定规章曰：宦官不得兼任外臣文武职衔，不许穿戴外臣冠服，宦官品级不能超过四品，每月给米一石，吃饭穿衣由内庭供给。并刻立铁牌于宫中，写道：内臣严禁干扰朝政，凡干预者斩首。[1]

2. 绩效考核、奖惩分明

（1）官员考核法。洪武十四年（1381年）十月，制定"官员考核之法"。类似于今天的公务员法，展现出了朱元璋丰富的行政法思想。考核法主要有三方面内容：①考核与被考核主体、时间、结论；②官员升降规则；③事务繁简划分。第一部分，规定了考核主体范围，有本司正官、监察御史、提刑按察司、布政使司、吏部以及皇帝裁决等；被考核主体根据品级、部门和地域的不同分类作出规定；考核时间各有不同，有三年一考、九年通考、任满考核等；考核结果包括称职、平常、不称职三等。第二部分，在前述考核基础上出台了官员升降规则，共分为六种具体情况，即事繁而称职、事繁而平常、事繁而不称职、事简而称职、事简而平常、事简而不称职。再根据有无过错，制定了升二等、升一等、本等用、降一等、降二等、降三等、杂职内用及罢黜八种奖惩办法。针对数次考核结论的取舍亦有详定。[2]第三部分，规定了事繁与事简的划分标准。[3]这部立

---

〔1〕　孟森：《明史讲义》，吉林出版集团股份有限公司2016年版，第72页。

〔2〕　柏桦："明代的考语与访单"，载《西南大学学报（社会科学版）》2017年第3期。

〔3〕　"九年之内二考称职，一考平常，从称职；二考称职，一考不称职，或二考平常，一考称职，或称职、平常、不称职各一考，皆从平常。"事繁之例包括"在外府以田粮十五万石以上，州以七万石以上，县在三万石以上，或亲临王府、都司、布政司、按察司，并有军马守御、路当驿道、边方冲要供给之处以及在京诸司俱从繁例"。事简之例包括"府粮不及十五万石，州粮不及七万石，县不及三万石及僻静之处俱为事简。"李国祥、杨昶主编，刘重来等编：《明实录类纂》（司法监察卷），武汉出版社1994年版，第16页。

法彰显出了朱元璋在行政法领域的深谋远虑，根据官员的不同情况作出详细分类，然后具体制定不同类别官员的考核办法和程序，同时还考虑到官员工作内容的繁简状况，真正实现了因时、因事、因地而论人的新思路，使得官员考核工作细致严谨、科学规范。另外，在合理评估基础上，依据不同的考核结论制定相应的奖惩办法，层级清楚、赏罚分明，保证了官僚队伍整体积极向上、务实工作。当然，这部立法虽然意义巨大，但也并非尽善尽美，比如在考核主体和被考核主体的对应和分类方面的规定过于冗杂，缺乏具体标准和统一规则，参与主体过多难免各自为政、程序繁复，不利于考核工作的顺利开展。

洪武十七年（1384 年）八月，源于监察御史李端提出的"任官内外相参"之说，朱元璋再次议定"官员考核之法"。同时，吏部尚书余熂等对官员考核定绩之法进行了梳理总结，较前述规定更为简练明确。首先，在考核时间上，规定：三年一次考核，九年一次通考，是为朝廷考核的常例。现今外地官员仍以九年为考，京官以三年为考，钦天监、太医院、光禄司等官员可以例外，其他均遵照常例。[1]其次，在考核主体与奖惩方面，规定由皇帝裁决升降的包括：普通官员四品以上以及通政使司等十六司官员。[2]五品以下则由相应部门和上级按照考核结论升降等级。当然，这只是常例规定，因德才兼备、奉公守法而蒙恩提拔的官员不受此例约束。最后，针对监察御史李

---

〔1〕"三年一考，九年通考乃本朝考绩之常法。今在外官宜仍旧九年，京官以三年为满，惟钦天监、太医院、光禄司等官不入常选，其余受任三年曾经考核者各遵前例。"李国祥、杨昶主编，刘重来等编：《明实录类纂》（司法监察卷），武汉出版社 1994 年版，第 21 页。

〔2〕 具体包括通政使司、翰林院、尚宝司、谏院、五军十卫、参军府、考功监、给事中、承敕郎、中书舍人、仪礼司、磨勘司、判禄司、东宫官诸近侍、监察御史及王府官属。

端所提"任官内外相参"之说，吏部认为如果京官职位空缺，则最好从外官中选拔考核称职者进行对调，所谓"内外相参"，对此朱元璋认为虽原则上可行，但在具体操作过程中仍要慎重，不要定为固定惯例，具体情况具体处置即可。[1]

（2）巡检考课法。洪武二十五年（1392年）闰十二月，更定针对巡检的考课之法，展现出了朱元璋对于官吏廉洁和勤能的权衡考量以及立法工作对于官吏品质和职能提升发展的重大意义，是朱元璋行政立法思想的突出体现。先前规定，巡检考核期满，若没有过错则升为正九品，触犯笞罪则本等用，杖罪则降为杂职。然而，吏部认为，巡检的职责是捕获逃军、逃囚、盗贼等，捕获多者才能算得上称职，如果仅仅考察有无过错而不看功绩则不甚公平。有些巡检功劳很大却因为小有过错而遭到降级，有些资质平庸、徒劳无功却乐安现状、谨小慎微、鲜有过错，最终还能如愿提拔。长此以往，没有巡检还会履职尽责，会极大地阻碍巡检工作的正常开展，必须予以纠正。吏部建议以捕获人数的多少和有无过错两类条件作为升降的标准。同时，若遭遇强贼和逃军聚众劫略，升降标准又有特别规定。[2]

---

〔1〕　五品以下则由相应部门和上级按照考核结论升降等级，具体包括"五品以下考核称职无过升二等，有公过而私罪轻者升一等，有纪录罪至徒流一次，本等用，二次降一等，三次降二等，四次降三等，五次以上于未入流内用，平常无过升一等，有公过而私罪轻者，本等用，凡犯纪录徒流罪者俱于未入流内用。"李国祥、杨昶主编，刘重来等编：《明实录类纂》（司法监察卷），武汉出版社1994年版，第21页。

〔2〕　"自今巡检考满，捕获军囚、盗贼等项二百名之上无私杖者升一级，有私杖者对品用。一百名之上无私杖者对品用，有私杖者降杂职。三十名之上无私杖者降杂职，有私杖者降边远杂职，不满三十名者发边远充军。""能擒获以除民害者，二十名之上无私杖者升一级，有私杖者对品用。十名之上无私杖者对品用，有私杖者降杂职。九名以下无私杖者降杂职，有私杖者降边远杂职。若擒强贼逃军六十名之上或止二十名而又能获军囚之二百名之上及擒伪造宝钞及伪印者，具奏升陟。"李国祥、杨昶主编，刘重来等编：《明实录类纂》（司法监察卷），武汉出版社1994年版，第27页。

朱元璋听罢,深以为然,著为法令,上下遵行。不得不说,相比于原先的巡检考课之法,新法更为科学合理,在考虑道德的同时也兼顾了能力,不要平庸的好官,也不要能干的坏官,而是要德智兼顾,这样才能在保证廉洁仁爱的基础上促进官员充分施展才干,建立卓越成绩。而行政立法的主要目的和意义就在于通过法律的手段构建出最为科学、合理的评价引导机制,保障官员各施所长、恪尽职守,促进国家机构高效健康运行,这也是朱元璋行政立法思想的重要内容之一。

3. 加强官民监管

基于洪武九年(1376年)发生的"空印案",为防止官吏作假舞弊,洪武十五年(1382年)令"各自衙门用半印勘合行移"。所谓"半印勘合、出纳关防",就是让在京各衙门编制两扇式簿籍,两扇可以合二为一,再给各个地方编制相应的簿籍字号,然后在两扇中间骑缝处盖上大印,盖好后将外扇发给地方各官府保管,内扇由颁发的在京衙门保存。以后所有钱粮赋税报送必须由地方在所发的外扇上先行填写完毕,到京后和对应的内扇进行勘合,如果字号一致且印章契合,说明外扇填写内容属实,是真实的地方账目信息,然后再将中央衙门审核后的实际账目信息填入内扇,如此报账方告完毕。每年年底,中央会统一给各地方颁发勘合的外扇簿籍,同时还会设置一本青册,用于统一记录,以便中央和地方间的账目可以相互稽查比较,由此这一方法也成了明代行政规范之定制而获得好评。

构建严密的监视制度,以法令形式贯彻遵行。构筑严密的监视网络单单依靠巡检司是不够的,里甲被赋予了辅助巡检司之职责。洪武十九年(1386年),朱元璋手令"要人民互相知丁",即互相监视。手令一出,所有邻里百姓都要相互知悉,知道彼此从业，并报州县备案。乡村中绝不允许有游手好闲之人。如果舍弃四业而遁入空门，要从户籍中除名。除了为官府服役之人外，所有民众均分属于士、农、工、商四业。[1]

4. 文教科举

文化教育立法方面，洪武二十三年（1390 年）诏令儒臣修《孟子节文》。朱元璋读《孟子》，对书中很多内容不予认同，认为"非臣子所宜言"，遂准备除去孟子配飨，敢有劝谏者，以不敬论罪并命金吾射之。刑部尚书钱唐不顾禁令，冒死进谏，坦胸受箭，说道："臣得为孟轲死，死有余荣。"[2]朱元璋为其诚恳感动，决定保留孟子配飨。于是下令编修《孟子节文》，但凡违背尊君言论，如"谏不听则易位""君为轻"之类，全部予以删除。至于钱唐的正直风骨，朱元璋十分欣赏，令其参与修纂《孟子节文》。偶一日闲暇时，钱唐吟诗曰："四鼓咚咚起著衣，午门朝见尚嫌迟；何时得遂田园乐，睡到人间饭熟时。"[3]诗文传到朱元璋耳中，朱元璋并未责难，不久后即允许他告老还乡，可见高洁正直的官员即便对其有所违背，朱元璋依然保有雅量与赞赏。

洪武十五年（1382 年）以后，会试开始定期举行，除国子监外，科举制度成了政府官吏的主要来源。科举出身者必须是学校生员（秀才），每三年在省城会考一次，称为乡试，及格者为举人。各承宣布政使司的举人名额是一定的，直隶（今江苏、安徽、上海）百人最多，广东、广西二十五人最少，其余各布政使司都是四十人。次年，全国举人于京师会考，称为会试。会试及

---

[1] 吴晗：《朱元璋传：从乞丐到皇帝》，华东师范大学出版社 2014 年版，第94 页。

[2]（明）陈建：《皇明通纪》（上），钱茂伟点校，中华书局 2008 年版，第274 页。

[3]（明）陈建：《皇明通纪》（上），钱茂伟点校，中华书局 2008 年版，第275 页。

格者再于殿廷经一次复试，称为殿试。殿试是形式上的，主要意义是由皇帝亲自主持人才选拔，及格者为天子门生，从而效忠于帝王。殿试发榜一、二、三甲（等），一甲三人：状元、榜眼、探花，赐进士及第；二甲若干人，赐进士出身；三甲若干人，赐同进士出身。民间又称乡试头名为解元，会试头名为会元。乡试由布政使司主持，会试由礼部主持，状元授翰林院修撰，榜眼、探花授编修，二、三甲考选庶吉士（翰林院之下观政实习者）者为翰林官，其余授予主事、中书、行人、评事等，或者是府推官、知州、知县等。举人、贡生（府州县中优秀生员升入国子监读书者为贡生，不同于考中会试的贡士）会试不及格，改入国子监，或选做低阶京官、知府佐官、州县长官及学校教官等。科举下的各级考试均以"四书五经"出题，文体仿宋经义，以古人口气说话且只能依据指定注疏发挥，不允许有自己的见解，体裁排偶，称为八股或制义。洪武十五年（1382年）之后，规定子午卯酉年乡试，辰戌丑未年会试，乡试于八月，会试于二月。[1]

（四）"重本抑末、申明钞法、规范征缴"的经济立法思想

1. 重本抑末、限制采矿

洪武十四年（1381年），推行"重本抑末"思想。下令：农民家庭可以穿绸纱绢布，商人家庭只允许穿布；农民家庭中只要有一个商人的，就禁止穿绸纱。洪武十八年（1385年），告谕户部说：人们都说农桑是衣食之根本，重视农业必先于对末业的罢黜，末业乃奇巧技作，而农业则是百家待食之根本，棉麻纺织是万民衣饰之源，只有粮棉充盈，百姓才不会贫困。朕考虑到粮棉充足的根本在于禁止奇巧技作、严禁奢靡之风。朕欲令天下百姓专心致力于自己的本业，不许随意乞讨游食，

---

〔1〕 吴晗：《朱元璋传：从乞丐到皇帝》，华东师范大学出版社2014年版，第102页。

普通百姓之家不许穿锦绣之衣。[1]

禁止随意开矿，限制采矿业发展，维护百姓利益。洪武十五年（1382 年）五月丙子，广平府史王允道禀告说：磁州产铁，元代曾设置官吏管理，每年产铁一百余万斤，奏请参照元代旧制继续开矿管理。朱元璋回复道：朕听说真正的王者注重的是让天下贤能之人都可以尽展才华，而不是摄取全部的利益，如今兵器充足，百姓安居乐业，肆意开矿对于国家并无太大益处，还容易滋扰百姓。于是下令杖责王允道，流放岭南。另据《明史·食货志》记载：徐达攻占山东，身边大臣请求开发银矿，朱元璋认为银场弊端甚多，对官府有利的方面少，损害百姓的地方多，不可开发。随后有人请旨开采陕州银矿，朱元璋又说：田地产出有时有节，每年征收的赋税也有固定数额，而开采银矿则没有限制，凡是动辄强调利益的官员都是搜刮百姓的贪官。[2]

在产业立法方面，推行"籍田礼"，劝耕农桑，体现朝廷对农业生产的重视。洪武二十年（1387 年）二月，朱元璋亲自耕种籍田，并派遣官员祭祀先农。[3]礼仪结束，朱元璋宴请群臣于先农坛，告谕群臣说："耕籍，礼也。一以供粢盛，一以劝农务本也。朕登基以来，经常举行籍田礼，只希望百姓能够努力耕耘，满足生活需要，并非是务虚礼节。现在礼仪完毕，请列位大臣在这里享用胙肉，并非是为了宴请欢乐，而是希望你们能知晓重农的用意。"[4]自古帝王亲自躬耕籍田，示范天下，朱元璋概莫能外，这不只是一种礼仪，更是以农为本、重视农业

---

〔1〕　参见《农政全书》和《洪武宝训》，转引自孟森：《明史讲义》，吉林出版集团股份有限公司 2016 年版，第 32 页。

〔2〕　孟森：《明史讲义》，吉林出版集团股份有限公司 2016 年版，第 38 页。

〔3〕　"上躬耕籍田，遣官享先农。"

〔4〕　（明）陈建：《皇明通纪》（上），钱茂伟点校，中华书局 2008 年版，第256 页。

思想的宣示和践行。

2. 赋役黄册与鱼鳞图册

财税立法方面，依法编定"里甲制"作为征缴钱粮赋税的组织架构。洪武十四年（1381年），依法编设"里甲制"：一百一十户编为一里，劳力和粮食最多的十户为里长，剩余百户划为十甲，每甲十户。[1]钱粮赋税是国家统治的物质基础，关系着朝廷安危稳定，里甲作为基层组织，是朝廷财税征收的第一线，里甲长的职责就是"催征钱粮，勾摄公事"，在完成本户征缴任务的同时，还要负责乡里其他各户的征收工作，是国家财税工作的基石。同时，编制"赋役黄册"。以里甲制为基础，每年选派一名里长管理一里事务，[2]若在城中则称坊，靠近城池的叫厢，乡村则均为里。每里汇编一册，每册开头汇总成一张图表。鳏寡孤独及不服劳役者，则排于一百一十户之外并附在图后，称为"畸零"。黄册编成后，一本呈送户部，各布政司和府州县存放一本，每十年编制一次，成为定制。以里甲制为基础，以黄册为根据，两者相互配合，共同形成了明初钱粮赋役立法的组织管理体系。

禁止税课定额。洪武二十年（1387年）九月，户部启奏说：全国的征税数额总是不足，应当以洪武十八年（1385年）所收数额为定制。朱元璋认为，税收多寡，每年均不相同，如果规范定额，某些年份岂不是加重了百姓的负担，决定不予准许。[3]

土地立法方面，编制"鱼鳞图册"。早前朱元璋曾令户部核查全国土地，然而两浙富民为逃避田赋，经常将田产伪托亲邻

---

〔1〕 "以一百一十户为里，推丁粮多者十户为里长，余百户分为十甲，甲凡十户"。（清）张廷玉等撰：《明史》，中华书局2000年版，第1253页。

〔2〕 （明）陈建：《皇明通纪》（上），钱茂伟点校，中华书局2008年版，第226页。

〔3〕 孟森：《明史讲义》，吉林出版集团股份有限公司2016年版，第39页。

奴仆名下，时间长了，竟相习成风。乡里欺瞒州县，州县欺瞒府台，弊病丛生，号称"通天诡寄"。长此以往，富的人越来越富，穷的人越来越穷。朱元璋听闻后，派国子监生武淳等人到全国各地，根据税粮多少，划定区域，每区设粮长四人，让粮长和年长者亲自到田间地头，测量田亩。绘制田地方圆尺寸，记录田主和土地四至，编成书册。此一方法十分有效，称之为"鱼鳞图册"。鱼鳞图册将每块田地的形状编绘成图，每册之前有土地汇总图，看起来像鱼鳞一样，所以称为"鱼鳞图册"。每本图册详细记载了田地的编号、亩数、所有者、四至和等级等，是为科学合理的土地赋役征管办法。鱼鳞图册的编制在很大程度上明确了田地权属，清除了隐瞒藏匿，这在土地立法和管理史上是很大的进步，对于稳固专制集权王朝的经济基础有着卓越意义。嘉靖朝陈建评说道："富者坐享无税之田，贫者空纳无田之税，富者税少而差轻，贫者税多而役重，富者益富，贫者益贫，无惑矣……我圣祖所以深惟厝火积薪之虑，而亟加整顿也。今日此弊，视国初益甚矣。经世君子，其可忽乎!"[1]

3. 申明钞法、保障流通

命令户部申明钞法，打击奸商胥吏，保证货币稳定流通，维护市场秩序和经济安全。当时，奸商胥吏肆意折抑昏钞价值，甚至只收新钞，极大地损害了百姓利益和钞法之信誉，百姓抵触反感，钞法难以有效推行。为此，洪武二十四年（1391 年）八月，朱元璋指示户部臣属：推行钞法意在方便百姓，即使纸币有所破旧依然价值一贯，怎么能肆意折扣贬低而让百姓财产减损呢？现在申明法令，凡是钞面金额能够清楚验明的一律流通无阻，并且告谕各处税务所和河泊所，让他们在征税过程中

---

〔1〕　(明) 陈建：《皇明通纪》（上），钱茂伟点校，中华书局 2008 年版，第257 页。

一体遵行,有敢阻挠者依律论处。[1]

(五)"养老、尊老、爱老"的婚姻家庭社会立法思想

洪武十九年(1386年)六月,"诏天下行养老之政"。凡年八十以上的老年人,乡里口碑良好,生活贫困,每月给米五斗,肉五斤,酒三斗。九十岁以上的老人,加赐帛一匹,絮一斤。如果有田产足以养活自己的老人,只给酒肉絮帛。应天、凤阳两府富民,年龄八十以上的,赐予社士爵位。九十以上的,赐予乡士爵位。全国富民,八十以上的,赐予里士爵位;九十以上的,赐予社士爵位。皆允许带冠,与县官享受同等礼节,免除杂事差役。地方官长每年前去问候,带去赏赐之物,各州县可委派优秀生员,每月登门送礼,不得给予陈粟旧粮,立为法令。后来,朱元璋又对礼部尚书李原名强调尊敬长上、孝顺老人的重要意义和优良传统,认为养老之礼是风俗敦厚、治道隆平之保障,故"诏天下行养老之政,尚虑有司奉行不至,尔其以朕命申之"。[2]朱元璋的养老法令与今天很多做法颇为相似,接近当今《老年人权益保障法》,可见早在洪武年间,老年人权益保障便已经成为家庭社会立法中予以考量的重要内容之一。针对老年人的特殊情况,在给予物质援助的同时,还依据身份等级的不同赐予相应爵位,以满足老年人的精神和社会需求,并安排专人定期抚恤看望,引导全社会尊老、敬老、孝老的优良风尚,以法律形式凸显、强化了明代统治者以忠孝治天下的崇高品行,契合了传统宗法伦理思想,在关怀老人的同时维护了国家社会的稳固安宁。

---

[1] 李国祥、杨昶主编,刘重来等编:《明实录类纂》(司法监察卷),武汉出版社1994年版,第26页。

[2] (明)陈建:《皇明通纪》(上),钱茂伟点校,中华书局2008年版,第254页。

　　为了进一步彰显老年人的价值并提升他们的社会地位，使他们能够发挥余热，为朝廷和社会服务，洪武十九年（1386年）七月，朱元璋下诏各地推举七十岁以下的通达高洁之士，由郡县礼送京师。朱元璋对礼部大臣们谈道：先前有些部门未能体会朕的心意，凡是年老之士便不问不顾，哪里知道老者正是古人所推崇尊重的呢，周文王重用吕尚而使国家兴盛，秦穆公未听蹇叔之言而战败，伏生虽老，却仍可传经，怎能因为年老而一概弃之不用呢？如果年龄在六十以上、七十以下的老者，应任为翰林，以备顾问。六十岁以下的，则可以安排到中央六部、布政司、按察司任职。[1]朱元璋此举不仅形成了尊崇老人的风气，还充分发掘了人才资源，使得社会有识之士尽为王朝统治服务，为老年人立法除了给予他们基本的生活保障，还要给他们精神和身份安慰，让他们感受到自身的价值和优势，从而积极发挥余热，丰富晚年生活，这样也许是一种更好的关爱和尊重。

　　（六）"禁交外番、朝贡贸易"的对外关系立法思想

　　对外关系立法方面，申明"交通外番之禁"，不许官民人等与外番私自接触和交易货物，严格限制对外交流与贸易的发展。洪武十四年（1381年），朱元璋鉴于倭寇时常骚扰，敕令严禁临海民众结交外番诸国。洪武十七年（1384年）二月，令汤和巡视闽浙沿海诸城，"禁民入海捕鱼，以防倭故也"。[2]洪武二十三年（1390年）十月，朱元璋认为中国货物自前代以来就不许出口至外番，而现实中私相交易却频频出现，故必须严禁之。他规定道：如今两广和闽浙小民无知，经常交结番外、买卖货

---

〔1〕（明）陈建：《皇明通纪》（上），钱茂伟点校，中华书局2008年版，第254页。

〔2〕黄波：《最可惜一片江山：传统政治文化中的朱元璋》，东方出版社2017年版，第226页。

物，必须禁止。沿海地区官府卫所若有包庇纵弛的，全部治罪。[1]通过立法的方式对国际交流与贸易活动进行管控和限制。为了彻底杜绝海疆边患，推行移民政策，他于洪武二十年（1387 年）命令舟山岛城区和镇外两里以内及其余四十六山岛的居民迁移内陆，并以三日为期。有些岛民一时难以筹集足够的船只，只能"编门户、床篑为筏"，致使多人淹死。当时负责这一事务的信国公汤和还规定：中午之前迁移的为民，中午后迁移的充军。实行海禁对内容易，对外却难。出于抚恤和安稳海外诸国之目的，又实行"朝贡贸易"，即海外诸国可以官方名义携商货来朝，然后在大明换取一些商品回国。来华人员、时间、商品品种及数量均有严格限制，这种贸易已然全无经济意义，从经济价值上看，中国完全是"亏本买卖"，即所谓"厚往薄来"。朱元璋认为那些不知礼仪的小国既然万里来朝，诚心仰慕，那么就不要过分计较赏赐多少了，以昭示大明怀柔政策。而至洪武晚年，朱元璋以"海外诸夷多诈"为由，叫停了这种毫无商业价值、纯粹政治性的"朝贡贸易"，只允许周边三两小国继续"朝贡"，对外交流的大门彻底关闭了。[2]

第二节　司法和执法思想

一、强化"明刑弼教"仁政思想

（一）"明刑弼教"的强化

进一步强调"明刑弼教"的仁政思想。洪武十六年（1383

---

〔1〕 李国祥、杨昶主编，刘重来等编：《明实录类纂》（司法监察卷），武汉出版社1994年版，第24页。

〔2〕 黄波：《最可惜一片江山：传统政治文化中的朱元璋》，东方出版社2017年版，第227~229页。

年）二月，在授予开济资善大夫、刑部尚书之职时，朱元璋有一段精彩论述。创制刑宪旨在辅助教化、达至仁德。"盖谓司刑者制百姓于刑之中，强不凌弱，众不暴寡，致彝伦之攸叙而仁惠布流，至圣之道行焉。……今授尔济资善大夫、刑部尚书，尔其宣布条章使仁法并施以成善治。"〔1〕这段话充分强调了刑罚为礼教服务，以刑罚教化百姓，进而达成仁法善治的核心思想，这也是朱元璋对各级官员的指导和要求。朱元璋始终清醒地认为在任何时期单纯运用刑罚与镇压都会加剧被统治者之反抗，封建统治难以长久维系。而仁义礼教对安定统治秩序至关重要，加强仁义礼智之教化，使官民懂礼义、知廉耻，就能够减少犯罪，四海安宁。〔2〕很显然，朱元璋将德礼放在首要位置，作为治国理政之根本，将礼视为基本法律和道德原则的总和，而刑法则居于次要地位，作为辅助之工具。直到洪武后期，他还再三告诫群臣礼治的重要性。《罪惟录》记载了一段朱元璋的言论："善治国者，惟以生道树德，不以残鸷立威。"〔3〕

　　洪武中期是朱元璋"明刑弼教"思想强化的重要阶段，相比于前期的"德主刑辅"，以《大诰》的发布为标志，"明刑弼教"开始成为明朝最为重要的法制指导思想。发生这一变化的主要原因在于形势和现状的变化使得朱元璋的理论与实践发生脱节，这在洪武中期表现得尤为明显。一方面，自洪武前期以

---

　　〔1〕　李国祥、杨昶主编，刘重来等编：《明实录类纂》（司法监察卷），武汉出版社1994年版，第19页。

　　〔2〕　朱玉婷："朱元璋法律思想探析"，载《济南大学学报》2001年第3期。朱元璋论述道："治天下之道，礼乐二者而已。但有礼乐不可无政刑，政刑二者不过辅礼乐为治。如果只有刑政而忘掉礼乐，在上的虽有威严之政，必无和平之风；在下的虽存苟免之心，终无格非之诚。所谓威人以法，不若感人以心，敦信义而励廉耻，化民之本也。"《明太祖实录》卷四十四。

　　〔3〕　（清）查继佐：《罪惟录》卷二十一，浙江古籍出版社1986年版。

来，朱元璋始终强调宽仁轻刑思想，彰显着对圣贤之道的追求；另一方面，实践中刑罚却日渐严苛，重典治世色彩越发浓厚，臣民不满情绪高涨。在这种情况下，为了统一完善法制思想，更好地为现实国策服务，同时又不至于触犯儒家正统思想，维系"仁政"的崇高形象，就必须对指导理论作出思考和调整。于是，适应这一要求的"明刑弼教"思想应运而出。

(二)"明刑弼教"发展史

纵观"明刑弼教"思想的发展史，一路走来，可谓跌宕起伏，大体看来分为三个阶段：宋代以前饱受冷落，宋代开始崭露头角，明清两朝大放异彩。"明刑弼教"思想渊源长久，但是在宋代以前始终不堪大用。"明刑弼教"彰显了刑罚作用，而"德主刑辅"更适合标榜"仁政"，且符合"先教后刑"的圣人之道，所以宋代之前统治者从未对"明刑弼教"予以重视。[1]

到了宋代，为了进一步强化封建统治，使统治者在协调德刑关系上有了灵活充足的选择。南宋著名理学家朱熹从"礼法结合"层面对"明刑弼教"思想进行了新的阐释，使得"明刑弼教"学说正式登上历史舞台。第一，强调政刑对德教的积极作用，驳斥唯任教化而不重刑罚的片面观点。[2]第二，朱熹承认德教与刑罚有本末之说，但他更看重两者在治国理政中同等重要的地位，要维护伦理纲常，刑罚与德教便不可偏废。第三，认为德教与刑罚的先后缓急要依据纲常名教的切实需求来确定，

---

〔1〕 杨一凡："明大诰与朱元璋的明刑弼教思想"，载《烟台大学学报（哲学社会科学版）》1989年第1期。

〔2〕 朱熹说："如何说圣人专意只在教化，刑非所急？圣人固以教化为急。若有犯者，须以此刑治之，岂得置而不用！……殊不知'明于五刑以弼五教'，虽舜亦不免。教之不从，刑以督之，惩一人而天下人知所劝戒，所谓'辟以止辟'。"（南宋）黎靖德编：《朱子语类·卷七十八·尚书一·大禹谟》，王星贤点校，中华书局1999年版。

未必要拘泥于"先教后刑"模式。朱熹说：彰明刑罚以辅助教化，最终达至无刑。三纲五常是为礼教和治道的根本，因此圣人治理国家，施行教化使民众通达，创设刑罚来予以辅助，虽然运用中有轻重缓急，但其中的深切用意无非于此。也就是说，德教与刑罚必须服从于维护"三纲五常"这个"治道之本"，至于刑与教谁先谁后则都是可以的。凭借朱熹的解释，"明刑弼教"在不违反传统礼教的前提下融入了新的意蕴，它意味着中国传统法制指导思想沿着"德主刑辅—礼法合——明刑弼教"的前进路线迈入了全新阶段。[1]相较于传统的"德主刑辅"注重礼义德教、主张轻刑、限制酷刑的观点，经过朱熹阐释后的"明刑弼教"理论主旨是重德礼而不轻刑罚，明确彰显出了"刑罚立而后教化行"之思想。这就为统治者以"弼教"为口实，大肆推行严刑峻法和重典治世奠定了理论基础。

到了明清两朝，这种既不违逆圣贤之道，又能为严刑重法提供理论依据的学说开始大放异彩，备受统治者关注。洪武中期，面对指导思想与司法实践严重脱节的困境，"明刑弼教"适时而出，有效化解了这一矛盾，颇受朱元璋推崇，将其上升为法制指导思想，推向了历史新高度。

（三）朱元璋的"明刑弼教"思想

1. 朱元璋"明刑弼教"的基本内涵

朱元璋的"明刑弼教"思想承前启后、古今交融，展现出了浓厚的时代色彩，在尊重传统正统思想的同时，融入了很多现实内容。例如，他尤为关注官吏、豪富和无业游民三类人，将严刑重法和明刑弼教之锋芒重点指向这三种人。在朱元璋看来，官吏豪顽是贪腐乱法的重点，无业游民是社会混乱的诱因，

---

〔1〕 杨一凡："明大诰与朱元璋的明刑弼教思想"，载《烟台大学学报（哲学社会科学版）》1989 年第 1 期。

必须予以着重规制。对于德教与刑罚的关系，他曾说："五教既兴，无有不安者也。不遵五教的百姓怎么还会有呢？若有触犯五教之人，必以五刑惩治。这样奸恶之徒方能收敛安稳，贫富强弱才能相互和睦、共享太平，这就是爱民之道。"[1]由此可以看出，朱元璋的许多观点与朱熹较为相似，都是刻意回避"德主刑辅"一词，主张刑与教各具所长，强调刑罚对于推行教化的巨大功用。[2]

然而，朱元璋的"明刑弼教"思想是为其重典政策服务的，与朱熹的"仁政"理论并不完全相同。例如，朱熹认为"明刑弼教"应严伦常之罪而宽财产之罪，朱元璋则主张侵犯钱财之罪同样要加重处罚。他说："君子之心，恻隐之道，无不至仁。此行推之，于君子则可，小人则不然。"[3]对于奸顽小人不能过分宽容，只有严肃惩治才能人人同仁、从风向化。朱熹主张"明刑弼教"要依法行事，严格贯彻"慎刑"和"罪疑从轻"原则，而朱元璋在颁行《大诰》之后则只提"重刑"而不讲"慎刑"，通过律外用刑和严刑酷法来推行"明刑弼教"，他的"明刑弼教"是以严刑逼民"从教"为特征的，尽管如此，表面上他依然标榜"仁政"并以"礼义教化"自居。[4]

---

〔1〕 朱元璋曾说："五教既兴，无有不安者也。民有不循斯教者，父子不亲，君臣不义，夫妇无别，长幼不序，朋友不信，强必凌弱，众必暴寡，鳏寡孤独，笃废残疾，何有之有焉。既不能有，其有命何存焉。凡有此者，五刑以加焉。五刑既示，奸顽敛迹。鳏寡孤独，笃废残疾，力弱富豪，安共安，有其有，无有敢犯者，养民之道斯矣。"《御制大诰初编·民不知报第三十一》。

〔2〕 杨一凡："明大诰与朱元璋的明刑弼教思想"，载《烟台大学学报（哲学社会科学版）》1989年第1期。

〔3〕《御制大诰初编·朝臣优劣第二十六》。

〔4〕 杨一凡："明大诰与朱元璋的明刑弼教思想"，载《烟台大学学报（哲学社会科学版）》1989年第1期。

2. "重刑弼教"的合理性

朱元璋还在四编《大诰》中论证了他"重刑弼教"思想的合理性，主要分为三点：其一，官民弊病罪行丛生、不循教化，唯有重刑惩治，才能"刑期于无刑"；其二，朱元璋认为"胡元之治，天下风移俗变，华风沦没，彝道倾颓"，[1]官民贪心勃然、迷失真性，如此唯有手段强硬、不拘常宪，方能惩治奸恶、杀一儆百；其三，以"明刑弼教"为理论基础，宣扬重典治世是符合"先王之教"的，所谓"申古先王之旧章，明五刑以弼教"。[2]

3. 实施手段和措施

为了有效实施"明刑弼教"思想，朱元璋还制定了一系列手段和措施。首先，彰明刑罚、礼仪教化，使百姓知晓趋吉避凶的道德，凡从教者五福临门，不从者刑罚加身。其次，对罪囚公开施以酷刑，"使人视之而不敢犯"。他提出，唯有严刑峻法"使其流血呻吟，备尝苦楚"，方能"使人视之而不敢犯"，从而杀一儆百、震慑世人。再次，创设"戴刑还职"制度，使有罪者翻然自新。这是朱元璋惩治官吏的特别措施，给予他们戴罪工作而悔过自新的机会。《御制大诰三编·进士监生不悛》中，共列进士和监生出身的犯罪官吏364人，其中戴刑还职者有212名。最后，发动民众监督，"逼成有司以为美官"。他在《大诰》中规定对官吏实施民众监督，创建"民陈有司贤否"和"民拿害民官吏"制度。"民拿害民官吏"制度被载于特种刑法《大诰》中，之所以出台该制度，是因为朱元璋此前颁布的"严禁官吏下乡"命令未能得到有效执行。因此，他下令：

---

[1] 《御制大诰三编》。

[2] 杨一凡："明大诰与朱元璋的明刑弼教思想"，载《烟台大学学报（哲学社会科学版）》1989年第1期。

允许民间年高德劭之长者带领青壮年们绑缚那些"违旨下乡、动扰于民"的不法之徒和舞文弄法、欺压良善的贪墨之吏，并将其押解京城，谁也不许阻拦，"敢有阻拦者，其家族诛"。[1]

针对朱元璋"严禁官吏下乡"的命令，清末著名法学家沈家本抨击道：官员若不下乡，对辖区内的地理形胜和风土人情必然懵懂无知，如何行政？不许官吏下乡，那些偷懒散漫的官吏当然求之不得，乐得逍遥自在，而真正想做事的官吏却束手束脚，简直是因噎废食之举。[2]而随之推行的"民拿害民官吏"制度同样非议良多。一来，此制度无政府主义色彩浓厚，纯粹建立在朱元璋的个人臆想之上，缺乏系统的制度保障。其次，于百姓而言可操作性不强且风险很大。虽然《大诰》没有明确规定百姓绑缚害民官吏后查证不实的作何处理，但鉴于历代严惩"诬告"的传统，可以预想任何百姓若遵照圣旨拿害民官吏进京必然惴惴不安，因为大家都明白"害民"与否界定模糊、各有标准，双方各执一词怎么办？所以，百姓除非是忍无可忍，否则也不会轻易拿害民官吏赴京，这种关系身家性命的事谁也不敢大意。后来的实践也证明，朱元璋的命令颁行后，真正落地操作而被百姓擒拿赴京的官吏不过三两例而已。[3]

朱元璋的"民众监督"思想体现出了他对各级官吏缺乏信任和对民众雄厚力量的深刻感知，尽管这些思想和措施带有无政府主义的理想色彩，也不符合依法办事的法制要求，最终因脱离实际而未能普遍施行，但在某种意义上却是对"官贵民贱"

---

[1] 黄波：《最可惜一片江山：传统政治文化中的朱元璋》，东方出版社2017年版，第97页。

[2] 黄波：《最可惜一片江山：传统政治文化中的朱元璋》，东方出版社2017年版，第97页。

[3] 黄波：《最可惜一片江山：传统政治文化中的朱元璋》，东方出版社2017年版，第98页。

传统的巨大冲击，可谓是史无前例、意义非凡。[1]

二、"天人感应、阴阳五行"思想

"司法天道、天人感应和阴阳五行"思想。朱元璋认为司法活动不仅是凡间平冤抑、理纠纷，维护公正秩序的统治活动，还关乎着天道自然和皇统天命，刑狱治理的善恶利弊会反映在天象之中，是天人感应的征兆，因此刑狱机构的营建和运行必须符合阴阳五行和天人感应的天道思想，皇统方能长久稳固。洪武十七年（1384 年）三月，朱元璋下诏将刑部、都察院、大理寺、审刑司、五军断事官公署一律改建于太平门之外，而太平门位于京城之北，北为玄武，有北方七宿，五行主水，象征阴肃和冬季，契合了刑主阴的天道思想。[2]敕曰："肇建法司于玄武（玄武湖）之左，钟山之阴，名其所曰'贯城'，贯，效法天上贯索，北方七宿像贯珠一般环于天际，犹如天牢。"[3]朱元璋为其命名为"贯城"，象征着如环状贯珠般的北方七宿所组成的天牢形象。同时，他还进一步解释了不同天象所对应的凡间刑狱状况，即"若中虚而无凡星于内，则刑官无私邪，政平讼理无囚人；若凡星处贯内者，刑官非人；若中有星而明者，贵人无罪而狱"，[4]刑官的好坏和狱讼的曲直都有明确的天象表达。朱元璋的这种司法天道思想虽然充斥着虚无迷信色彩，但对于论证法统的正当性与合理性，震慑和警醒各级司法官员具

---

〔1〕　杨一凡："明大诰与朱元璋的明刑弼教思想"，载《烟台大学学报（哲学社会科学版）》1989 年第 1 期。

〔2〕　（清）夏燮撰：《明通鉴》，沈仲九标点，中华书局 2013 年版，第 435 页。

〔3〕　李国祥、杨昶主编，刘重来等编：《明实录类纂》（司法监察卷），武汉出版社 1994 年版，第 1/9 页。

〔4〕　李国祥、杨昶主编，刘重来等编：《明实录类纂》（司法监察卷），武汉出版社 1994 年版，第 179 页。

有独特的价值，正如他对官员所说：如今法司已然按照天道设置，你们今后务必要尽职尽责，依据天道工作行事，深邃用心可见一斑。最后，他还以天人山水为喻，表达了皇统的理念与诉求，"如贯之中虚则狱清而无事，心静而神安；鉴玄武之澄波，睇钟山之苍翠，以快其情；庶不负朕肇建法司之意也，尔其敬哉"！[1] 宏大追求和浩渺心胸跃然纸上，于朱元璋而言，司法公平和法统正义均是其皇统正当威严的组成和表现，而这一切都是承天顺运、道法自然的集中展现。

三、"重典治世、严于治吏"的强化

（一）"胡惟庸案"和宋濂、李善长之死

1. "胡惟庸案"

对于官吏贪赃枉法深恶痛绝，对于犯上作乱、谋反篡权更是严惩不贷、重刑酷法，集中体现了洪武中期朱元璋"重典治世、严于治吏"的思想。相较于洪武前期，朱元璋在洪武中期对于贪腐渎职、犯上作乱、妄言惑众等重点领域的打击更加严酷，打击的范围和领域较前期进一步扩大，用刑趋势总体更为严厉。发生于洪武十三年（1380年）正月的"胡惟庸案"是这一时期开始的序幕和标志。据《明太祖实录》记载：胡惟庸等人专肆威福、公报私仇、腐朽贪墨、结党营私，乃至勾结敌国，妄图弑君谋反，罪行劣迹不胜枚举。对此，朱元璋亲临审问，并言道，"朕不负惟庸辈，何得至是？"于是下令大肆杀戮、广泛株连、毫不留情，成为洪武年间的惊世大案之一。《明史纪事本末》所记载的"云奇告变"也是该案的又一说法。据载，洪武十三年（1380年），胡惟庸府上一口井中突然长出了石笋，

---

[1] 李国祥、杨昶主编，刘重来等编：《明实录类纂》（司法监察卷），武汉出版社1994年版，第179页。

世人皆说乃祥瑞之兆，胡惟庸非常高兴，而此时他已有反叛之心，打算借机邀请朱元璋前来观赏并发动政变。当朱元璋车驾走到西华门时，一个名叫云奇的太监坚持拦在朱元璋马前，不让朱元璋通过，卫士们上前呵斥，差点将其打死，可是云奇宁死也指着胡惟庸家的方向，朱元璋感觉事有蹊跷，立即登上城楼，远远看见胡惟庸家中埋伏着大量甲兵，恍然大悟，下令即刻逮捕胡惟庸，当天予以处死，不给他任何申辩机会。此后，朱元璋专门颁发《昭示奸党录》，警示世人以胡惟庸为鉴、克己奉公。嘉靖朝陈建所著《皇明通纪》同样有类似记载。[1]然而，"胡惟庸案"在史学界素来存有争议，明代史籍记载也不尽相同，甚至有所矛盾。关于胡惟庸是否真的谋反怀疑颇多，很多人认为"胡惟庸案"其实只是一个借口，根本目的是朱元璋想借机解决君权和相权的矛盾，从而彻底废除宰相制度，强化君主专制集权，背后是深层次的政治目标。

2. 宋濂之死

正是在这一年，被朱元璋誉为"开国文臣之首"的宋濂因牵连到"胡惟庸案"而离世。据载，宋濂之孙宋慎参与涉及"胡惟庸案"而被论刑，籍没全家并押解宋濂赴京问罪。朱元璋大为恼火，打算将其诛杀，马皇后谏议说：普通百姓聘请一名老师，尚且不愿忘记师恩教诲。宋濂是太子和王公们的授业之师，怎么能这样处置呢？更何况宋濂当时赋闲在家，必定不知

---

［1］　"洪武十三年正月，丞相胡惟庸谋逆，诳言所居井涌醴泉，邀上往观。惟庸居第近西华门，守门内使云奇知其谋，乘舆将西出，奇走冲跸道，勒马衔言状，气方勃，舌矩不能达意。上怒其不敬，左右挝捶乱下。奇垂毙，右臂将折，犹奋指贼臣第，弗止痛缩。上方悟，登城俯察，则见彼第内裹甲伏屏间数匝。上亟返，遣兵围其第，罪人一一就缚，并其党御史大夫陈宁及都督毛玉等皆伏诛。上召云奇，死矣，深悼之，追封右少监，赐葬钟山，命有司春秋致祭，仍给洒扫户六人。"（明）陈建：《皇明通纪》（上），钱茂伟点校，中华书局2008年版，第218页。

内情，臣妾请求赦免他的死罪。朱元璋深明其意，遂将宋濂发配茂州安置。发配路中行到夔州时，宋濂因病去世，终年七十二岁。嘉靖朝陈建评价道："濂博及群书，名满天下，文传四夷，而于佛老之言尤深研究，著有潜溪集、芝园集、龙门子、无相膳语等书，传于世。"[1]即便是如此博学广志、饱受赞誉之名臣最终也因关涉"胡惟庸案"而客死异乡，不免令人唏嘘感喟。

3. 李善长之死

洪武二十三年（1390 年）五月，太师李善长自杀。李善长之死和十年前的"胡惟庸案"密切相关。胡惟庸在任时与李善长来往素密，李善长、陆仲亨等人对胡惟庸谋反之事多有参与。先前对李善长之过，朱元璋念及旧情多有宽宥，然而李善长却并不收敛，朱元璋诏其追忆当年开创之艰、创业之苦，并告谕群臣打算宽宥李祐等人的死罪以安慰李善长，顾念他年高体弱、过于悲痛，善长听闻十分惭愧。群臣复奏：臣等多方查证，其谋反事实确凿，誓死捍卫律令权威。[2]李善长自觉无面目见百官，遂自缢而亡。对于李善长之死，还有另一种记载，嘉靖朝《皇明通纪》认为是朱元璋赐死了李善长。李善长先前与"胡惟庸案"颇有牵连，朱元璋并未深究，榜列功臣时仍然将善长排于前列，然而星象异变，主"大臣灾"，朱元璋十分疑惑并诛杀了怨逆的京民，善长为其求情，令朱元璋十分恼火，于是下令赐死李善长。[3]

---

〔1〕（明）陈建：《皇明通纪》（上），钱茂伟点校，中华书局 2008 年版，第 219 页。

〔2〕"臣等考其事反状甚明，敢以死奉法。"李国祥、杨昶主编，刘重来等编：《明实录类纂》（司法监察卷），武汉出版社 1994 年版，第 215 页。

〔3〕（明）陈建：《皇明通纪》（上），钱茂伟点校，中华书局 2008 年版，第 271 页。

4. "胡惟庸案"的余波

洪武二十五年（1392 年）八月，靖宁侯叶昇因当年与胡惟庸往来密切，后被人发觉，伏罪诛杀，可见"胡惟庸案"波及之广、延续之久。洪武十五年（1382 年）十二月，岷州卫百户达琐南扎等十三人谋反，伏罪诛杀。洪武十九年（1386 年）五月，彭玉林、杨文、曾尚敬等作乱谋反，彭玉林本是福建一僧徒，自号弥勒佛祖师，烧香聚众建白莲会，杨文、曾尚敬等加入共谋，不久彭玉林自称晋王，置伪官署，建元天定，后被官军捕获，伏罪诛杀。洪武二十一年（1388 年）五月，袁州府萍乡县百姓创建弥勒佛教蛊惑民众，朱元璋令捕获诛杀。对于百姓犯上作乱，朱元璋是坚决不能容忍的，必以严刑酷法惩办，以儆效尤。

（二）"郭桓贪污案"

对于官吏贪赃深挖严办、绝不姑息，如洪武十八年（1385 年）的"郭桓贪污案"。经查户部侍郎郭桓本应收浙西秋粮共四百五十万石入仓，而实际入粮钞少额一百九十万石。郭桓及浙西地方各级官吏，沆瀣一气、联合舞弊，收受贿赂五十万贯。朱元璋得知后大怒，下令深挖严查，牵连到朝廷六部及十二承宣布政使司诸多官员，不仅包括郭桓及户部各级官吏，还涉及刑部尚书王惠迪、礼部尚书赵瑁、工部侍郎麦志德、兵部侍郎王志等以及大量地方府县官员和地主豪富，总计数万人皆论死罪，据史书载，经此一案"天下中产以上人家破产大半"。最后查实共偷漏及盗卖仓粮七百万石，且大肆隐匿鱼盐税粮，合计粮两千四百余万石，可谓惊天动地的"盗粮贪腐大案"。[1]

（三）处罚扩大化

洪武中期处罚程度和范围还有扩大之势，官吏专擅威福、

---

[1]　王世谊、丁守卫："朱元璋'重典治国'思想探析"，载《南京社会科学》2006 年第 6 期。

排斥异己、结党营私同样被予以严厉惩治。当时，国子监祭酒宋讷对待监生严厉苛刻，为众人所憎恶，吏部尚书余麒和助教金文征共谋将其罢官驱逐，为朱元璋所知晓。洪武十八年（1385 年）夏，他下令将余麒、金文征等人诛杀，并敕令宋讷说：君子如同粮米，小人好似稻糠，二者必定同时存在。上天护佑有德行之人，就像是扶植优良作物一样，因此君子品行始终坚忍不拔，而小人的所作所为终是在自寻灭亡。爱卿不要因为小人的举动而丧失威仪，今后定要认真尊奉朕的旨意。[1]纵使宋讷严酷苛刻，朱元璋却并不在意，甚至支持他对监生的严苛教导和管理，而对余麒等人排斥异己、结党擅权的行为却是不能容忍，视之为小人之所为，并痛下杀手、治罪诛杀，可知洪武中期朱元璋对待官吏乃至监生是十分严苛的。

（四）"蓝玉案"

洪武中期强化的"重典治世、严于治吏"思想在"蓝玉案"中达到顶峰，并随着"蓝玉案"的终结而走向结束。蓝玉是开平王常遇春的妻弟，早年征战有功，擢升大将总兵，深得朱元璋赏识。然而，随着功劳和地位的提升，他变得日益骄横暴虐，屡屡违法犯罪，甚至僭越犯上，最后走向谋反。因此，洪武二十六年（1393 年）二月，在几番宽宥后，朱元璋最终决心诛杀凉国公蓝玉，此后会宁侯张温、都督萧用、沈阳侯察罕、都督马俊、都督聂纬等人皆因与蓝玉同党而相继被问罪诛杀。"蓝玉案"成为洪武中后期又一桩惊世大案，也是"洪武四大案"中的最后一个，该案之终结标志着洪武中期法律思想的结束。当然，针对"蓝玉案"历史上还有不同说法。明末史学家谈迁在《国榷》中颇有见解，他主张蓝玉并非谋反，其只是一

---

〔1〕 李国祥、杨昶主编，刘重来等编：《明实录类纂》（司法监察卷），武汉出版社 1994 年版，第 212 页。

介武夫，耿直粗暴，连一个太师之位都眷恋不舍，家中仅有几百家奴，怎么可能会谋反呢?[1]还有学者认为，"蓝玉案"属于政治事件，是由当时的客观环境造成的。朱元璋虽然自信自己的才略和周密的制度安排，认定宿将功臣们暂时不会对朱明王朝造成多大威胁，可他却不得不考虑身后之事。因为太子朱标早逝，嗣立的是文弱的皇太孙，他担心自己死后会不会失去对宿将功臣的管控，从而不利于王朝稳固。[2]也有学者认为，如蓝玉般下场的宿将功臣纯属咎由自取，如清代所修《明史》即有此论。[3]

客观而论，宿将功臣被诛杀既有自身因素，也离不开朱元璋的猜疑。如果当真依法论罪，严格依据法律条款即可，可实际上朱元璋在诛杀功臣时却没有遵循律令和习惯，给予功臣"八议"优待，反而有故意加重、法外用刑之势。有些功臣并无大罪，例如冯胜只是"数以细故失帝意"，却依然被处死。再者，树立法律权威，罪止其身即可，可朱元璋却大肆株连，动辄上千人伏法，"蓝玉案"就是最好的例证。当然，功臣自身也有不可推卸的过错。他们不仅平时骄横跋扈、时常坏法，在朱元璋杀机已萌时，还不能谨慎自守，进而给了朱元璋诛杀的口实和理由。[4]

---

〔1〕（清）夏燮撰：《明通鉴》，沈仲九标点，中华书局2013年版，第518页。

〔2〕黄波：《最可惜一片江山：传统政治文化中的朱元璋》，东方出版社2017年版，第49页。

〔3〕《明史》曰："治天下不可以无法，而草昧之时法尚疏，承平之日法渐密，固事势使然。论者每致慨于鸟尽弓藏，谓出于英主之猜谋，殊非通达治体之言也。……亦以介胄之士桀骜难驯，乘其锋锐，皆能竖尺寸于疆场，迨身处富贵，志满气溢，近之则以骄恣启危机，远之则以怨望抒文网。人主不能废法而曲全之，亦出于不得已，而非以剪除为私计也。"

〔4〕黄波：《最可惜一片江山：传统政治文化中的朱元璋》，东方出版社2017年版，第51页。

洪武朝主要文臣武将结局：

【文臣】

韩国公李善长：自杀，又有赐死一说。

翰林学士承旨宋濂：流放途中病逝。

诚意伯刘基：说法不一，病死、毒死、赐死等。

右丞相汪广洋：赐死。

左丞相胡惟庸：族诛。

【武将】

凉国公蓝玉：族诛。

颍国公傅友德：记载不一，卒，坐蓝玉党赐死，勒其自杀，赐死，自杀。

宋国公冯胜：赐死。

卫国公邓愈：出征途中病死。

开平王常遇春：出征途中病死。

中山王徐达：记载不一，不明不白，病死，赐食毒死而未得善终。

曹国公李文忠：惊悸得疾而暴卒。

信国公汤和：因病去世，得以善终。

四、重典下的中道仁爱与道德伦常

（一）对百姓的宽仁怜爱

朱元璋并非一味重刑，也有中道仁爱的一面。洪武十九年（1386 年）十二月，都察院左都御史詹徽建议朱元璋对于奸顽之人无需过于体恤，当以严刑重法惩治，使其恐惧敬畏。对此，朱元璋并不同意。他认为"用刑不当，则无辜受害"，主张"刑贵得中"思想，所谓"刑不可使纵弛，亦不可使过严"，过于松弛则作恶之人将无所畏惧，过分严格则可能会伤害到好人。论

刑的关键在于适中，适中则刑狱清明，否则必将引发混乱，刑狱
混乱正是国政衰败的表现！"如尔所言，恐流于滥。其可哉！"[1]
同时，他强调"明刑弼教"，申明刑罚以辅助教育，明刑的目的
在于弼教和教化，尤其重视在明刑的过程中推行德礼教化。

　　洪武十四年（1381年）三月，专门诏令有司不要将徒流罪
犯发往荒芜之地，应迁至有人居住之处，以保全其生。同年五
月，他还嘱咐刑部重刑必须实行三覆奏制度，人命重大，不可
滥用刑罚，务必严谨审慎，对于一时过失、情有可原的罪犯应当
区分考虑，除十恶外，普通死刑可听收赎。洪武十五年（1382
年）春，他告谕刑部说：春天万物复苏，无知百姓却触犯刑宪
以致死罪，虽有即刻行刑之规，然朕于心不忍，特令宽宥之。
同年闰二月，朱元璋对刑官说：五刑之中笞杖刑最轻，然而却
可能引发伤残甚至死亡，朕十分怜悯，从今日起，判处笞杖之
人全部送到滁州种植苜蓿。笞刑十次者种十天，杖刑十次者种
二十天，期满释放。洪武二十三年（1390年）十二月，他再度
申明除了触犯十恶且杀人者处死外，其余死罪皆可以劳役自赎。
洪武二十四年（1391年）六月，朱元璋再次赦免了诸多重罪死
囚，令其营造军舍以赎其罪。这些做法充分体现出了洪武中期
朱元璋虽然用刑严苛、重典治世，但绝非冷酷无情，尤其是对
待普通百姓，很多时候他依然饱含情感和怜爱。春天万物复苏，
他却想到那些即将处死的囚犯，感时伤怀，于心不忍；徒流罪
犯按律远迁，他却能设身处地考虑到罪犯今后面临的现实困境，
从而保全其生；百姓违法犯罪，他却想到的是有司教化不力、
治理无方，不能苛责百姓，自当减免刑罚。这里我们看到的不
再是一个帝王的铁血与威严，而是一个真正能够急百姓之所急、

---

　　[1]　"纵弛则为恶者无所畏，过严则为善者或滥及。用刑之道，但贵得中，得
中则刑清，失中则刑乱，刑乱而政衰矣！"《明太祖宝训·卷五·恤刑》。

想百姓之所想、关爱百姓疾苦冷暖的温情家长。当然,温情确是事实,而这背后深层的考量是让劳动人民得以休养生息、生存发展,从而更好地为统治阶级效劳,保障国家财税劳役和军队兵源的供给。

不仅如此,温情司法之中还浸润着传统伦常道德。洪武十六年(1383年),他提出在处理狱案过程中必须要考虑伦常情节,不能过分苛责。人命关天,时常保有宽恕尚且担心会有过失,更何况苛责呢?昨天有位百姓触犯死罪,其父向司法官行贿以求免去死刑,后被御史发现,准备一并论罪。朕以为父子血脉相连,父亲救儿子乃是人之常情。应当依律处罚儿子,而释放父亲。从今往后,审理案件一定要严谨审慎、依规覆奏,不可伤害无辜。[1]洪武二十一年(1388年)五月,太平府有两兄弟相互讦告,刑部奏请论罪处罚,朱元璋认为兄弟乃骨肉亲情,只是一时激动和气愤才会相互攻讦,并非其本心,只需将两人关在狱中反省数日,自然会后悔。果然,不出数日,两兄弟惭愧不已、和好如初。洪武二十五年(1392年),天策卫士兵吴英的父亲犯法入狱,吴英甘愿成为官奴来为父亲赎罪,朱元璋顾念到吴英一片孝心,特别予以宽宥。在朱元璋看来,司法原情是礼刑相辅、明刑弼教在实践中的具体化,司法不仅是律令典章的适用,更是伦理道德的教化,是法律儒家化的集中体现,在纲常伦理面前,一般法律规定也要退居其次。以干名犯义为例,所谓干名犯义,是指卑幼控告尊长因而被认为触犯封建伦常道德的罪名,即使控告罪行属实,也属于犯罪行为,依律惩治。典型案例如洪武二十二年(1389年)的"族长商贩案"。绍兴府余姚县百姓控告其族长私自下海从事商贩贸易,触

---

[1] 《明太祖宝训·卷五·恤刑》。

犯干名犯义之罪，遭到惩处。对此，朱元璋说：苍颜皓首之人是你们的族长，妄自控诉实属干名犯义且不知祖宗尊卑之举。自古君主治理天下，必当彰明纲常伦理，如今你等行为是为伤风败俗之举，即便控诉属实也不能允许，何况虚无不实呢？[1]在朱元璋看来，族长是否犯法暂且不论，而族人控告族长是绝对不允许的，是为不知有祖宗的伤风败俗之举，既不契合伦理道德，也不符合律令典章，而帝王治天下，首先就是要彰明纲常之道，可见道德伦常对朱元璋法律思想的深刻影响及在法律中的至上地位。[2]然而，在封建社会中，"隆礼"仅是维护政权的一种方式，当德礼难以发挥预防、麻痹功用时，便要拿出法律的大棒暴力镇压，以严刑酷法压制敢于反抗专制统治的"顽民"，"隆礼"不过是为"绳顽"穿了件"爱民"的外套。统治者一面用法律手段去推行仁义道德，另一面又用仁义道德保证封建法制的贯彻实施，二者相辅相成、殊途同归，最终达成求治之目标。[3]

（二）对官吏的宽容仁爱

对百姓如此，对待各级官吏朱元璋也有宽容仁爱的一面。"重典治吏"之下不乏温情体恤，"八议"制度虽日渐没落，但

---

〔1〕 "今苍颜皓首者，尔族之长也，而妄诉之，是干名犯义不知有祖宗矣。自古帝王之治天下，必先明纲常之道，今尔伤风败俗，所诉得实，犹为不可，况虚诈乎？"李国祥、杨昶主编，刘重来等编：《明实录类纂》（司法监察卷），武汉出版社1994年版，第215页。

〔2〕 类似案例还有洪武二十四年（1391年）龙江卫吏案，当时龙江卫吏因过被罚役，正值其母丧，乞求回家守孝，吏部尚书詹徽不许，该吏遂击登闻鼓上诉，朱元璋知道后斥责詹徽说："吏虽罚役，天伦不可废。使其母死不居丧，人子之心终身有歉。大与人为善，犹恐其不善，若其善而沮之，何以为劝？"詹徽万分惭愧，卫吏最终得以守制尽孝。李国祥、杨昶主编，刘重来等编：《明实录类纂》（司法监察卷），武汉出版社1994年版，第217页。

〔3〕 朱玉婷："朱元璋法律思想探析"，载《济南大学学报》2001年第3期。

影响尚存，成了法律儒家化和帝王用刑的重要参考。洪武十四年（1381年）四月，他对刑部臣属说：推崇君子之仰慕，摒弃君子所不耻。凡是做官之人谁不想保全爵位官职而彰显美誉于天下呢？然而，有时却因偶尔过失或被人构陷而身遭刑狱，纵使后悔也于事无补。朕今日审案发现此类情况甚多。从今以后官吏犯罪可视情宽宥、戴罪履职，将其过错书于门楣，每日反省。若果能省身改过则为除之，有不悛者则论如律。同年十二月，户部尚书徐辉犯罪，按律当死，朱元璋鉴于其平日勤于政事，议勤、议功，决定减死而论。洪武二十年（1387年）五月，朱元璋认为朝廷用刑过重，非圣心宽仁之举，于是下令轻罪者皆赦免，徒流罪及杂犯死罪者均戴罪复职，即便多次犯罪之人也可在记录其罪行后官复其职。洪武二十三年（1390年）二月，定辽卫指挥李哲私自贩卖官马，按律当杖刑、发配戍边，朱元璋知悉后认为：李哲资质平庸，但考虑到他的父亲多年坚守边关，功劳卓著，令其归还马匹，宽免罪责，继续任职。[1]这位以"重典治吏"著称的帝王虽是严酷却并非无情，但也只是铁血之下的脉脉温情在现实重压下被掩藏得太深太深。

对待臣下宽缓仁爱的典型案例还有庶吉士解缙的万言书之案。解缙天资聪颖、少年英才，朱元璋尤为恩宠。洪武二十一年（1388年），解缙上万言书，针砭时弊、毫无忌讳，其中不乏许多激烈言论，如"陛下诚信有间，用刑太繁，每多自悔之时，辄有无极之叹"，"律以人伦为重，乃有给配夫妇之条，听之于不义，恐伤节义之化"，"陛下天资清高而学问不充，善端间发而心学无素，兴师取宝，真伪莫明，神仙征应，诞谩莫信，申明旌善之亭，徒为虚设，蓝田吕氏乡约、义门郑氏家范可以颁

---

〔1〕 李国祥、杨昶主编，刘重来等编：《明实录类纂》（司法监察卷），武汉出版社1994年版，第215页。

146

行"等。[1]面对这些直指朱元璋的批评言论，尤其是很多还直接关涉律法用刑问题，他并没有严苛惩治，而是予以宽容祖护。后来召见解缙父亲说道：有此英才实属不易，凡成大事者必经岁月磨砺，让你的儿子先回去吧，回家后认真学习领悟。又教育解缙："朕于尔，义则君臣，恩犹父子，其归，尽心于古人，后十年来朝，大用尔未晚也。"[2]在洪武中期严肃的背景下，朱元璋对待臣下亦有温情一面，在君主专制时代，所谓法律思想和实践的严苛与否从来都不是绝对的，很多时候往往取决于君主一时的意志和想法。同时，用刑轻重也与适用对象息息相关，面对解缙这样的青年才俊，朱元璋求贤若渴、惜才心切，不免高看一等，用刑自然予以特殊照顾。

可见，朱元璋的法律思想并不是为了重刑而重刑，其重刑之下亦有宽仁良善的存在，重刑背后追求的是仁义道德的教化和培育，教与情才是最终的目的所在，而严刑峻法更多的是留给那些犯上作乱、贪腐渎职等危害统治基础的异己恶人的，通过对这些人的严酷镇压来达到警示、教育和预防之功用。

五、司法机构建设

洪武十五年（1382 年）三月，设置锦衣卫和镇抚司。锦衣卫的前身是吴元年（1367 年）设立的拱卫司，洪武三年（1370年）改亲军都尉府，领中左右前后五卫和仪鸾司，执掌护卫、车驾和仪仗等。至此改为卫所，锦衣卫有指挥使一人，正三品；同知二人，从三品；佥事三人，四品；镇抚二人，五品；十四

---

〔1〕（明）陈建：《皇明通纪》（上），钱茂伟点校，中华书局 2008 年版，第264 页。

〔2〕（明）陈建：《皇明通纪》（上），钱茂伟点校，中华书局 2008 年版，第263～264 页。

所千户十四人，五品；副千户从五品；百户六品。下设大汉将军、力士、校尉等官职，专司直驾、侍卫、巡捕等工作，镇抚司分南北，北镇抚司专理诏狱。凡进入锦衣卫的重囚犯皆由锦衣卫进行审问。直驾侍卫是锦衣卫形式上的职务，巡察缉捕才是工作重心，对象是"不轨妖言"。不轨指政治中的反对派，妖言指不满现状的宗教团体，如明教和白莲教等。锦衣卫的建立旨在系统而便利地株连告密和法外用刑。各地重刑犯被押解京师入北镇抚司狱，罪状口供早已安排妥当，不容分说申诉，唯有受刑招认，入了此门就再难活着出来。[1]五年后，朱元璋下令禁止锦衣卫干预司法，并焚毁锦衣卫刑具。先前，官民触犯重罪逮捕进京的常常被押入锦衣卫审讯，其间难免严刑拷打、屈打成招。洪武二十年（1387年）正月，朱元璋断然宣布锦衣卫审讯非法并焚毁其刑具，所有案件送刑部审理。这样使得刑部作为主审机构的权力得到强化，削弱了锦衣卫的司法职权，刑部主审、大理寺复核、都察院法律监督的中央司法体系更加完善，同时也有利于保障司法的公平正义和官民的切身利益。正如嘉靖朝陈建所言："既置刑部三法司，又设镇抚司推鞫，多此一司矣。只宜依洪武晚年定制为是，且武夫粗暴，其于鞫狱，尤非所宜。"[2]

朱元璋进一步规范发展地方专门司法机构，突出强化地方司法职能，完善地方司法管理工作，彰显出了他对司法工作的格外重视。洪武二十五年（1392年）九月，命令铸造各按察分司之印并要求都察院和六部修改按察分司巡按范围，初设四十

---

[1] 吴晗：《朱元璋传：从乞丐到皇帝》，华东师范大学出版社 2014 年版，第 148 页。

[2] （明）陈建：《皇明通纪》（上），钱茂伟点校，中华书局 2008 年版，第 233 页。

八道按察分司。浙江四道、福建三道、山西四道、江西四道、湖广五道、广西三道、广东四道、四川三道、山东二道、北平三道、河南三道、陕西四道、直隶六道。后洪武二十九年（1396年）又改为四十一道，其中浙江撤销二道，福建、山西、江西、湖广、广东、北平、河南各撤销一道，而山东和陕西各增设一道。

六、侦查起诉与审判执行

（一）侦查起诉

侦查起诉方面，朱元璋认为侦查起诉务必讲究证据规则，只有确实充分的证据才能被作为案件审判的依据，没有证据难以论罪。以洪武二十四年（1391年）"澧州石门之案"为例，该县官吏为非作歹，为了消灭罪证，他们谎称敌寇作乱并焚毁了县治和所有案牍。事实上，案牍大多是他们自己故意焚毁，企图消灭证据。朱元璋得知后派遣御史前往查证，未能获得有效证据。朱元璋说：案牍既然已经焚毁，其他证据即便存在也难以判定，就不予追究，释放结案吧。明知官吏作弊枉法，却难以获得有效的证据，面对此种情形，朱元璋并未肆意惩治，而是宽宥释放并不再追究。其对于司法活动中证据规则的讲求和审慎显而易见。

（二）案件审判

1. 以律为准

案件审判方面，当律与例发生矛盾时，应以律为准，不能因一时的好恶和旨意而破坏万世之法。洪武二十四年（1391年）九月，嘉兴府通判庞安押解私盐犯进京并用盐赏赐抓捕有功者，遭到户部以违例论罪。庞安不服，上书朱元璋说："律者，万世之常法；例者，一时之旨意。岂可以一时之例坏万世之法。"[1]又以唐太宗举例，太宗曾因选人多诈而敕令有诈冒者杀之，大理少卿戴胄认为应当依律论处，太宗十分生气，认为若依律论处就会使自己言而无信，戴胄回答说：敕令源于一时情绪，而法律则是国家取信于天下之重器。陛下因选拔之人多奸诈，所以想杀之而后快，后知晓与律典相悖，遂坚持依律处刑，这是隐忍个人愤怒而维护国家大体的英明之举。[2]庞安由此认为，当前要是依例行事就是出于一时之旨意和喜怒，就会与律法相违背，从而失信于天下。朱元璋深以为然，诏令依律论处。当个人的一时喜怒和意志与国家法律相冲突时，明确位阶关系，坚定维护和推崇法律的至上和权威，这是朱元璋法律思想中尤为闪光的积极内容，作为专制帝王，法自君出、独断杀伐，然而他却能够自觉守信于天下，以身作则、缘法而治，实为难得。[3]

2. 同罪异罚

审判中针对特殊对象可以减免罪责、同罪异罚，包括"八议"及特定的君子贤能在一定条件下，经朱元璋批准均可减免罪责，享有超越普通人的特权。洪武十八年（1385年）冬，孟氏子孙二人犯罪，输作京师，翰林侍诏孔希善向朱元璋禀报，朱元璋批示：孟氏子孙乃圣贤后人，即便有罪也应宽免，于是命令释放遣还。进士和国子监生同样享有减免特权。洪武二十年（1387年）三月，常州府宜兴县丞张福生犯罪，按律当死，朱元璋鉴于进士和国子生都是朝廷悉心培养的人才，应当给予

---

〔1〕 李国祥、杨昶主编，刘重来等编：《明实录类纂》（司法监察卷），武汉出版社1994年版，第217页。

〔2〕 （唐）吴兢：《贞观政要》，骈宇骞译注，中华书局2011年版，第525页。

〔3〕 类似案例还有洪武二十五年（1392年）的宫俊奏疏。是年二月，监察御史宫俊奏曰："刑名不实，法司以面欺，例当斩。"朱元璋回答说："奏对不实，自有常律，何得一以例论，宜依律断。"参见李国祥、杨昶主编，刘重来等编：《明实录类纂》（司法监察卷），武汉出版社1994年版，第217页。

改过自新的机会，遂下旨赐予他们每人三次免罪特权。张福生是国子生出身，因此得以宽宥。在封建等级制下，法律从来都不是平等的，帝王的意旨、特殊的身份都可以凌驾于法律之上，成为维护统治的工具和筹码。

3. 重大案件"三复奏"和"三审五覆"制度

对重大案件实行"三复奏"和"三审五覆"制度。为了保证法制公正，避免司法工作中的纰漏，朱元璋集历代经验，实施"三复奏"之法，即刑部审刑、大理寺复核、都察院监督。这种制度历史悠久，早在隋代，隋文帝杨坚就允许冤抑者逐级申诉，直至上奏皇帝，"三奏而后决"；唐代初年，改死刑"三复奏"为"五复奏"，以示对死刑之谨慎。洪武十四年（1381年），朱元璋对重大案件实行"三复奏"，洪武十六年（1383年）又制定"三审五覆"法。他认为人命关天，唯恐不能查明实情而滥施刑罚，人一旦死亡则难以复生，因此必当慎重审理。同时，他还派御史到全国各地巡察刑狱，重大案件报送京师由大理寺详议。[1]又命令都察院、刑部官员审录囚徒，务必以公破私、辨明疑惑、罪刑相符，确保案件得到公正处理，冤抑之人充分申诉，清白之人不受羁押。[2]在与群臣商定"三审五覆"制度时，朱元璋强调不可流于形式、徒有虚名，要因名责实、严格落实。[3]

4. 军事案件审判

军事案件审判方面，朱元璋主张法律乃天下之公，无论军官还是士卒均要遵纪守法，没有超越法律之上的特权，严禁军

---

〔1〕《明太祖实录》卷一三九。

〔2〕傅玉璋："朱元璋法律思想初探——明初统治措施探索之四"，载《安徽大学学报（哲学社会科学版）》1990 年第 1 期。

〔3〕《明太祖实录》卷一五五。

官私自役使、虐待、搜刮士卒，违者依律审判处罚。西安前卫指挥使王纲，乃功臣之子，征伐云南时肆意鞭杀士卒、聚敛财物、骄横跋扈。朱元璋说：当年天下混乱，朕亲自领军作战，和将士们同甘共苦，从未有过轻侮。告谕他从军之艰苦，士卒甚至以菜根为食，应多予抚恤，如何还能搜刮虐待？王纲虽为功臣之子，也必须依法惩办，不可宽宥，以示法律之公正威严，洪武二十二年（1389 年）九月判令将其斩杀。

（三）刑罚执行

刑罚执行中允许适当的易科替换，以体现宽仁保全之意。除十恶死罪外，普通犯罪允许以参与劳役的形式来折换减赎罪行，普通死刑犯亦可罚去戍边，以保全其生。[1]同时，在洪武前期的基础上大赦天下，犯罪官员情非实犯者重新免罪授官，并免除天下当年田租。洪武十三年（1380 年）五月，朱元璋下诏曰："朕荷上天眷佑，祖宗积德，君主华夷十有三年。……凡官员以罪黜罢，情非实犯者，许亲自来朝，仍授以职。""可大赦天下，除十恶不宥外，洪武十三年五月初三日以前已未发觉结正，罪无大小咸赦除之。"[2]洪武十四年（1381 年）三月，朱元璋再次大赦天下、与民更始，并礼聘民间才志之士赴京任官。洪武十七年（1384 年）三月，又一次大赦天下。不到五年时间内朱元璋三次大赦天下，对于重典治世的洪武中期而言无疑缓和了用刑的紧张态势，这里除了统治政策的考虑外，也体

---

〔1〕 洪武十六年（1383 年）正月，命刑部："凡十恶真犯死罪者，处决如律。余徒、流、笞、杖者令代农民力役，以赎其罪。在京犯者役十日，准笞二十、杖十，徒流各计年准之。杂犯死罪者罚戍边。在外犯笞、杖者就决，徒流、死罪送京师详谳。"李国祥、杨昶主编，刘重来等编：《明实录类纂》（司法监察卷），武汉出版社 1994 年版，第 19 页。

〔2〕 李国祥、杨昶主编，刘重来等编：《明实录类纂》（司法监察卷），武汉出版社 1994 年版，第 823 页。

现出了非重点领域的普通犯罪并非朱元璋首要关注的内容。

狱政方面，朱元璋明确提出了"明刑、恤刑、缓刑、慎刑"的录囚思想。他认为录囚事关人命公道，责任重大，必须严格谨慎，多体恤、多怜悯，从轻从缓，万不能伤害无辜，有损仁义之心。洪武十六年（1383 年）七月，他派遣监察御史去浙江等地录囚，辞行前叮嘱官员：草木蝼蚁，仁爱者方不忍折损，何况对待人呢？你们此去定要慎重。[1]同时，禁止淹滞狱囚，应当及时决遣，以免造成不必要的死亡，影响刑罚执行的效果。

第三节　法律教育和法律监督思想

一、守法与法律教育思想[2]

适用法律的目的不在于刑杀惩罚，而在于教育感化，使民众能够从中受教、自觉知法守法，从内心接受、认可法律及其所承载的思想内涵，从而达至理想的道德社会。发生于洪武十五年（1382 年）八月的一起案例是朱元璋践行这一思想的典型代表。五十三名犯死罪而被减免戍边的罪犯，衣食无着、生计艰难，朱元璋听闻后很怜悯，特别允许他们回家取钱物，约定日期前归来。截至日期前，五十三人果然信守承诺，如期归来。朱元璋十分欣慰，说：按期归来是敬畏法律之体现，说明良心不泯，希望能够早日改过向善。[3]遂下令宽宥他们的罪行并赏

---

〔1〕　李国祥、杨昶主编，刘重来等编：《明实录类纂》（司法监察卷），武汉出版社 1994 年版，第 20 页。

〔2〕　朱元璋颁行《大诰》的目的是"取当世事之善可为法，恶可为戒者，著为条目，大诰天下"。《明太祖实录》卷一七九。

〔3〕　李国祥、杨昶主编，刘重来等编：《明实录类纂》（司法监察卷），武汉出版社 1994 年版，第 825 页。

赐路费放还家乡。本案中，朱元璋并没有一味用刑惩治而是以教化的心态关爱他们的生活，并通过约定归来的方式让罪犯亲身实践诺言、信守规则，表面上看是一种仁慈与关怀，实际上是以这一方式训练他们遵守法律、讲究诚信的道德品质，让罪犯在感受仁爱的同时，真正理解和认可守法的意义，从而洗心革面、改过向善，达到道德教化的最终目的。与此同时，适时宽宥其罪、给予路费，进一步激发他们内心深处的良善，进而使他们从根本上弃恶从善、从风向化。

针对官员广泛开展廉政守法教育，朱元璋曾专门打过两个比方：一曰"今汝俸禄，有如力田"；二曰"守俸如井泉"。意思是国家俸禄相较贪污敛财，虽然少了些，却能"岁享其利，无有已时"，而贪污横财一旦事发即刻尽失。〔1〕洪武二十五年（1392年），他命户部登录各级官员俸禄粮米数，参照稻谷产米比例折算成所需稻谷数，并标明每亩农田粮食产量和付出劳动情况，编纂成书，取名为《醒贪简要录》。各级官员从朝廷领取的禄米，费谷多少，农民付出劳动多少，一目了然。朱元璋希望用这样真实的数据教育官员，触发他们的恻隐之心。这本《醒贪简要录》或许就是早期的"廉政教材"，从该书和两个比喻中，我们能感受到朱元璋在官吏廉政守法教育中的苦心。〔2〕

皇帝是守法的例外，可以超越法律，公然法外用刑。明代以前，守法是皇帝的美德和统治办法，皇帝不应以个人情感好恶来毁法、坏法，即便有特殊原因，也要先经法律处断，然后以皇帝的赦免等特权进行挽救。到洪武年间，这种传统被弃之

---

〔1〕 柏桦、吴爱明："明清官员俸禄——兼论高薪养廉"，载《法治研究》2015年第2期。

〔2〕 黄波：《最可惜一片江山：传统政治文化中的朱元璋》，东方出版社2017年版，第94~95页。

不顾。一方面，皇帝制定法律，要求所有人严格遵守，违者严惩；另一方面，皇帝自己超越法律、法外用刑、肆意杀人、无视法律程序，《大诰》中的死罪和酷刑很多都出自法典之外。[1]

二、法律监督思想

朱元璋特别创设了民众监督官吏制度，不失为中国法律监督史上之创举。《御制大诰初编》规定乡里长老在发现地方官贪污腐化、违法乱纪时可直诉于皇帝。各地民众有权擒拿违法贪墨之官赴京查办，亦可越级诉讼，直接进京举告。为使这一规定得以落实，朱元璋下令，沿途各级官府和关卡对上述民众胆敢阻拦的，全家诛杀。现实中，这一举措确实得以落实。洪武十八年（1385年），常熟县民陈寿六等人捉拿恶官顾英，赴京师面圣。朱元璋得知后，不仅严惩了顾英，还赏赐了陈寿六等人二十锭钞，每人两件衣服并免除三年差役，以示嘉奖。[2]这一制度为百姓监督官吏及法令的贯彻执行提供了保障，在一定意义上开启了我国古代社会"民主监督、法律监督"之先河。

然而，朱元璋虽赞成民众实行法律监督，却不是对任何人都能允许和容忍的，尤其是身份卑微低贱之人，如胥吏状告长官。洪武十五年（1382年）八月，有胥吏举报黄州府同知安贞擅造公宇器用，湖广按察司介入审查。朱元璋得知后不仅没有处罚安贞，反而将举报的胥吏送京治罪，并敕令曰：安贞违法，法司依律审问是职责所在。考虑到安贞违法并非为了私利，房屋器皿都是公家所需要的，现在若是给安贞定罪就是助长了胥

---

[1] 吴晗：《朱元璋传：从乞丐到皇帝》，华东师范大学出版社2014年版，第154页。

[2] 王世谊、丁守卫："朱元璋'重典治国'思想探析"，载《南京社会科学》2006年第6期。

吏攻讦控告之风气。[1]可见,朱元璋认为安贞所造器物均为公用,不必过分追究,而胥吏动辄举报攻讦却是不能容忍的,即便确有法律监督价值,也不能据此助长不良风气,法律是为统治利益服务的,在政治生态面前法律退居其次,这也说明了传统封建社会中不同身份主体在法律面前从来都不是平等的。类似案件还有洪武十七年(1384年)闰十月的成都府之案。左都御史詹徽奏言:"四川成都府有吏诉其知府张仁受贿,同知蔡良于公署设宴放吏为民,请逮问之。"朱元璋说:胥吏对于长官而言,就像子弟面对父兄,卑下攻讦尊长,有违礼教,不足以听取。[2]朱元璋之所以反对胥吏攻讦官长,除了从身份地位和政治风气角度考虑外,还有浓厚的宗法伦理因素渗透其中。

与之相反,对于长官惩治违法的胥吏,朱元璋的态度迥然不同。洪武十九年(1386年)秋,苏州府吏钱英奸恶违律,知府王观等人据其罪状将其鞭打致死,朱元璋得知后不仅没有责怪王观等人,还敕谕曰:"监民治政,恩威兼行,吏胥徒卒焉敢侮慢?朕时常训诫各司,却都不以为然。如今你和同知能够秉公执法,将奸恶之吏处决,可谓驭下有方。政令若是通达则奸咎必会远离,一方若保安宁则百姓方有福祉。今持遣行人赍敕并礼以劳尔,其盖励厥志,用成嘉绩。故谕。"[3]可见,朱元璋对于王观等人予以大力支持和肯定,认为他们这是恩威并施、公心正道、治下有方的有益之举,值得表彰嘉奖。

---

[1] 李国祥、杨昶主编,刘重来等编:《明实录类纂》(司法监察卷),武汉出版社1994年版,第210页。

[2] 李国祥、杨昶主编,刘重来等编:《明实录类纂》(司法监察卷),武汉出版社1994年版,第211页。

[3] 李国祥、杨昶主编,刘重来等编:《明实录类纂》(司法监察卷),武汉出版社1994年版,第213页。

第四节 本章小结

洪武中期是朱元璋法律思想发展的高峰和极端时期，这一时期在承接前期法律思想的同时，在很多方面走向规范和完善，然而很多领域也趋于严酷化和偏激化，"极端主义"盛行，成了洪武年间用刑最重的时期。立法方面，形式上"尚清晰、忌巧密"，内容上贯彻"重典治吏、重典治世"思想，这一思想在《大诰》中得到了鲜明体现。具体而论，刑事立法要求严惩诽谤和诬陷行为，进而发展为文字狱，并逐步扩大蔓延；军事立法在前期基础上，进一步规范、完善了征选管理制度和待遇保障，军队立法步入完备化和正规化；行政立法突出强调绩效考核和奖惩升迁的重要性，并以行政立法手段加强对官民的监督和管理，做到内外官有别；经济立法实行重本抑末思想，并通过编制赋役黄册和鱼鳞图册来规范田粮赋税的征缴，同时申明钞法，稳定市场秩序；婚姻家庭社会立法推行"养老之政"，彰显老年人的价值，让他们能够发挥余热，为朝廷和社会服务；对外关系立法中奉行"朝贡贸易"，申明交通外藩之禁，继续限制对外交流往来，为了贯彻海禁政策，强力实施迁海移民政策，断绝与海外的联系，保守趋势有所加强。

司法和执法方面，进一步强化"明刑弼教"的仁政思想。同时，提出"天人感应、阴阳五行"学说。其次，大力强化"重典治吏、重典治世"思想，通过一系列大案予以体现，如"胡惟庸案""郭桓贪污案""蓝玉案"以及受"胡惟庸案"牵连的李善长和宋濂之案。当然，洪武中期也并非都是严刑重典，在严苛的背景下依然有中道仁爱和道德伦常思想的存在，对百姓如此，对官吏同样如此。最后，在侦查起诉和审判执行中，突出强调了证据规则、以律为准、特殊对象同罪异罚等理念，并推行重大案件"三复奏"和"三审五覆"制度，军队中军官和士兵一体遵纪守法，没有特权可言，刑罚执行中允许适当的易科替换。狱政思想上明确贯彻"明刑、恤刑、缓刑、慎刑"的录囚思想。司法机构建设过程中，一方面设置锦衣卫和镇抚司，另一面努力发展地方专门司法机构。法律教育和法律监督方面，加强礼法教化，对官员大力开展廉政守法教育，提出皇帝有超越法律的特权。法律监督领域，创设民众监督官吏制度，调动民众的参与性和积极性。

第四章
洪武后期朱元璋的法律思想

第一节　立法思想

一、"重典治国"的缓和与纠正

（一）缓和中道、谋划未来

洪武二十九年（1396年），皇太孙朱允炆请求朱元璋修改过于苛重的律条，朱元璋权衡再三，接受了皇太孙的建议。他对朱允炆说道："吾治乱世，刑不得不重。汝治平世，刑自当轻，所谓刑罚世轻世重也。"〔1〕于是下令改定《大明律》中"畸重者七十三条"。〔2〕洪武末年《皇明祖训》始定，朱元璋在开篇说道：对那些罪恶深重、确定无疑的奸宄之人施以法外之刑，目的是警告人们不要轻易违法。但这只是特殊时期的权宜之计，并非长久之策。后世帝王应以《大明律》和《大诰》为准，禁止再使用严酷肉刑。后世君主生长于宫廷之中，不能全然理解人情冷暖，唯恐因过失而伤害好人。臣子们胆敢奏请使

---

〔1〕 （清）张廷玉等撰：《明史》，中华书局2000年版，第1523页。
〔2〕 周启元：《朱元璋正传》，中国文史出版社2014年版，第219页。

用酷刑的，即刻查办，凌迟处死。[1]朱元璋的这番话实际承认了洪武年间法外加刑的严厉状况，但是也说明了这并非其本意，只是特殊时期的权宜之计，并不值得提倡，必须予以纠正缓和，后世君主切莫如此，可见朱元璋法律思想的适时转变和本质初衷。

洪武后期，朱元璋已渐有轻典治国的意向，试图缓和先前过于苛重之法，这既是对早年法制建设经验的总结思考，也是基于现实环境和未来考虑，即使对待十恶重罪，他也一反常态，主张轻缓中道。洪武三十年（1397年）春，这已是朱元璋在位的倒数第二个年头，是年三月，刑部尚书夏恕、都察院左佥都御史司中等人请求加重反逆法。他们认为依汉代律法反逆皆夷三族，[2]所以应参照此法修改《大明律》连坐同居三族，男子无论长幼全部公开施以磔刑，妇女则入官府为奴婢，抄没全部家产，对于"十恶"之类的大罪必须用重刑惩治，使百姓恐惧而不敢犯。对此，朱元璋坚决反对，并说道：古代时父子兄弟之间犯罪互不牵连，汉代承袭秦代律法，谋反忤逆之人皆诛灭三族，用刑过于苛重。"且夫明刑定律，务在公平，使加之于人，其人虽死不怨。传之后世，虽有仁圣之君，必不能有所变更矣。"[3]这一席话透露出了朱元璋晚年立法思想的三大信息：

---

[1] "朕自起兵至今，四十余年，亲理天下庶务，人情善恶真伪，无不涉历。其中奸顽刁诈之徒，情犯深重、灼然无疑者，特令法外加刑，意在使人知所警惧，不敢轻易犯法。然此特权时处置，顿挫奸顽，非守成之君所用常法。以后子孙做皇帝时，止守律与大诰，并不许用黥、刺、腓、劓、阉、割之刑，云何？盖嗣君宫生内长，人情善恶未能周知，恐一时所施不当，误伤善良。臣下敢有奏用此刑者，文武群臣即时劾奏，将犯人凌迟，全家处死。"（明）陈建：《皇明通纪》（上），钱茂伟点校，中华书局2008年版，第300页。

[2] 程树德编：《九朝律考》，商务印书馆2010年版，第62页。

[3] 李国祥、杨昶主编，刘重来等编：《明实录类纂》（司法监察卷），武汉出版社1994年版，第30页。

首先，反对严刑重法，即便对待谋反、谋大逆等十恶重罪也只是依律惩处，反对滥用刑罚，相对于洪武中前期有着明显的变化；其次，法制重在公道权威、深入人心，使民众真正从内心信服认同、虽死不怨，而不能以严刑酷法强力压制；最后，时势变迁，为未来谋划，后世立法应纠正洪武年间的部分激进做法，宽缓中道，彰显仁君圣主的宽宏与恩慈。

（二）一代定法："洪武三十年律"

为了缓和和纠正洪武中前期法制中的偏激做法，朱元璋整合统一了洪武年间的律令典章，同时为后世恤刑宽缓之政铺路。洪武三十年（1397 年）五月，《大明律诰》制成，即为"洪武三十年律"，成为《大明律》最终定版并颁示天下。同时，朱元璋严令：确定之律不许轻易更改，子孙必须严格遵守，臣子们敢有提议修改者，按"变乱祖制之罪"论处，故后世君臣对这部《大明律》"历代相承，无敢轻改"，"洪武三十年律"遂成为一代定法。同时，朱元璋亲自驾临午门，告谕臣民："朕有天下，仿古为治，明礼以导民，定律以绳顽，刊著为令，行之已久……凡榜文禁例悉除之，除谋逆并律诰该载外，其杂犯大小之罪悉依赎罪之例论断。今编次成书刊布中外，令天下知所遵守，刑期无刑庶称朕恤刑之意。"[1]

这篇告谕可谓是朱元璋晚年法律思想的重要展现，主要表达了四层意思：其一，"明刑弼教""德主刑辅""礼刑融合"的

---

[1] 朱元璋亲御午门，告谕群臣："朕有天下，仿古为治，明礼以导民，定律以绳顽，刊著为令，行之已久。然而犯者犹众，故于听政之暇作《大诰》昭示民间，使知趋吉避凶之道。古人谓刑为详刑，岂非欲民并生于天地间哉？然法在有司，民不周知，故命刑官取《大诰》条目撮其要略，附载于律。凡榜文禁例悉除之，除谋逆并律诰该载外，其杂犯大小之罪悉依赎罪之例论断。今编次成书刊布中外，令天下知所遵守，刑期无刑庶称朕恤刑之意。"李国祥、杨昶主编，刘重来等编：《明实录类纂》（司法监察卷），武汉出版社 1994 年版，第 30-31 页。

法律思想;其二,创制《大诰》是打击违法犯罪的无奈之举,是为了让百姓周知熟悉,从而趋吉避凶、保全身家;其三,为了贯彻洪武中前期的法律思想和制度,整合完善律令典章,特将《大诰》条款拾其精要附刊于《大明律》后,并敕令以后有司只遵《律》与《大诰》论刑,故"律诰并用、以诰补律"成了"洪武三十年律"创制的显著特点;其四,废除过去发布的榜文禁例,纯净简化法律体系,废弃了诸多严刑和罪名,一切均以《大明律诰》为准,除谋逆外允许赎罪,这些都符合朱元璋晚年革故鼎新、精简法律、恤刑轻缓的法律思想。

"洪武三十年律"是朱元璋一生"劳心焦思、防微杜渐"的心血结晶,是他反复修改、字斟句酌的"不世之典",其内容体现出了对森严等级制度和至高皇权的维护以及对私有制度神圣不可侵犯性之保障,可被视为维护朱明皇朝长治久安的法宝。

作为明朝及传统社会中晚期的标志性律典,《大明律》几经修正变化,不断趋于完善,与堪称中华法系法典楷模的《唐律疏议》相比较,[1]主要有如下几个特点:①定罪量刑方面较《唐律疏议》加重,虽然朱元璋立法时常表示"今制宜遵唐旧",但《大明律》的处刑在诸多方面都较《唐律疏议》更为苛重,而且在实际运行中时常出现"律外用刑",甚至"法外用刑"。[2]②加重科罪和扩大连坐范围。如"谋叛罪",《唐律疏议》规定:本人处死刑,妻子流二千里;如果带领部下超过一百人,父母妻子则流放三千里。而《大明律》规定的牵连范围比《唐律疏议》大得多,不止父母妻子,妾女、祖孙及兄弟都

---

〔1〕 岳纯之点校:《唐律疏议》,上海古籍出版社2013年版,第3页。

〔2〕 如《唐律疏议》已经废除旧五刑墨、劓、剕、宫、大辟等酷刑,而以新五刑的笞、杖、徒、流、死代替,而到《大明律》中除规定笞、杖、徒、流、死五刑外,又恢复了凌迟、大辟、枭首、刺字、阉割等酷刑,同时针对谋反侵犯帝王皇权及王朝统治行为的死罪条目较《唐律疏议》明显增多。

包括在内，且不论户籍是否相同。③对部分罪行在定罪量刑之时往往不分情节轻重、无视区别差异，全部按最重刑罚处置。《唐律疏议》针对不一样的罪行情节，在量刑上通常有所差异。而《大明律》则完全无视量刑情节，只要谋反大逆，全部处以最重刑罚，一案过后经常数百人受到牵连，乃至于诛灭三族、九族、十族。[1]

二、部门立法思想

（一）"推行纸币、督课赋税、劝耕农桑"的经济立法思想

1. 禁用铜钱、推行纸币

经济立法方面，朱元璋诏令禁用铜钱。有明一代以白银为官方货币，通常大额用白银，小额使铜钱，白银和铜钱构成了明朝货币的流通主体。洪武年间诏令以宝钞替换铜钱，后变成宝钞与铜钱并用，以宝钞为主，明朝在276年的历史中只推行过"大明宝钞"纸币。明代铸造铜钱通常是一个皇帝铸造一种年号铜钱，因避讳朱元璋的"元"字，明代所有铜钱统称"通宝"，洪武年间曾铸有"洪武通宝"铜钱。洪武初年缺铜，铜钱成色不一，使用不便，于是发行宝钞通行使用，洪武七年（1374年）还颁布了"钞法"。[2]洪武二十七年（1394年）八月，由于江浙和福建等处百姓惯用铜钱而轻视宝钞，致使物价上涨、钞法崩坏，原本便民利民之策难以推行，朱元璋遂告谕户部尚书郁新说：命令相关部门收缴铜钱入官，按照数量换取宝钞，禁止再使用铜钱。半个月之内，官民商人将铜钱全部送交官府，若有人敢私下使用、收藏或毁坏铜钱的，依律

---

〔1〕　朱玉婷："朱元璋法律思想探析"，载《济南大学学报》2001年第3期。

〔2〕　大明宝钞面额分为六等：壹贯、五百文、三百文、二百文、一百文，其中一贯等于铜钱一千文或白银一两，四贯合黄金一两。

惩治。[1]通过法律手段强制禁止铜钱的使用，收缴入官，兑换宝钞代替，违令者处罪，朱元璋借助经济立法方式推行纸币流通、稳定经济秩序之决心可见一斑。然而，由于明初纸质不好，大明宝钞耐用性差，且宝钞光发不收，投放数量毫无限制，使得市面上的纸币大肆泛滥，引发了严重的通货膨胀和缩水贬值，没到二十年便归于衰亡。虽然宝钞纸币发行之前存在各种问题，但有明一代只以官方名义印制发行这一种钞票，并且以一贯为最高，从不发行大钞的做法对于币制统一和经济稳定是有积极意义的。

2. 督课赋税、勤务农桑

财税立法方面，在洪武中期里甲长征税的基础上增加了里老人的督课赋税之责。以里老人的威望来协助里甲长征收赋税，专门负责监督点视财税经济工作。正如《教民榜文》所言，百姓只需按规矩纳粮当差即可，没有其他劳役，应安心生产，多种植桑蚕瓜果等农副产品，里老人应时常监督视察，不许违令。[2]这里不仅规定了里老人的提督赋税之责，还反映出了朱元璋的经济法思想，通过经济立法等法律手段来宏观调控和指导国家经济生产工作，在种植粮食作物的基础上，大力发展桑蚕丝织业和瓜果等农副产品，既能充足衣食，还能活跃繁荣市场，保障国家经济安全。经济和财税立法还必须契合朝廷宏观政策，民以食为天，三农事业是封建社会统治的根基，是经济立法管控的重要领域，必须要细化内容、强化监管，为国家大政方针服务。

此外，在督课赋税过程中，里老人还被赋予了监察百姓纳

---

〔1〕 李国祥、杨昶主编，刘重来等编：《明实录类纂》（司法监察卷），武汉出版社1994年版，第29页。

〔2〕《皇明制书·教民榜文》。

粮当差中出现的有司贪赃枉法行为，严肃惩治税务执法中官吏的不法罪行的权力。《教民榜文》规定：近些年来，很多部门履职懈怠，各级官吏不但未能导民向善，还大肆贪腐。百姓若是公粮已经交纳，劳役已经服完，官吏还要额外强征、派发劳役的，允许受害之人联合起来将不法官吏押解赴京，必将处以重刑。[1]可见，朱元璋不仅重视赋税征缴，对于税务执法中借公事榨取百姓利益的贪腐行为亦深恶痛绝。

为了保证国家财税和经济政策能够有效施行，朱元璋在《教民榜文》中还特别规定了里老人劝耕农桑之责。榜文说道：河南、山东一带的农民中，有些人懈怠懒惰，不愿勤劳务农，导致不能解决温饱，朝廷已经派人予以监督催促，如今专门颁布此令。今后各里由老人负责劝勉督促。每个村设置大鼓，到农耕时节，五更开始敲鼓，村民听闻鼓声后即刻下田耕作，里老人点视检查。如果有人敢偷懒敷衍，允许里老人进行责罚。务必要严格监督，使人人都能勤务农桑，杜绝偷奸耍滑现象的存在。如果里老人监管不力，致使村民为非作歹、触犯刑宪，该里老人负有罪过。[2]朱元璋以法令形式来监管督促好逸恶劳之人，以期充分释放农民生产力，保证农业生产有序发展。[3]

产业立法方面，洪武二十七年（1394年）命令工部颁发文书，督促各地百姓务必多种桑枣。令每户每年种二百株桑枣，三年累计六百株，若有违背，家人全部充军。朱元璋告谕工部臣属：人们往往容易安于现状，吃饱就忘记了饥饿，温暖就忘记了寒冷，不知早做准备，一旦突遇灾荒则茫茫然束手无策。

---

〔1〕《皇明制书·教民榜文》。

〔2〕《皇明制书·教民榜文》。

〔3〕韩秀桃："《教民榜文》所见明初基层里老人理讼制度"，载《法学研究》2000年第3期。

近年来风调雨顺，百姓饱暖、物产丰饶，总体没有什么忧愁，然而居安思危却一日不可忘怀。[1]特令工部劝告百姓，只要有空地，均栽种桑枣，如此若遇到凶年，可以补充衣食。朱元璋的产业法思想特点鲜明，以满足百姓基本生存需要的粮棉业作为国家产业发展的重中之重，这也是产业立法的核心要义，通过立法的方式来强力推行桑枣的栽培种植，借助法律条款来规范具体种植方式和惩罚办法，以此确保国家产业方针的有效贯彻落实。

（二）"细化职能、强化监督、提升效率"的行政立法思想

1. 细化职能、强化监督

朱元璋认为，行政立法之宗旨在于细化行政职能、强化行政监督、提高行政效率，以立法方式保障行政事务的规范、有序运行。洪武二十七年（1394 年）正月，朱元璋仿照司务之职，于各地布政司、按察司及府州设照磨所，置照磨和检校官各一名，不准随意差遣。先前因各部门公文处理缓慢、积压延误，胥吏借机从中渔利，政事越发繁杂，朱元璋遂设立司务一职，专门管理公文账簿往来，督促办理进度，监察奸恶舞弊行为。如今参照司务设置照磨、检校官，希望能够发挥同样的功用，强化行政管理和监督工作。[2]

明确出入等级、规范门禁管理、强化门岗值勤。洪武二十七年（1394 年）十二月，朱元璋议定"皇城门禁法"。该法主要规范了四方面内容：其一，进出等级次序，凡是入午门朝拜参见，应由当值都督、将军和带刀军官先入，然后才是文武官

---

〔1〕（明）陈建：《皇明通纪》（上），钱茂伟点校，中华书局 2008 年版，第288 页。

〔2〕李国祥、杨昶主编，刘重来等编：《明实录类纂》（司法监察卷），武汉出版社 1994 年版，第 182 页。

员依次进入，不准僭越；其二，规范值勤轮岗制度，当值军士三天一轮岗，退朝辰时交接，务必做好守卫工作；其三，内官内使、公差、工匠人等进出检验登记制度，内官内使进出必须核验铜符才能放行，公差携金银缎匹出宫办差必须严密搜查、契合凭证，同时登记去向、数量、颜色等信息以便回来核对，工匠人等出入亦须严格查验，随身物品一律寄存门禁，出门时严禁私自夹带；其四，禁止阻拦官民入奏制度，官民有事入奏，须问明事情，不许欺辱阻遏，违令者一律论罪。[1]上述四方面立法对于规范皇城管理制度、保障皇城内外安全、明确官军岗位职权均有着重要意义，表现出朱元璋在行政立法中强调门禁管理有法可依、照章办事，行政程序规范公开，针对具有不同职能属性的主体时科学合理行政，在安全履职的同时，注意照顾到官民百姓的利益诉求等指导思想。

洪武二十八年（1395 年），朱元璋敕谕群臣：国家罢黜宰相，设府（都督）、部（尚书）、院（都御史）、寺（列卿）来分理政务，立法尤为系统、详尽，以后即位之君不许再提设置宰相之事，大臣如有敢奏请设置宰相者，处以极刑。当时，设置翰林、春坊审阅各部门奏章，并批复驳斥，成为千余年来官制一大改革。御史台原本是与省并行之机构，至明初，改为都察院，与六部并立，成为七卿之一。[2]

2. 基层治安

基层治安管控是行政立法的主要内容之一，它不仅关乎国家的和谐安宁，还是经济生产之保障。面对县以下广大乡里社会，如何将行政法制和国家权力有效渗透和覆盖下去是行政立

---

〔1〕　李国祥、杨昶主编，刘重来等编：《明实录类纂》（司法监察卷），武汉出版社 1994 年版，第 29 页。

〔2〕　孟森：《明史讲义》，吉林出版集团股份有限公司 2016 年版，第 29 页。

法需要考量的重要问题。立法的意义不只在于创制一部法律，更重要的是让所立之法具有可行性和实用性，而不是沦为一纸空文。面对这一问题，朱元璋从制定法律的可行性出发，在立法中赋予里老人治安防范职权，通过乡里权威士绅来协助州县官府共同贯彻执行国家法令，维护乡里治安秩序。具体而论，立法授予了里老人如下治安职权：查访户籍、防范逃户；监管无赖泼皮和贼盗恶人；探查民人职业，管理流动人员等。《教民榜文》对此有着明确规定。[1]除《教民榜文》外，《御制大诰续编》中也有相关规定：今后里甲老人所管理的村民，务必保证勤务农桑，相互督促。若有人外出，须问清去向，所做何事。如果有人不明去向，长期不归，里老人和邻居却没有向官府及时报告的，全部发遣充军。[2]

3. 祭祀礼仪与宗教立法

"国之大事，在祀与戎。"[3]祭祀礼仪、人才选拔等均是朝廷行政中的重要事项，上至朝廷，下至乡里，都须有明确的规范与要求。朱元璋对此十分重视，尤其是对基层乡里也以法律形式进行了具体规定。《教民榜文》有载：之前令各村祭祀本地土地神和无人祭祀之鬼神，现今再次申告，每年须遵循律令及时祭祀，使百姓知晓善恶福祸，不敢为非作歹。长此以往，良善越来越多，奸顽越来越少，难道不是好事吗？[4]朱元璋借助

---

〔1〕"本乡本里，但有无籍泼皮，平日刁顽，为非作歹，不受教训，动辄把持挟制。此非良善之民，众老人严加惩治。民间一里之中，若有强劫、盗贼、逃军、逃囚及生事恶人，一人不能缉捕，里甲老人即须会集多人擒拿赴官，违者以罪罪之。"《皇明制书·教民榜文》。

〔2〕"今后里甲邻人老人所管人户，务要见丁着业，互相觉察。有出外，要知本人下落，作何生理，干何事务。若是不知下落，及日久不回，老人、邻人不行赴官首告者，一体迁发充军。"《御制大诰续编·互知丁业》。

〔3〕（春秋）左丘明撰：《左传》，蒋冀骋标点，岳麓书社2015年版。

〔4〕《皇明制书·教民榜文》。

鬼神祭祀、善恶报应来警示民众、劝诫向善，为国家安宁和谐服务，表面上重视神鬼祭祀，实际上是为政治利益增光添彩。此外，还规定了"乡饮酒礼"，"明长幼、别贤否、厚风俗"。"乡饮酒礼"源于周代的宴饮之俗，旨在为朝廷推举贤达，由基层士大夫作主宴请，后来慢慢转变为地方官宴请应举士子，此宴即"乡饮酒"。朱元璋传承借鉴了"乡饮酒礼"，于《教民榜文》中作出规定。[1]"乡饮酒礼"本以推荐贤者、招待贤士为主题，朱元璋在此基础上融入了宗法伦理的教化思想并赋予了其法律形式，希望借此来昌明德礼良善，实现淳厚风俗和太平天下。[2]

宗教立法方面，洪武二十七年（1394年）正月，榜示天下寺观僧道，规范宗教活动。具体包括不许僧道在外随意奔走，结交有司官府，强取他人财物；不许三四人以上于崇山深谷结社修禅、私创庵堂；僧人游方问道需自备路费，不许向百姓索取，所到寺庙必须注册核验，不符合者拿送有司充军；禁止民间孩童私自削发为僧，如有违背，孩童父母连坐问罪。这些法令将僧道与世俗分开，努力排除僧道对世俗事务的干预和影响，监视和压缩僧道规模和活动，同时警惕民众打着宗教幌子结社谋逆，威胁王朝统治秩序。朱元璋早年住过寺庙、做过游僧，元末农民起事也具有浓厚的宗教色彩，这些经历让他对宗教活动的利害得失心知肚明，登上帝位后规范和管控宗教活动和僧侣道众，是其法律思想中不可或缺的重要部分。

---

〔1〕　"乡饮酒礼本以序长幼、别贤否，乃厚风俗之良法，已令民间遵行。今在申明，务要依颁降法式行之。长幼序坐，贤否异席，如此日久，岂不人皆向善避恶，风俗淳厚，各为太平之良民。"《皇明制书·教民榜文》。

〔2〕　洪武二十九年（1396年）十一月，诏命翰林院议定制度，规范官民房屋、坟茔等第及食禄之家禁例，编辑成书，是为《稽古定制》，颁行天下。（明）陈建：《皇明通纪》（上），钱茂伟点校，中华书局2008年版，第293页。

4. 教育立法

教育立法方面，朱元璋在洪武中前期的基础上通过《教民榜文》进一步细化教育立法内容，并将教育立法与普法教育和正统思想结合起来，以教育立法方式来宣传国家法令，树立正统思想，打压异端邪说。[1]《教民榜文》规定：应用圣人之言来教育后生，待成才后以备国家大用。若是有人胆敢肆意妄言、造谣蛊惑，杀戮本人，家人全部驱逐化外。七岁到十三岁的百姓子弟，天真年幼，正是教育的最好时刻，应令其学习三编《大诰》，熟读圣人之言，明白良善邪恶，长大后成为贤明君子，遵纪守法，一生安宁。[2]正所谓"读书所以穷理，守法所以持身"。[3]读书受教与遵纪守法是相辅相成、有机统一的，而两者均致力于尊奉先贤圣言，维护王朝统一安定。

（三）"隆礼重法、乡里互助"的家庭社会立法思想

1. 隆礼重法、德育教化

婚姻家庭社会立法中严格贯彻明刑弼教、德化天下思想，渗透着浓厚的宗法礼教色彩和道德亲情。《教民榜文》规定：父母恩深似海，已在《大诰》中言明。如今再度申明：百姓凡是祖父母和父母在世的，应当悉心赡养照料。若是已经去世，则要按时祭扫，表达孝心。"为父母者，教训子弟；为子弟者，孝敬伯叔；为妻者，劝夫为善。如此，和睦宗亲，不犯刑宪；父母妻子，朝夕相守。岂不安享太平？"[4]同时，《教民榜文》还要求每乡每里设置一个木铎，让老年人或残疾人持木铎巡行乡

---

[1] 韩秀桃："《教民榜文》所见明初基层里老人理讼制度"，载《法学研究》2000年第3期。

[2] 《皇明制书·教民榜文》。

[3] 《洪武宝训·卷一·兴学》。

[4] 《皇明制书·教民榜文》。

里、叫唤直言、劝诫为善、毋犯刑宪。[1]持木铎宣教的人每年由乡里资助粮食。对于德行纯良、表现优异者要及时上报、嘉奖表彰。[2]可见，朱元璋将德育教化融入法律之中，实现了礼法合一和法律儒家化，以法律的形式奖惩教化，以教化的形式维护法律。此外，其展露出了保护老年人和残疾人等弱势群体利益的社会法思想，值得称道。

家庭宗法领域的重要法典《皇明祖训》同样集中展现了朱元璋的婚姻家庭法律思想，尤其是皇室宗藩关系思想。《皇明祖训》创制于洪武前期，重定于洪武后期，具体内容在朱元璋晚年基本确定，总共分为十三章，首章是总纲与核心。主要内容可概括为五个方面：①皇朝国策；②为帝之道；③皇帝须警备之事；④皇帝与宗藩关系；⑤典章礼仪。

尽管朱元璋对《皇明祖训》尤为看重，并告诫子孙不得更改，但实际上自建文帝开始，祖训屡遭违背，逐渐丧失效力而成为一面旗帜。朱元璋死后，皇太孙朱允炆登基，诸王拥兵自重，朱允炆遂下令削藩，首开违背祖训先河。燕王朱棣随即援引"朝有奸臣，亲王可起兵擒奸"之祖训，起兵反叛。登上帝位后，成祖同样不管"皇帝须遵亲亲之仪"之祖训，一力削藩。宣德年间后，进一步增强对皇室宗亲之管控，不准王公朝拜和宗室为官，亲王没有正当缘由禁止出城，违抗者囚禁于中都（凤阳）"高墙"。[3]可见，这与"罪大亦不加刑，贬

----

〔1〕　言词为："孝顺父母，尊敬长上，和睦乡里，教训子孙，各安生理，毋作非为。"

〔2〕　《教民榜文》规定："本乡本里有孝子顺孙、义夫节妇，及但有一善可称者，里、老人等以其所善实迹，一闻朝廷，一申上司，转闻于朝。若里、老人等已奏，有司不奏者，罪及有司。此等善者，每遇监察御史及按察司分巡到来，里、老人等亦要报知，以凭覆实入奏。"《皇明制书·教民榜文》。

〔3〕　（明）张瀚撰：《松窗梦语·卷八·宗藩纪》，盛冬铃点校，中华书局1985年版。

为庶人"之祖训已相去千里,这些都是朱元璋生前所始料未及的。

为什么这部饱含朱元璋心血的《皇明祖训》会遭到如此对待呢?也许有以下几方面原因可以考虑:首先,立法建制必须科学而合理。朱元璋虽然对《皇明祖训》十分重视,但赋予藩王过多权力,长此以往,藩王难免拥兵自重、威胁皇权,皇帝如何还能遵循亲亲之道。其次,法律与制度的贯彻与遵守必须要有监督制约机制。在明代君主专制社会中,皇权至高无上、超越一切,没有任何力量能够监督、制约皇帝的言行,如何对待《皇明祖训》完全凭借皇帝本人的意识和兴趣。最后,任何法令制度都要与时俱进、适时革新。朱元璋凭一己之念,想立万世不变之成法,这本身就是不可能的,任何经验都是时代的产物,都会受到所处时代的局限和影响,唯有与时俱进、不断创新才能永葆生命力。[1]

2. 乡里互助制度

丰富的基层生活经验使得朱元璋在社会立法方面还创设了"乡里互助制度"。这种制度一方面可以帮助弱势群体,维护百姓的基本利益,减轻官府负担和压力;另一方面,朱元璋希望通过这种互帮互助来践行德教思想,让礼法伦常深入人心,从而实现天下大治、四海清晏。在之前创制里甲制的谕旨里,朱元璋曾提出:朕每百户设为一里,百户中有穷有富。一旦遭遇生老病死等红白之事,有钱的出钱,没钱的出力,百姓怎么还会有困窘之忧呢?耕种时节,一家有难,其余百家帮忙出力,长此以往,邻里间怎么会不和睦呢?户部应遵照朕意,发布谕

---

[1] 李龙:"明朝后世皇帝对'皇明祖训'的背叛",载《赤峰学院学报(汉文哲学社会科学版)》2010年第10期。

旨，使官民知晓。[1]后来，在《教民榜文》中，他又明确指出：乡里百姓贫富有差，如遇大事能相互帮助、扶危济困，时间长了自然亲爱和睦。朱元璋的基层互助思想勾勒出了他心中理想社会的和美图景，彰显了传统儒家"天下大同"的崇高境界。正如《礼记·礼运》所言："大道之行也，天下为公，选贤与能，讲信修睦……男有分，女有归。货恶其弃于地也，不必藏于己；力恶其不出于身也，不必为己。是故谋闭而不兴，盗窃乱贼而不作，故外户而不闭，是谓大同。"[2]同时也契合了社会立法保护弱势群体和特殊群体，维护社会平衡关系与稳定和谐的核心宗旨。然而，朱元璋的这种思想虽有一定的超前性和先进性，但在当时的历史条件下只能是一种乌托邦式的憧憬和理想，不可能真正贯彻落实。

（四）"擅杀重罪犯可宽免"的刑事立法思想

刑事立法方面，朱元璋主张私自擅杀重罪犯者可以宽宥免罪。洪武二十九年（1396年）二月，遂昌县有百姓犯法，官府难以抓获，遂出兵围剿，该民暴力抗法并杀死官军。当地百姓缪宗等六人见状自发带人将其捕获诛杀，官府认为缪宗等人此举是擅自杀人行为，将其逮捕赴京。朱元璋听闻后指出："顽民犯法窜匿，又复拒杀官军，其罪重矣，今宗等杀之，为良善除害，非擅杀也，命释之，给道里费遣还。"[3]在朱元璋看来，缪宗等人私自杀死重罪犯的行为乃是为民除害的正义之举，并非

---

[1] "朕置民百户为里，一里之间，有贫有富。凡遇婚姻死丧，疾病患难，富者助财，贫者助力，民岂有穷苦急迫之忧？又如春秋耕获之时，一家无力，百家代之，推此，以往百姓宁有不亲睦者乎？尔户部其谕以此意，使民知之。"《明太祖实录》卷二三六。

[2] 王文锦译解：《礼记译解》，中华书局2016年版，第258页。

[3] 李国祥、杨昶主编，刘重来等编：《明实录类纂》（司法监察卷），武汉出版社1994年版，第224页。

擅自杀人行为，理应无罪释放。朱元璋的这一思想与当今刑法关于杀人之规定有着明显区别，在某种程度上肯定了民间私力救济和用刑行为，突破了司法权国家垄断的界限。这类行为中符合正当防卫条件的，可以与今天正当防卫行为相互参照理解。同时，朱元璋的这一想法也体现出他起自民间，与百姓有着天然的亲近感，善于发动和利用群众的独特理念。

（五）"和平自大、封闭保守"的对外关系立法思想

对外关系立法方面，朱元璋在《皇明祖训》中做了专门说明。他认为各方夷狄，山海阻隔、狭小偏僻，其土地不足以供给百姓，其民众难以切实号令。若其不自量力，侵扰我边地，则是他们的罪恶和不祥。夷狄既然没有对我中国造成麻烦，而我们随意派兵征伐，则是我们的罪过。希望后继之君不要倚仗大明强盛，贪恋征战之虚荣，无端用兵讨伐，折损将士性命。但是，对于长年战争的胡戎和西北边境地区则要选将练兵，时刻警惕提防，不可大意。朱元璋对外关系立法的总体原则是在华夷之辨的基础上和平相处、避免战争，同时对于西北地区要始终保持警惕和武备。

另外，在过去禁止与诸番私自贸易的基础上，进一步强化管控。洪武二十七年（1394年）正月，严禁百姓私自贩卖和使用外番香木及货物。朱元璋认为，海外蛮夷多奸诈，除琉球、真腊、暹罗外，禁止民间私自往来贸易，以防诱骗为盗，胆敢触犯者必治以重罪。是年，又规定禁止贩卖和使用番香番货，如有发现，限三月内予以销毁。此外，两广所产香木也不允许长途贩卖，只能当地人自用。民间如有祈祷祭祀活动，只许用松柏枫桃之香，禁用番香，如有违反必治罪之。[1]这一规定较

---

〔1〕 李国祥、杨昶主编，刘重来等编：《明实录类纂》（司法监察卷），武汉出版社1994年版，第28页。

先前更为严格，不仅不能与外番交往贸易，连进口使用外番货物也明令禁止，正常的交流和进出口途径都受到了极大限制。同时，洪武后期的《大明律》对海船的制造与运输也作出了详细规定。[1]这就意味着不仅不能出海运输，包括造船在内均有严格规定，规制过大属于违法行为。朱元璋的这些举措虽是基于当时国内外形势的现实考虑，但也反映出朱元璋晚年国际法思想趋于封闭保守，处理中外关系时有自大狭隘之势，并且在客观上阻断了中外交流，不利于国际贸易和文化的发展传播。

（六）"卫戍皇城、比试袭职"的军事立法思想

军事立法中细化明确了军人卫戍皇城的规则条例。洪武二十七年（1394年），圣旨榜例记载：护军守卫皇城必须亲身职守，绝不允许顶替。因随意替换致使军士涣散放纵、偷奸耍滑的，依照品级对关联军官予以重惩。[2]这则榜例于圣旨后附明军士卫戍皇城必当遵行的18项规则，针对守备皇城的具体条规以及值守官兵无故缺勤、顶替他人值勤、随意调动当值军士、

---

〔1〕"若奸豪势要及军民人等，擅造三桅以上违式大船，将带违禁货物下海，前往番国买卖，潜通海贼，同谋结聚，及为向导劫掠良民者，正犯比照已行律处斩，仍枭首示众，全家发边卫充军。其打造前项海船，卖与夷人图利者，比照将应禁军器下海者，因而走泄军情者，为首者处斩，为从者发边充军。"黄波：《最可惜一片江山：传统政治文化中的朱元璋》，东方出版社2017年版，第227页。

〔2〕"自古到如今，各朝皇帝差军守卫皇城，务要本队伍正身当直。上至头目，下至军人，不敢顶替。这等守卫是紧要的勾当。若是顶替，干系利害。拨散队伍守卫，尤其利害。且如论队伍守卫，拨那所军，若用军多，尽本所守卫；若用少，或五百、三百、二百、一百，务要整百户守卫。若军别无事故，各各见在卫所，其当该管军人员不行仔细检点，照依原伍上直，致令小人卖放，或闲居在卫所，或私自纵放、不在卫所，点视不到，定将本管指挥、千百户、卫所镇抚、总小旗、各杖一百。指挥降千户、调边远；千户降百户、调边远；百户降总旗、调边远；卫镇抚降所镇抚、调边远；总旗降小旗、调边远；小旗降做军、调边远。如是受财卖放，以致队伍不全，系是围宿重事，不问赃多少，处以重罪。"（明）李东阳等撰，（明）申时行等重修：《大明会典》卷一四三。

不遵规章换班及搜查往来人员等行为之惩处作出确切规定。洪武二十七年（1394年）五月，制定"武职比试袭职例"。规定所有未到二十岁的内外指挥、千百户子弟承袭职位，到二十岁时进行比试，初试不中，可袭职做事，但只领一半俸禄，二年后再行比试，通过者发放足额俸禄，仍未通过者降为充军。军事立法旨在彰明法纪、增强战力，职位升降在世袭基础上要以实力为标准，优胜劣汰、赏罚分明，这也是朱元璋军事立法的重要意义所在。

第二节　司法和执法思想

一、"无讼"思想

司法中的"无讼"思想。"'无讼'思想源于'和为贵''中庸之道'和'反省内求'等理念，倡导调和折衷、克己忍恕，渐渐演化为不问是非、愚昧百姓、隐忍宽恕。作为传统社会主流法律文化，'无讼'思想深深植根于古代中国人的和谐宇宙观和历史文化传统之中，并与经济基础、社会结构、政治制度、伦理道德等遥相呼应、相辅相成，在数千年历史长河中发挥着独特功用。"[1]朱元璋对于传统"无讼"思想予以继承发展，认为治理国家的首要任务在于教化，百姓健讼不仅无益于礼义教化与和谐安定，还容易使他们身陷囹圄之灾，家财散尽，甚至牵连性命。因此，但凡户婚斗殴等细故，都应尽量宽容隐忍，不要动辄兴讼告官。在《教民榜文》中，朱元璋明确说道：户婚斗殴等细故琐事应多包容忍让，实难容忍可告诉老人来申

---

〔1〕于语和、秦启迪："家法族规中的'无讼'法律传统"，载《江苏社会科学》2018年第3期。

明冤屈，避免麻烦官府。若是不听老人劝诫，动辄惊扰官府或越级上诉，老人可逮捕治罪。[1]在朱元璋看来，"无讼"不仅有助于统治利益，而且还是教化成效之反映，少有诉讼甚至没有诉讼，正是风清气正、乡野大治的表现。

二、"重典治吏"的失望

多年的"重典治吏"思想并未取得应有之功效，使得洪武后期朱元璋不得不对自己的思想和实践产生质疑和失望。他曾哀叹道："中外臣庶，罔体圣心，大肆贪墨，我欲除贪赃官吏，奈何朝杀而暮犯！"[2]朕早晨刚惩治完，晚上又有人犯罪，晚上才杀了一批，早上又来一批，承前启后、接踵而来，处罚的越重，犯罪人却越多。朕彻夜难眠，局面已经没有希望了。[3]言辞之间可以感受到朱元璋面对无穷无尽的贪欲，"刑不胜刑、杀不胜杀"，已然产生动摇，失去信心。洪武二十八年（1395年），在回顾法制建设历程时，他认为重刑主义和法外施刑只是权宜之计，并非长远之策，并告诫后世子孙：今后登基为帝，只需遵守《大明律》与《大诰》，禁止使用肉刑。

三、侦查起诉与审判执行

（一）司法审判中的"仁爱宽容"

在司法审判方面，相较洪武中期更为强调仁爱宽容思想。洪武二十六年（1393年）六月，再次申明"锦衣卫鞫刑之禁"。

---

〔1〕《皇明制书·教民榜文》。

〔2〕（明）刘辰撰：《国初事迹》。

〔3〕"朕清晨方处罚数人，至晡又有同罪者；今晚方罚此处过犯，次晨彼处又有犯者。前尸尚且未移，而后继者又接踵而至。罚之愈重，犯者愈众。朕昼夜无暇休息，局面已然无望。"转引自王世谊、丁守卫："朱元璋'重典治国'思想探析"，载《南京社会科学》2006年第6期。

早在洪武二十年（1387年）朱元璋就已经宣布锦衣卫审讯非法并焚毁刑具，削弱其司法权能，至二十六年（1393年）再次强调禁止锦衣卫审问刑讯犯人，所有抓捕之人全部移交司法机关处置。剥夺锦衣卫干预审判的权力，使得司法权的行使更为集中、规范，也反映出洪武后期刑罚趋于宽缓透明。洪武二十六年（1393年）冬，四川百姓运粮不力，大理寺认为按律当诛，朱元璋予以反对。他认为，四川山川险峻、交通不便，运粮难免有所失误，怎么能随意处以死刑呢？岂不是有失爱民之心？于是全部予以宽宥并赏赐路费回家。洪武二十八年（1395年）夏，岳州府华容县河泊所运送鱼油进京，半路上因翻船而损失大半，官府要求追究运送人的罪责并判令赔偿。朱元璋知晓后，考虑到江河风大浪急、运送不易，翻船纯属意外事件，遂下令免除运送人一切罪责。

尽管如此，对于官吏贪赃枉法、乱政谋反，百姓犯上作乱、妖言惑众等重点问题依然绝不饶恕。洪武二十九年（1396年）二月，征虏前将军指挥佥事胡冕领军剿灭山寇，斩首数千人，活捉贼首吕法子等人并押解进京，明正典刑、杀戮于市。

洪武三十年（1397年）六月，朱元璋女婿、驸马都尉欧阳伦走私茶叶、牟取暴利，朱元璋大义灭亲、法办赐死。起初，朱元璋令陕西四川一带用每年所收茶叶与西域各国交易马匹并从中渔利，然而商人见有利可图便纷纷走私茶叶到西域致使茶叶价格大跌，马匹价格随之上涨，对外贸易损失严重。朱元璋遂下令严禁私自贩卖茶叶出境，违令者严办。面对禁令，欧阳伦置若罔闻，仍旧派遣家丁走私茶叶出境，地方官畏惧欧阳伦的权势不敢阻扰。更有甚者，其家奴周保尤为跋扈，大肆辱骂殴打河桥官吏，公然走私谋利。河桥官难以忍受，禀报朱元璋。朱元璋十分恼火，下令赐死欧阳伦，地方官员隐瞒不报一并法办，并诛杀周保等人，将走私茶叶货物全部没收，又鉴于河桥吏能够不畏权贵、直言上报，遂予以嘉奖表彰。嘉靖朝陈建按曰："伦尚帝女安应公主，高皇后所生也。国初行法之严，虽贵戚至亲，不少贷如此。是以，法必行而天下之民蒙其福也。"[1]

（二）基层司法制度

强化基层司法职能，创新制度安排。朱元璋的司法思想不仅局限于顶层设计，还对乡里基层有着深入的思考。封建王朝通常以里甲制和基层组织来实行乡村管理。宗法家族是中国传统社会重要的基层组织，在县以下的广大区域发挥着重要作用，是面对广大百姓的第一线，充分调动基层力量和管理资源化解矛盾纠纷能够有效减轻朝廷负担，收到独特的积极功效。州郡小事动辄越诉至京，徒增麻烦，浪费国家司法资源。为此，洪武二十七年（1394 年）四月，朱元璋命乡土词讼由民间高年老人审理，严禁小民随意越诉，令基层官员选拔民间德高望重、公道正派的老人听理本乡诉讼，涉及田宅户婚诸事可协同里长审理裁决，干系重大方允许报告官府。里老人理讼相较官府审判确有优势，不仅减省了司法投入，提升了司法效益，而且更为熟悉乡土人情，有助于将矛盾化解于萌芽之中和道德教化的宣传开展。

（三）《教民榜文》和里老人理讼制度

1.《教民榜文》

洪武三十一年（1398 年），朱元璋钦定并颁行《教民榜文》41 条。洪武年间的法律形式包括"律、令、诰、榜文"等。其中，律是主体，令为补充，诰是"律外用刑、以案释律"，榜文则是"揭榜示以昭大法"的集立法、司法和法律宣教为一体的单行条例。在洪武年间法律体系尚未齐备的情况下，学界多主

---

[1]（明）陈建：《皇明通纪》（上），钱茂伟点校，中华书局 2008 年版，第298 页。

张其法律适用实践中可能是以榜文为主、律典为辅,〔1〕整个洪武年间各类榜文频发,多达五十余部,宣讲榜文、依榜断案渐成惯例,影响直到永乐年间。《教民榜文》作为基层司法和社会治理的重要单行条例,是朱元璋基层法律思想的真实写照,具体内容包括乡里的审判、教育和财税等诸多领域,中心内容是构建以里老人为主体的乡里司法制度,堪称一部特点鲜明的民事实体与程序性规范。〔2〕

2. 里老人理讼制度

对于构建里老人理讼之目的,朱元璋有着明确说明。洪武三十一年(1398 年)三月十九日,朱元璋于奉天门诏谕百官:各级官吏大多出自民间,品行善恶难辨。有些官吏奸猾贪腐、荼毒百姓,使得百姓越级申诉、赴京举告,经年不绝。现特诏令天下,基层户婚田土斗殴等一应细故均由老人和里甲审断,重大案件方许告官。〔3〕同时,《明史·刑法二》也有相关记述。〔4〕由前述朱元璋诏谕和史料记载可知建立里老人理讼制度的目的和功用所在。正如《教民榜文》所言:老人、里甲身处基层,与周边百姓朝夕相处、共同劳作,对生活中的是非善恶

---

〔1〕 柏桦:"榜谕与榜示——明代榜文的法律效力",载《学术评论》2012 年第 2 期。

〔2〕 韩秀桃:"'教民榜文'所见明初基层里老人理讼制度",载《法学研究》2000 年第 3 期。

〔3〕 "自古人君代天理物,建立百司,分理庶务,以安生民。当时贤人君子,惟恐不为君用。及为君用,无不尽心竭力,效其勤劳,显父母,荣妻子,立美名于天地间,岂有坏法之为?……奈何所任之官多出民间,一时贤否难知。儒非真儒,吏皆猾吏,往往贪赃坏法,倒持仁义,狭害良善,致令民间词讼皆赴京来,如是连年不已。今出令昭示天下,民间户婚、田土、斗殴相争一切小事,须要经由本里老人、里甲断决。若系奸、盗、诈伪、人命重事,方许赴官陈告。"《皇明制书·教民榜文》。

〔4〕 "洪武末年,小民多越诉京师,及按其事,往往不实,乃严越诉之禁。命老人理一乡词讼,会里胥决之,事重者始白于官。"(清)张廷玉等撰:《明史》,中华书局 2000 年版,第 1541 页。

最为清楚。[1]建立里老人理讼制度可以充分彰显里老人在乡里中的威望与影响，教谕村民、化解争讼、避免越诉，强化对基层社会的管控。在《教民榜文》中，朱元璋对里老人理讼制度进行了详细规定，包括里老人选择和法律责任、理讼的范围、受理与裁决等。[2]

（四）审判和执行中的"孝悌伦常"与"道德教化"

审判和执行强调孝悌伦常思想，宣扬道德教化。洪武二十六年（1393年）五月，陕西有百姓犯罪被罚戍边，因妻子生病而滞留半道，他的弟弟请求代为前往，得到监送人允许。御史认为弟弟不能代替兄长受过，遂处罚了监送人。该人于是上诉到朝廷，朱元璋审理后认为"弟之代兄义也，监送者能听其代，是亦有仁心矣"，[3]肯定了他们的仁义之举并赏赐表彰。在该案中，朱元璋看重的并不是此民所犯罪行和代替行为是否合法，而是兄弟间的互敬互爱和监送人的仁爱善心，而这正是司法活动所要宣扬和教化的宗旨。类似案件还有洪武二十九年（1396年）秋，卫卒甲在江北放马时与乙发生争执，乙用砖头将甲砸倒，当时甲的幼子正好拿着农具站在旁边，遂用农具将乙打死，乙家人告官，甲的儿子被逮捕。刑部尚书夏时启奏朱元璋，认为应当判处绞刑。朱元璋却说："过矣，方其父被伤时，其子但知顾父，岂知有法耶？况年幼无识，情可矜，宜减死论。"[4]本案中朱元璋之所以减轻处罚，一方面是考虑到甲之子年幼无知

---

〔1〕《皇明制书·教民榜文》。

〔2〕韩秀桃："'教民榜文'所见明初基层里老人理讼制度"，载《法学研究》2000年第3期。

〔3〕李国祥、杨昶主编，刘重来等编：《明实录类纂》（司法监察卷），武汉出版社1994年版，第220页。

〔4〕李国祥、杨昶主编，刘重来等编：《明实录类纂》（司法监察卷），武汉出版社1994年版，第224页。

且属于正当防卫行为，另一方面是看重甲子维护父亲的孝道亲情，而后者是朱元璋尤为强调和追求的。

（五）刑罚执行

刑罚执行中严禁滥用酷刑和私铸刑具，用刑必须依律施行。湘阴县丞刘英私自制作三尺长的生革皮鞭并穿插铜钱于其上，肆意鞭挞官民，常使皮肉皆裂。洪武二十九年（1396年）夏，监察御史王仲和上报朱元璋。朱元璋针对此事专门申明了两项意旨：其一，严禁滥用酷刑、伤及无辜。刑罚只有在不得已时才能使用，所以圣人经常强调恤刑的重要性，唯恐伤害到无辜之人。其二，禁止私造刑具、废弃常法。律典中规定的刑具都是有明确制式的，如今却熟视无睹，私自使用如此酷滥之刑具，这是公然废法的行为，不可按普通规定论罪。[1]于是命令逮捕刘英，杀戮于市。

洪武二十六年（1393年）九月，颁诏大赦天下。朱元璋认为经过二十多年的努力，祸乱基本削平，李善长、蓝玉等奸臣均已伏诛，党羽大体肃清，为了让奸顽无知之人少生疑虑、心神安宁，专门布告天下：除业已被官府捉拿之人外，其他尚未到案之人，不论是胡党或蓝党，一律赦免。[2]这也意味着洪武中期几桩大案的结束和洪武后期朱元璋法律思想和实践的逐渐转向。

允许以钱财、劳役、充军等方式赎罪，易科替换原判刑罚，间接彰显出了朱元璋晚年刑罚的多样轻缓趋势。洪武三十年（1397年）五月，议定"赎罪事例"。官吏若处笞杖可以记过，若判处徒流刑可以俸禄赎罪，但犯三次以上者须依律惩处；百

〔1〕 李国祥、杨昶主编，刘重来等编：《明实录类纂》（司法监察卷），武汉出版社1994年版，第1013页。

〔2〕 （明）陈建：《皇明通纪》（上），钱茂伟点校，中华书局2008年版，第286页。

姓若判处徒刑或流刑者可充作运水杂役；杂犯死罪之人可自备工具向边疆运送粮米，同时自身充军，即可折抵死罪。相较于原判刑罚，易科后的处罚方式更为人道宽缓，有助于罪犯改过自新和国家社会经济的发展。同年六月，设置政平和谳理二幡审问囚犯。朱元璋对刑部官员说：世人都说法家少有恩慈，这是因为后人用刑过度导致的。反观尧舜时代，人民均有好生之德，怎么会有此言论呢？你们每次将囚犯带到我面前，虽然详细汇报了他们的犯罪缘由，但匆忙间决断难免会有疏漏。从今以后，除了武臣由朕亲自审问外，其他不用带来见朕，只需奏报即可，然后带到承天门外持谳理幡宣旨晓谕，对于无罪之人应持政平幡宣旨释放。[1]朱元璋认为用法应谦抑仁和，多有好生之德，他担心自己对于罪囚的一时裁决恐有失误，遂命令官员以他的仁德名义来具体审问和晓谕罪囚，充分发挥官员的能动性，以避免用法不当，可见朱元璋晚年对于用法论刑的谨慎和仁慈。同时，他还指令各部门对案件要详细审问调查，如确有冤抑则及时上奏，没有冤情则按律惩处，杂犯死罪之人允许赎罪。

第三节　守法和法律宣教思想

洪武后期，朱元璋对待贪腐的态度已有所变化，多年重典治吏而收效却不甚理想的现实困境让他逐渐疲倦、失落，转而由过去的着重打压变为模范嘉奖、剿抚并举。洪武二十六年（1393 年）九月，嘉奖河南按察司佥事王平和书吏高源即为其中一例。王平等人巡按到孟津，地方官敛财贿赂王平等人，遭到严词拒绝并逮捕上奏。朱元璋闻之大喜，特令赏赐表彰，模

---

〔1〕　李国祥、杨昶主编，刘重来等编：《明实录类纂》（司法监察卷），武汉出版社 1994 年版，第 184 页。

范官民，还专门论述道：古代有志之士忠诚克己，处事严谨，为官以后能够忠君爱民，不为声色钱财所诱惑，洪大志向在为官前早已坚定，一生荣耀富贵，死后必将名垂青史。[1]这句话表露出朱元璋心中有志君子的形象，希冀官员能忠诚事君、务公福民，不为声色金钱所惑，这样尽忠职守、奉公守法的人必将富贵安荣、名垂青史。这也是朱元璋守法思想和法律教育思想的重要体现，为官为民崇法重教、尊君福民、刚正不阿方能成为有志之士，无论生死都将富贵显荣、永享嘉誉，对于守法模范朝廷应当予以大力表彰嘉奖。同时，作为朝廷命官应当率先垂范，敢于同不法行为相抗争，在守法的同时也是对法律最好的宣传，以实际行为教化百姓，引领社会正气，达到法律宣传教育的积极功效。

　　同时，通过褒奖典范，教育民众，宣传赞扬家法族规，彰显其基层治理法律思想。洪武二十六年（1393年）八月，下诏褒异浦江郑氏，称赞其聚族共居、家风清正。[2]朱元璋特意派遣官员到郑家挑选三十岁以上的子弟赴京朝见，允许他们自我推荐，后任用郑济为左春坊左庶子。浦江郑氏自祖上传到郑济已经十世，人口达千余人，田赋收支均有章程，无人徇私。女眷均勤于女工，从不干预家政，子孙孝顺懂事、谨于礼法。后有人诬告郑氏，朱元璋说："我知郑门无是人也，诬之耳。"朱元璋又询问宗长郑濂齐家之策，郑濂对曰"守家法，不听妇人言而已"，朱元璋深表赞同。[3]朱元璋对浦江郑氏的表彰实际上

---

〔1〕 李国祥、杨昶主编，刘重来等编：《明实录类纂》（司法监察卷），武汉出版社1994年版，第28页。

〔2〕 费成康主编：《中国的家法族规》（修订版），上海社会科学院出版社2016年版，第222页。

〔3〕 （明）陈建：《皇明通纪》（上），钱茂伟点校，中华书局2008年版，第286页。

是一种法律宣传教育方式，通过典型的树立来引导民众遵守宗法伦理和家训国法，这也说明朝廷对宗法家规治理基层的支持和鼓励，集中展现了朱元璋在基层治理中的礼法思想。

第四节　本章小结

洪武后期是朱元璋在位的最后五年，这一时期朱元璋的法律思想较之中期发生了明显转变，缓和矛盾、纠偏过激之法、为后世铺路成了显著特点之一。立法方面，推行针对"重典治国"的缓和与纠正政策，主张缓和中道的法律思想，并积极为未来谋划，同时颁布了一代定法"洪武三十年律"。具体而论，经济立法方面大力推行纸币、禁用铜钱，加强赋税征缴管理，号召勤务农桑、发展生产。行政立法积极细化行政职能，强化监督和基层治安，同时对祭祀礼仪、宗教和教育均有新的阐述。家庭社会立法中奉行"隆礼重法、乡里互助"思想，注重道德礼教的培育和教化。刑事立法方面提出了"擅杀重罪犯可宽免"思想，对外关系立法则奉行"和平自大、封闭保守"方针。

司法和执法方面，首先推行司法"无讼"理念，其次是对"重典治吏"思想越发失望，最后在侦查起诉和审判执行方面，提出"仁爱宽容"理念，在审判和执行中推行孝悌伦常和道德教化，颁布《教民榜文》，实行里老人理讼制度。守法和法律教育方面，相较中期而言，由过去的着重打压转变为模范嘉奖、剿抚并举，同时大力宣传赞扬家法族规，彰显出朱元璋对基层治理的关注与思考。经历洪武中期的狂热之后，朱元璋在洪武后期逐渐回归清醒，开始考虑实际现状和未来出路，纠偏与铺路并行，"现实主义"特色鲜明。

第五章
朱元璋法律思想评价

第一节　各阶段朱元璋法律思想异同比较

一、相同点

朱元璋一生履历复杂、传奇多变，在各个不同阶段他的法律思想都有着或多或少的发展与变化，然而变与不变总是相对而言的，总有一些思想或观念能够持之以恒地贯穿和存续于各个发展时期而经久不衰，或许其间会有丰富和完善，但本质属性恒定不改，成为朱元璋法律思想中根深蒂固的存在。

（一）"取古善法、维护皇权"

"取古善法、维护皇权"为纵贯各个阶段的核心立法思想之一，也是朱元璋法律思想之根基所在。称王称帝之前，朱元璋就开始为之努力，并通过立法方式予以推动。自称吴王前就树立"高筑墙、广积粮、缓称王"的大旗，在借鉴吸取历代经验的基础上结合自身实际蓄势待发、韬光养晦、伺机而动，为以后称王称帝做准备，这一观念也成了明朝建立前朱元璋法律观念的基础和来源之一。同时，在降元问题上矛盾反复，与元廷时远时近、见风使舵，谋取自身利益最大化。自称吴王后，提出政权和战争的正义性与合法性问题，并承认元朝的正统地位，为新王朝的建立开展思想和理论铺垫。在《奉天讨元北伐檄文》中他以华夷之辨和元朝腐朽为理论基础，从天下大势入手，凸显了自己的宏大志向，继而亮明北伐方针和意义，鲜明而具体地提出民族革命口号和保持传统文化政纲，充分彰显了北伐战争及此后王朝建立的合法性和正统性。法统和道统正义是朱元璋政治法律观念的预设基础与核心要义，也是一切法律活动的主旨和追求。同时，新朝新法当以济世安民、匡扶中华、仁义礼教为宗旨。

开国之后，更是主张参鉴历代良法善政，论述开国称帝的正统性与合法性，维护和巩固至尊无上的专制君权，并以此作为立法活动的最高指针。朱元璋在一定程度上继承了元朝的部分遗产，进一步塑造了中国的专制政体，同时对法制建设格外重视，力主用法律手段来维护君主专制中央集权制度。为了论证开国称帝的合法性，朱元璋从领袖权威、重刑威慑和法令贯彻三方面着力建构，并倡导立法须"承天意、顺民心，民心所向、天命所归，乃王朝万世一系之根本"的思想。除了借鉴继承元朝部分遗产外，朱元璋还提倡新朝立法应传承借鉴古代，不可一味盲从，要有所取舍、创新发展，以儒家仁义礼教为思想基础，同时吸收法家所长，采纳荀子思想理论和唐太宗法制实践，实行德本刑辅、礼法融合的立法原则。[1] 为了抬升皇权，朱元璋刻意打压士大夫，使其地位在明代继续下跌，为官者需揣摩圣意、迎合君主，稍有不慎便会家破人亡。君臣关系变为主奴，奴化教育造就的士大夫只能体贴入微地逢迎阿谀，将皇权抬上了历史的巅峰。洪武中期后，朱元璋强化"重典治吏、重典治世"思想，其本质依然是打压和扫清一切威胁到朱明王

---

〔1〕 李力："从另一角度审视中华法系：法家法律文化的传承及其评判"，载《法学杂志》2012 年第 6 期。

朝专制皇权的人和事，确保皇统永固、万世一系。洪武后期，着力缓和纠正中期过于偏激的"重典治国"政策，颁布一代定法"洪武三十年律"，积极为后世子孙谋划铺垫。可见，无论是重典还是轻典，均为时势造就的产物，根本目的始终是维护和巩固皇朝皇权的长久安宁。

（二）"纪纲法度、为治之本"

"纪纲法度、为治之本"，维护皇权是立法思想的核心内容之一，而纪纲法度则是实现这一思想的根本，贯穿洪武年间各个阶段。早在明朝建立前，朱元璋便十分注重律令的编修制定，亲自参与研讨、严谨而审慎，将"制礼定法"作为当务之急，寄予"垂法后世"之期望。经过不懈努力，吴元年（1367年）十二月，律令得以创制，颁行中外。立国之后，无论是"取古善法、抬升皇权"，还是"法贵简严"，均透露着朱元璋对法制的关注与追求。洪武中期对法律的重视有增无减，形式上要求立法简练清晰，避免奇巧繁密；内容上加强"重典治吏、重典治世"思想，还以榜例形式颁布了大量法律文件。洪武后期，为了纠正之前的过激政策，为后世君主铺路，核心举措就是强调法律的重要性并着力缓和"重典治国"政策。作为"治国之本"，洪武年间朱元璋创制颁行了大量律令典章，其中最经典的当属《大明律》和《大诰》。《大明律》肇启于立国之前，期间经历多轮编修，直到洪武三十年（1397年）才最终确定，历时三十余年，凝聚了朱元璋半生之心血。《大诰》同样如此。《大诰》包含《御制大诰初编》74条、《御制大诰续编》87条、《御制大诰三编》43条和《大诰武臣》32条，总计236条，是为《大明律》的配套法令，自洪武十八年至二十年（1385年至1387年）陆续颁行。洪武三十年（1397年），朱元璋令将《大诰》条款拾其精要增载于《大明律》后，并敕令有司往后只按

《律》与《大诰》论罪、律诰并行、以诰补律，《大诰》前后历时十多年，最终与《大明律》并行，成为一代定法。

（三）"耕战协调、立明军纪、加强管控"

"耕战协调、立明军纪、加强管控"是贯穿于各个阶段的立法思想，无论是在称王称帝前，还是洪武后期，朱元璋都始终强调这一思想。早在自称吴王之前，朱元璋就提出了"立明军纪、加强监控、寓兵于农"的观念。为了加强对官兵的监视管控，他占领滁州后大量收养义子、培养心腹，占据城池后规定由义子和将官同守以便监视，进攻集庆时要求将军官正妻留在京城居住，并禁止将官和儒生勾结。同时，推行"屯战融合、军民合一、奖罚明晰"的立法观念，主张寓兵于农、有事出战、无事耕种、暇则操练，这样不仅能轻缓国家负担，还可保战力常备。

开国之后，朱元璋结合历代征兵和募兵制利弊，明确提出军事立法的核心要义就是要保持战斗力和生产力协调一致，具体办法就是实行卫所制。为此，制定了"军卫法"，该法充分体现了朱元璋集征兵和募兵优势于一体、兼顾战斗力和生产力的立法思想。军士隶于卫所，卫所既是军事单位，又是生产单位，既有职业兵，也有临时补充的舍人和余丁，自力更生、农战一体、相互支持，在戍边防卫的同时又能开发边疆、屯田垦荒，可谓是明初军事立法和制度上的创新之举。[1]同时，严明军纪、加强监管，从实体和程序两方面入手，规范官兵行为，保证"大权统于上"。实体上确定"卫所官军和将帅将兵之法"，展现出了明军建制规整、管理有序的总体格局，军政大权统于皇帝，大将只是依照命令履行职务，并无兵权可言。确立"禁武

---

［1］ 顾颉刚、史念海：《中国疆域沿革史》，商务印书馆2015年版，第189页。

官纵军鬻贩和内城门禁之法",使得官兵的日常管理和轮值有章可循。程序上规定军官如果犯罪必须要奏请圣裁,然后才能逮捕审问,京师卫所的军士如果犯笞四十以上罪行者,发配到外卫效力。但是在征战过程中,对于触犯军法者,将军有权就地处置、警示众人。洪武中期,进一步规范军队征选管理。在逮捕审讯程序上细化了洪武前期的规定,根据武官品级制定不同程序,但是奏请圣裁都是必须的。颁布"军法定律",规范军官阅视官旗、军马之制,保证建制完整和战力充沛。同时,为彰明军纪、强化征管,还颁布了一系列禁令,如禁止军职宿娼、禁止干预民事、禁止征召年老和年幼者入伍、禁止武臣子弟酗酒唱曲和赌博争利等。洪武后期,依然致力于军士职责纪律和战斗力保障工作。洪武二十七年(1394年),发布圣旨榜例,规范军人"卫戍皇城规则条例",针对守备皇城的规章制度以及守卫官兵无故不行上值、当值军人替班、官长擅调当班军人、不遵要求交接和搜查等行为之处罚作出详细规定。同时,制定"武职比试袭职例",以比试作为袭职做事的依据,旨在彰明法纪、增强战力,职位升降在世袭基础上要以实力为标准,优胜劣汰、赏罚分明。

(四)"劝耕农桑、简赋开源、规范市场"

"劝耕农桑、简赋开源、规范市场"是朱元璋始终秉持的重要立法思想。自称吴王前,朱元璋就大力推行"简赋"政策,多次强调减轻百姓赋税和徭役负担。同时,广开财源、多种经营,在保障粮棉生产的同时,制定了《盐茶法》和《制钱法》,鼓励百姓种植桑、麻、棉等农副业并附以奖惩措施。自称吴王后,他以立法方式干预指导经济活动,维护民生、保障生产,为战时经济政策服务,于至正二十六年(1366年)颁布"禁止种秫令"。此外,还明确了财税立法指导原则,财税取之于民、民生艰苦，财税立法应当爱惜民力、量入为出、取之有度、勤俭节约，根据民生实际和区域经济科学设定徭役赋税，保证财政收入和宏观调控的稳健运行。

立国之后，奉行"发展生产、轻徭薄赋、规范市场"的经济立法思想。实行唐宋"两税法"来取代元朝混乱繁重的税制，贯彻"轻徭薄赋、均平负担"政策。洪武元年（1368年）和洪武十三年（1380年），多次颁发诏令，要求规范市场秩序、加强商人监管、维护商人权益。此外，还确立了"大明盐法"和"倒钞法"，并积极推行军屯和民屯制度等。洪武中期，为劝耕农桑、鼓励粮棉业，实现"重本抑末、限制采矿"政策，并推行"籍田礼"，表率农桑，体现朝廷对三农问题的重视。为了更好地规范赋税征缴和市场秩序，编制了"赋役黄册"与"鱼鳞图册"，命令户部申明"钞法"，打击奸商胥吏，保证货币稳定流通，维护市场秩序和经济安全。[1]洪武后期，继续实施"推行纸币、督课赋税、劝耕农桑"的经济立法思想。诏令禁用铜钱，收缴入官，兑换宝钞代替，违令者处罪，朱元璋借助经济立法方式推行纸币流通、稳定经济秩序之决心可见一斑。同时，在洪武中期里甲长征税的基础上增加了里老人的督课赋税之责，以里老人的威望来协助里甲长征收赋税和监督点视财税工作。朱元璋在《教民榜文》中还特别规定了里老人劝耕农桑之责，以法令形式监管督促好逸恶劳之人，充分释放农民生产力，保证农业生产有序发展。

（五）"规范细致、集权监管"

"规范细致、集权监管"是朱元璋在行政立法领域一以贯之的核心思想。明朝立国前，朱元璋就积极选贤任能、改进官制，

---

〔1〕 冯绍霆：《细说明太祖》，上海人民出版社2005年版，第250页。

制定"文武科取士之法",构建自己领导的"江南行中书省"。大明初立,朱元璋开始全面推行"规范细致、集权专制"的行政立法思想。他强调立法要精细化、规范化,对于秘书工作和公文程式等细节工作要有具体、严密的章程和规则。在中央,他将六部三司的日常事务直接移交到自己手中并大量取消丞相职能,后彻底废除中书省和丞相,集国家元首和政府首脑于一身。在地方,奉行州府和卫所平行管辖体系。在官吏任用方面,严格实行亲属回避和籍贯回避制度,防止官吏利用亲属和地缘关系结党营私、贪赃枉法。开创了功臣庶子封官袭爵制度和全新的吏员制度,具有积极的时代意义。还制定了"宦官禁令",着力加强宦官规范管理。民众方面,实施"路引"和"役法",强化监管的同时维护百姓合法权益。另外,宗教上颁诏禁止一切异端邪教,尤其是大明教、白莲社和弥勒教;教育上大力贯彻"治国之要,教化为先,教化之道,学校为本"的立法思想,并多次颁行学规,制定详细而严格的教育规范,以期践行教化德育之宗旨。

洪武中期是朱元璋行政立法思想发展的重要阶段,确立了"规范考核、内外有别、严于管控"的指导思想。首先,提出"明定品秩、内外有别",明确规定朝廷六部和御史台等官员品秩,规范行政管理秩序。洪武十七年(1384年)春,敕令:内官严禁干预朝政之事,朝廷诸司不准和内官监往来交流。其次,严格施行"绩效考核、奖惩分明"的管理办法,制定了"官员考核法"和"巡检考课法"。最后,加强对官民和教育领域的监管。洪武十五年(1382年)令"各自衙门用半印勘合行移",以防止官吏作假舞弊,同时构建严密的监视制度,要求"人民互相知丁"。此外,诏令儒臣修《孟子节文》,并开始定期举行会试,使得科举制度成了政府官吏的主要来源。到洪武后期,

"细化职能、强化监管"思想仍然持续贯彻。立法中赋予里老人治安防范职权，让乡里权威士绅协助州县官府共同执行国家法令，维护乡里治安。对祭祀礼仪与宗教教育立法也格外重视，规定了"乡饮酒礼"，"明长幼、别贤否、厚风俗"。针对宗教人员和活动制定了一系列规则禁令。教育立法方面，通过《教民榜文》进一步细化教育立法内容，将教育立法与普法教育和正统思想结合起来，以教育立法方式来宣传国家法令，树立正统思想，打压异端邪说。

（六）"尊卑有序、礼法结合、社会互助"

"尊卑有序、礼法结合、社会互助"是各个阶段共同存在的家庭社会立法思想。洪武前期，朱元璋就提出"尊卑有序、礼法结合"的理念。他令朱升等人编修"女诫"，确立后宫基本规则，为天下夫妇和家庭提供借鉴和指导。制定"致仕官处乡党之礼"，规范官员与乡党亲属间的礼法关系问题。还有著名的《皇明祖训》，原名《祖训录》，初编于洪武二年（1369年），洪武六年（1373年）书成，洪武九年（1376年）又加以修订，洪武二十八年（1395年）重定，更名为《皇明祖训》，主要内容是为稳固朱明政权而对后继儿孙之训诫。洪武中期，他诏令"天下行养老之政"。此外，为了彰显老年人价值并提升他们的社会地位，使他们能够发挥余热，为朝廷和社会服务，洪武十九年（1386年）七月，朱元璋下诏各地举荐"经明行修之士、年七十以下者"，由郡县礼送京师。洪武后期，"德育教化、乡里互助"成为主导思想。丰富的基层生活经验使得朱元璋在社会立法方面还创设了乡里互助制度。这种制度一方面可以帮助弱势群体，维护百姓基本利益，减轻官府负担和压力；另一方面，朱元璋希望通过这种互帮互助来践行德教思想，让礼法伦常深入人心，从而实现天下大治、四海清晏。

（七）"宣传教化、廉政守法"

"宣传教化、廉政守法"是朱元璋始终坚持的法律思想之一，他不仅注重立法和司法，对于法律宣传、教化和遵守同样倾注心血。早在开国前，朱元璋就说治理天下应以重要且紧急的事情为先，然后才是次要和缓办之事，如今天下甫定，最紧迫的就是衣食和教化，衣食充足则百姓安定，教化通达则风俗良善。开国后，对于官员遵纪守法、率先垂范十分看重，要求臣民以法律为行为准则，依照律令履职尽责，维护朝廷的体制和权威。朱元璋不仅要求臣民尊法守法，很多时候自己也会以身作则、带头垂范。为了更好地推行法律教育工作，激励民众自觉守法、信法，洪武五年（1372年）二月，朱元璋提出乡野百姓往往不能充分了解国法禁令，从而容易冒犯法令，故敕令于各府县及乡里村社设立"申明亭"。到洪武中期，朱元璋提出适用法律的目的不在于刑杀惩罚，而在于教育感化，使民众能够自觉知法、守法，从内心接受、认可法律及其所承载的思想内涵，从而达至理想的道德社会。同时，针对官员广泛开展廉政守法教育，洪武二十五年（1392年），他命户部登录各级官员俸禄粮米数量，参照稻谷产米比例折算成所需稻谷数量，并标明每亩农田粮食产量和所付劳动的情况，编纂成书，取名为《醒贪简要录》。该书或许就是早期的"廉政教材"。洪武后期，朱元璋对待贪腐的态度已有所变化，多年重典治吏而收效却不甚理想的现实困境让他逐渐疲倦失落，转而由过去着重打压变为模范嘉奖、剿抚并举。同时，通过褒奖典范，宣传赞扬家法族规，彰显其基层治理法律思想。洪武二十六年（1393年）八月，下诏褒异浦江郑氏，称赞其聚族同居、家风美善。朱元璋对浦江郑氏的表彰实际上是一种法律宣传教育方式，通过典型的树立来引导民众遵守宗法伦理和家训国法，这也表现了朝廷对宗法家规治理基层的支持和鼓励，集中展现了朱元璋在基层治理中的礼法思想。

（八）"恤刑审慎、依时决遣"

狱政思想是朱元璋始终贯彻的重要思想之一，立国之前，他就反对刑讯逼供，要求审判应恤刑审慎，侦查起诉阶段严禁淹滞狱囚（没有期限地关押未决犯及相关证人），必须依规依时判决执行，刑罚执行中大赦中外狱囚，以敬天悯人。洪武前期，再次强调严禁淹滞狱囚、超期羁押。到洪武中后期，他多次大赦天下，并明确提出了"明刑、恤刑、缓刑、慎刑"的录囚思想。他认为录囚事关人命公道，必须严格谨慎，多体恤怜悯，万不能伤害无辜，有损仁义之心。同时禁止淹滞狱囚，应当及时决遣，以免造成不必要的死亡，影响刑罚执行效果。朱元璋的这一思想与历代明君一脉相承。唐太宗曾提出"慎狱恤刑、反对严讯、务求其实"思想，要求在审判中注重事实，规定"不严讯、不旁求、不贵多端"原则，以防止滥用刑罚。同时，对待死刑格外慎重，要求司法官员慎刑慎杀，依法断罪，或重或轻，均依定制，并创设九卿议刑制度，将死刑三复奏变为五复奏。朱元璋在唐宋狱政思想基础之上继承发展，录囚制度和超期羁押成了他关注的重点内容。

二、不同点

（一）对待白莲教和红巾军的态度

对比自称吴王前后朱元璋的正统合法思想我们可以明显感觉到反差和变化，以他对白莲教和红巾军的态度为例。朱元璋发端于白莲教和红巾军，并以此号召民众、聚众起事，然而随着时间的推移，到了至正二十六年（1366 年），此时朱元璋已经自称吴王，大明开国在即，身份和形势都发生了根本转变。

在进攻张士诚的前夕，朱元璋发布了一道檄文，一改原先对白莲教的推崇，反而狠狠地予以批判。檄文道：乡野百姓不幸为妖术诓骗，不能理解荒诞言论，相信真有弥勒存在，希望能带来福祉，解救出困顿之境地。[1]他将白莲教视为荒诞的妖术，彻底否认了白莲教的救世宗旨。进而痛批白莲教妖言惑众，毁坏城池，迫害士绅，残杀百姓，罪恶滔天，可以说是把白莲教贬斥得无恶不作。在自称吴王后所创制的各项治国方针中他也没有给白莲教留下任何余地，而是努力推崇儒学，将自己的统治与历代正统王朝呼应对接起来。元至正二十六年（1366年），朱元璋命大将廖永忠赴滁州接小明王来应天，于瓜洲镇渡江，船行至江心将船凿沉，廖永忠回应天复命，小明王和刘福通皆死，宋亡。[2]宋亡后阻碍朱元璋称帝的名分障碍随之消失，他随即弃用龙凤年号，又因自己为"吴王"，故将至正二十七年（1367年）改为吴元年。此后，朱元璋再不提龙凤一说，行文的龙凤内容一概抹去，朱元璋身后编著的《明太祖实录》只字不提朱元璋与韩林儿宋政权的臣属关系。[3]宋濂等人所撰的《元史》已经直接将红巾军称为"妖寇"。[4]在讨伐张士诚的文告中，朱元璋指控张士诚八款大罪，唯有两款属于两人私人恩怨冲突，其余六款均为张士诚反逆元廷之罪行，例如私自占有江浙一带钱粮赋税数十年却不上缴朝贡，兵力孱弱、土地促狭

---

[1] "不幸小民误中妖术，不解其言之妄诞，酷信弥勒之真有，冀其治世，以苏困苦。"

[2] 吴晗：《朱元璋传：从乞丐到皇帝》，华东师范大学出版社2014年版，第65页。

[3] 吴晗：《朱元璋传：从乞丐到皇帝》，华东师范大学出版社2014年版，第65页。

[4] "是月，大明皇帝起兵，自和州渡江，取太平路。自红巾妖寇倡乱之后，南北郡县多陷没，故大明从而取之。"（明）宋濂等：《元史》卷44顺帝七简体字本，中华书局2000年版，第626页。

却敢改朝换代等。

讨张檄文中还说：尔等百姓若能安分守己，则视为良民，原有财产归属不变，除规定缴纳钱粮外，别无所取，保证你们安享太平、全家和乐。[1]这句话在吴晗先生看来十分重要，它体现出朱元璋立场的真正转变，由原本反对地主到维护地主权益，征伐目的在于保境安民，这意味着朱元璋抹灭了阶级斗争问题，公然背叛农民起事，支持旧有秩序，从农民领袖迈向地主阶级领袖。而陈梧桐先生也认为，这段话显露出朱元璋背叛农民战争的指导思想，说明他已然发生质变，变为地主们的领袖了。[2]

朱元璋之所以发生这样的转变，学者们归因于朱元璋身边的儒生，不少论著就直接指明儒生集团对朱元璋产生的直接而明确的作用与影响。[3]当然，也有学者对于朱元璋的转变持反对意见，认为所谓"农民战争领袖"朱元璋本就不是农民利益的维护人和捍卫者，他登上帝位后，即使真如论者所言，支持旧的统治秩序，保障官民太平，也称不上"蜕变"一说。[4]周启元在《朱元璋正传》中总结道：儒生谋士对朱元璋灌输的主要是君临天下的王道思想，君王角色的阶级属性只是君王身份的副产品，其与生俱来，不存在蜕变一说。朱元璋本就不是地主和农民阶级的代表，故从来不存在"背叛"和"转变"问

---

〔1〕 "凡尔百姓，果能安业不动，即我良民，旧有田产房舍，仍前为主，依额纳粮，余无科取，使汝等永保乡里，以全室家。"

〔2〕 黄波：《最可惜一片江山：传统政治文化中的朱元璋》，东方出版社 2017 年版，第 206~207 页。

〔3〕 刘晓著，陈祖武、杨泓主编：《元史研究》，福建人民出版社 2006 年版，第 86 页。

〔4〕 黄波：《最可惜一片江山：传统政治文化中的朱元璋》，东方出版社 2017 年版，第 206~210 页。

题，作为世俗帝王，他维护的始终都是个人的一己私利和朱明王朝的整体利益。朱元璋高居在由地主阶层、农民阶层和皇室集团所堆砌而成的金字塔顶端，像一位平衡木大师那样，全力维系三者之间的平衡。君王希望自家江山迁延万世，他不能容忍占人口绝大多数的农民阶层散漫自流，也不能容忍地主阶层肆意乱法，谁破坏了王朝正常的统治秩序，君王就会惩治谁。[1]

（二）对待元朝的态度

朱元璋对于元朝的态度前后也是截然不同的，这在他自称吴王前后表现得尤为明显。自称吴王前，他以拯救百姓、驱逐胡虏、恢复中华，推翻元朝腐朽残暴统治为目标和口号，大有与元朝势不两立之志。然而，随着新朝开创在即，朱元璋对待元朝的态度开始转变，由原本的否定排斥到承认元朝的正统地位，自己俨然成为承袭元朝正统的合法继承人，这一点在吴元年（1367年）的《朱元璋奉天讨元北伐檄文》中已经有所表露。[2]虽然他依然强调"驱逐胡虏、恢复中华"的口号，但是已经承认了元朝统治的合法性与正统性，而之所以推翻元朝，是因为后世君臣"不遵祖训、废坏纲常"，陷百姓于水火，终为上天所厌弃，此乃天意所归、民心所向，北伐乃是承天意、顺民心的正义之举。

立国号为"大明"同样印证了这一点。有人认为"大明"与白莲教、明教息息相关，其实不然。朱元璋早已排斥这些异端教派。"大明"实际上来源于《易传》里的一句话："大哉乾

---

[1] 周启元：《朱元璋正传》，中国文史出版社2014年版，第183页。
[2] 文中提到，"自宋祚倾移，元以北狄入主中国，四海内外，罔不臣服。此岂人力，实乃天授！彼时君明臣良，足以纲维天下，然达人志士，尚有冠履倒置之叹。自是以后，元之臣子，不遵祖训，废坏纲常……于是人心离叛，天下兵起，使我中国之民，死者肝脑涂地，生者骨肉不相保。虽因人事所致，实乃天厌其德而弃之之时也"。

元，万物资始，乃统天；云行雨施，品物流形；大明终始，六位时成，时乘六龙以御天。"〔1〕从这句话不难发现，第一句正是元朝国号的来源，大明国号与大元出自同一典故，充分体现出在朱元璋心目中大明是对大元正统性与合法性的承接。同时，"大明"也符合儒生们的理念，"明"乃光明之意，为火，拆开则为日和月，古礼已有祭祀之说，自古"大明"与日月均为国家正祀，或为郊祭或作特祭，皆为历朝皇室所重。而且新朝起自南方，与先前历朝由北方平定南方恰好相反。以阴阳五行之说而论，南方尚赤，属火和阳，祝融为神；北方尚黑，为水与阴，玄冥为神。元朝源起蒙古高原，立都北京，用火和阳克水和阴，正为适宜。〔2〕

（三）轻典与重典的选择与转变

提到朱元璋的法律思想，人们容易想到的是"重典治吏"和"重典治世"，似乎重典已成为朱元璋法律思想的绝对标签。然而，纵观朱元璋法律思想各个阶段的具体内容，我们发现很多时候重典并非他法律思想的主流与核心，前后有着明显的不同和变化。明朝立国前，"轻罚宽政"始终是法律观念的主导，虽然有"严厉惩贪、严格执法、法贵简严"的要求，但并非法律观念的主流内容。至正十七年（1357 年）十二月、至正十八年（1358 年）三月和至正十九年（1359 年）三月，朱元璋数次

---

〔1〕　大意为蓬勃盛大的乾元之气是万物所赖以创始化生的动力资源，这种刚健有力、生生不息的动力资源是统贯于天道运行的整个过程之中的，由于乾元之气的发动，得到阴气的配合，云化为雨润降于下，万物受其滋育，茁壮成长为各种品类，畅达亨通。天道的运行适应六个不同的时空环境，遵循由始到终的发展程序，表现出不同的方式，初爻为潜、二爻为见、三爻为惕、四爻为跃、五爻为飞、上爻为亢，好比驾御着六条巨龙在浩瀚的天空自由翔翔。

〔2〕　吴晗：《朱元璋传：从乞丐到皇帝》，华东师范大学出版社 2014 年版，第 87 页。

命令释放或从轻处罚狱中"除大逆无道及敌之侦伺"外的所有罪犯。他认为治理甫定之地应用轻典，刑罚要合理适当，这样百姓就不会蒙冤受屈。至正十八年（1358 年），朱元璋征战浙东地区时曾召集诸将阐述征伐过程中仁爱安民、抚慰人心的法律观念。他指出，虽然攻城略地靠的是武力，但保境安民必有仁爱之心，每占据一城，应当抚恤百姓、维护秩序，如此民心所向，自然纷纷来归，切忌肆意施刑、诛戮无辜。农民出身的朱元璋对百姓疾苦有着切身体会，十分强调基层百姓的利益，主张立法宽厚、教化引导，于吴元年九月（1367 年）明确提出了"反对连坐、轻典教化"主张。可见，立国前朱元璋始终站在被统治者的立场上，希望对百姓立宽法而对官吏立严法，这样官吏就不敢肆意妄为，同时放松对农民起事的镇压和打击。

开国之后，朱元璋法律思想开始出现变化，由开国前的"轻罚宽政"为主导变为"法贵简严、重重轻轻"。所谓"法贵简严"，是指立法务必要实现简明扼要、通俗易懂、重罪严惩、重重轻轻。着重强调的是预防官吏徇私枉法、胡作非为，从而保证中央法令能够真正贯彻执行；另一方面法令简明严厉、人人易知，能够有效教化和震慑百姓，从而达到"难犯"和"不犯"，维护王朝统治的长久安宁。另外，通过立法严厉批判和打击秘密宗教组织和农民起事，并且奉行"严法治吏"和"汉承秦制"。所谓"重重轻轻"，是指当重则重、当轻则轻，并非单纯强调严厉，在针对广大百姓的一般立法方面，主张应轻缓而得其中道。可见，洪武前期已经不再完全奉行开国前"轻罚宽政"为主导的法律思想，而是改为"宽严结合、各有侧重、取法中道"之理念。

至洪武中期，重典思想得到了进一步加强，"重典治吏、重典治世"成为主旋律。洪武十八年到二十年（1385 年至 1387

年）陆续颁行的"大诰四集"是为这一思想的经典代表。《大诰》科罪量刑极大超越《大明律》，其中汇编了大量惩办贪官污吏的案例和内容，充分体现出洪武中期朱元璋进一步强化重典治吏、整肃官僚队伍的思想与决心。还立定法律，"寰中士大夫不为君用，是自外其教者，诛其身而没其家，不为之过"，[1]是为"重典治士"思想的表现。除"治吏"和"治士"外，对于百姓"奸顽盗贼""犯上作乱"和"妄生异议"同样予以严厉惩处。在司法和执法领域，"重典"思想同样得到了极大加强，爆发了一系列著名的大案要案，如"胡惟庸案""郭桓案"和"蓝玉案"等。可以说，洪武中期"重典"思想得到了全面体现，无论是严苛程度，还是适用范围都较之前期大为加深、扩张，社会笼罩在一片冷酷肃杀的氛围之中。

进入洪武后期，形势发生转变，重典政策已不再适应发展需要且实施效果并不理想，适时缓和与纠正重典政策势在必行。多年的"重典治吏"思想并未取得应有之功效，使得洪武后期朱元璋不得不对自己的思想和实践产生怀疑和失望。他哀叹道："中外臣庶，罔体圣心，大肆贪墨。"[2]洪武二十八年（1395年）在回顾法制建设历程时，他认为自己多年的重刑主义倾向和法外施刑的严厉做法只是权宜之计，并非长远之策。洪武二十九年（1396年），皇太孙朱允炆请求朱元璋修改过于苛重的律条，朱元璋予以接受。他对朱允炆说道："吾治乱世，刑不得不重。汝治平世，刑自当轻，所谓刑罚世轻世重也。"[3]由此可见，重典思想在洪武后期依然不合时宜，纠偏和缓和成了这一

〔1〕《御制大诰三编》，（清）张廷玉等撰：《明史》，中华书局2000年版，第1541页。

〔2〕工世谊、丁守卫："朱元璋'重典治国'思想探析"，载《南京社会科学》2006年第6期。

〔3〕（清）张廷玉等撰：《明史》，中华书局2000年版，第1523页。

时期法律思想的主题内容，轻典思想在一定程度上得到回归。

通过各个阶段朱元璋关于轻典与重典的选择我们可以看出，不同时期朱元璋关于轻典和重典的思想并不相同，开国前和洪武后期轻典思想均有着极大的影响，而重典则主要集中于洪武中期，并非一成不变的绝对思想。

（四）"明刑弼教"思想的发展

"明刑弼教"即"彰明刑罚、辅助教育""刑以惩恶、教以劝善"，功能与"德主刑辅"大体相当。两者相比，"明刑弼教"更多地将德礼和严刑峻法一道作为教化之内容，使严刑峻法变得温和起来，有效缓解了德与刑之间的冲突关系。虽然"明刑弼教"思想由来已久，但其运用和强化是一个循序渐进的过程，在洪武前期其实尚不常见，更多的是沿用传统"德主刑辅""礼法融合"思想作为立法和司法工作的基本原则。相较于传统"德主刑辅"注重德礼教化、主张轻刑、限制酷刑的观点，经过朱熹论证后的"明刑弼教"理论的主旨是重德礼而不轻刑罚，彰显出了"刑罚立而后教化行"之理念，这就为统治者以"弼教"为借口大肆推行严刑峻法奠定了理论基础。

洪武中期是朱元璋"明刑弼教"思想强化的重要阶段，相比于前期的"德主刑辅"，以《大诰》发布为标志，"明刑弼教"开始成为最主要的法制指导思想。发生这一变化的主要原因在于形势和现状的变化使得朱元璋的理论与实践发生脱节，这在洪武中期表现得尤为明显。一方面，自洪武前期以来朱元璋始终强调宽仁轻刑思想，彰显着对圣贤之道的追求；另一方面，实践中刑罚却日渐严苛，重典治世色彩越发浓厚，臣民不满情绪高涨。在这种情况下，为了统一法制思想，更好地为现实国策服务，同时又不至于触犯儒家正统思想，维系"仁政"

的崇高形象，就必须对指导理论作出思考与调整。于是适应这一要求的"明刑弼教"思想应运而出并大放异彩。可见，"明刑弼教"并非开始就是主导思想，明朝建立前和洪武前期，"德主刑辅"和"礼法融合"比"明刑弼教"更有影响力，中期以后才发生转变。

（五）对待特务司法机构的态度

早在洪武前期，朱元璋就设立了特务司法机构"检校"，主要职责为查访探听京师各衙门官吏的渎职和不法行为，但凡有所耳闻，一律奏报。[1]检校遍布各个角落，可以侦察一切场所和官民，朱元璋譬喻为恶狗。洪武中期，即洪武十五年（1382年）三月，设置锦衣卫和镇抚司。锦衣卫表面上负责仪仗侍卫，实际工作的重点是巡察缉捕，专门针对"不轨妖言"。设置锦衣卫的目的在于顺理成章地告密陷害、株连报复和法外处刑。[2]五年后，朱元璋敕令严禁锦衣卫干涉司法，并销毁锦衣卫刑具。先前，官民触犯重罪逮捕进京的常常押入锦衣卫审讯，其间难免严刑拷打、屈打成招。洪武二十年（1387年）正月，朱元璋断然宣布锦衣卫审讯非法并焚毁其刑具，所有案件交刑部处理。洪武后期，朱元璋更为强调仁爱宽容思想。洪武二十六年（1393年）六月，再度发布"锦衣卫鞫刑之禁"，凡是被逮捕之人均送交司法机关审理，剥夺了锦衣卫干预审判的权力，使得司法权的行使更为集中、规范，反映出洪武后期刑罚趋于宽缓、透明。可见，在对待特务司法机构方面，依据时势变化，朱元璋的态度和思想前后并不统一，中前期大体持支持和肯定态度，

---

〔1〕 "专主察听在京大小衙门官吏不公不法，及风闻之事，无不奉闻。"吴晗：《朱元璋传：从乞丐到皇帝》，华东师范大学出版社2014年版，第145页。

〔2〕 吴晗：《朱元璋传：从乞丐到皇帝》，华东师范大学出版社2014年版，第146~148页。

而中后期则批判否定较多。[1]

（六）对外关系的日益封闭

洪武年间不同阶段对外关系法律思想呈现出逐步严格、加强限制之态势。洪武三年（1370年）朝廷"罢太仓黄渡市舶司"，洪武七年（1374年）敕令撤销广州、泉州和明州三处市舶司。同时，确立大明帝国和藩属的关系，于沿海地区开辟三个通商口岸。洪武中期，申明"交通外番之禁"，不许官民人等与外番私自接触和交易货物，严格限制对外交流与贸易的发展。洪武二十三年（1390年）十月，朱元璋认为中国货物自前代以来就不许出口至外番，而现实中私相交易却频频出现，故必须严禁之。为了彻底杜绝海疆边患，朱元璋推行移民政策，于洪武二十年（1387年）命令舟山岛城区和镇外两里以内及其余四十六山岛的居民迁移内陆。为了安抚笼络其他国家，又实行"朝贡贸易"，即允许其他国家以官方名义携少量商品来朝，然后在中国换取东西回去。洪武后期，朱元璋以"海外诸夷多诈"为由，叫停了这种毫无商业价值、纯粹政治性的"朝贡贸易"，只允许周边两三小国继续"朝贡"，对外交流之门彻底关闭了。[2]同时，在过去不准与诸番私自贸易的基础上，进一步强化管控，洪武二十七年（1394年）正月，严禁百姓私自买卖和使用外番香木等货物。朱元璋认为，海外蛮夷多奸诈，除琉球、真腊、暹罗外，禁止民间私自往来贸易，以防诱骗为盗，胆敢触犯者必治以重罪。是年，又规定禁止贩卖和使用番香番货，如有发现，限三月内予以销毁，此外两广所产香木也不允许长途贩卖，

---

[1] 赵晓耕、时晨："平衡与牵制：明代厂卫与法司的关系"，载《甘肃社会科学》2018年第5期。

[2] 黄波：《最可惜一片江山：传统政治文化中的朱元璋》，东方出版社2017年版，第226~229页。

只能当地人自用。民间如有祈祷祭祀活动，只许用松柏枫桃之香，禁用番香，如有违反必治罪之。[1]这一规定较先前更为严格，不仅不能与外番交往贸易，连进口使用外番货物也明令禁止，正常的交流和进出口途径都受到了极大限制。

第二节　朱元璋法律思想发展变化的规律特点

一、愈益缜密

洪武前期，朱元璋十分强调法律简当，历经三十年的《大明律》亦有趋简之表现。《大明律》初创于吴元年，后分别于洪武六年（1373 年）和洪武二十二年（1389 年）大规模修订，期间还有几次小修改，到洪武三十年（1397 年）才最终确定并颁行天下，可谓是殚精竭虑，至此一切讼案均以该年所定《大明律》为准。[2]吴元年的《大明律》原版共 285 条，洪武六年编修后为 606 条，洪武二十二年修订后 460 条，到洪武三十年定稿，共 30 卷 7 篇 460 条。这与我国现有最古老的代表法典《唐律疏义》（30 卷 12 篇 500 条）相对比，尽管卷数一样，但删减了 5 篇 40 条，比繁复冗杂的《大元通制》更加简练。[3]但至洪武中后期，简当思想未能始终贯彻，法律渐趋繁密。随着时间的推移，各类新老问题逐步显现、层出不穷，朱元璋原本设想的简当法令难以满足统治的需要，各种条例法令开始渐次颁布。

---

〔1〕　参见李国祥、杨昶主编，刘重来等编：《明实录类纂》（司法监察卷），武汉出版社 1994 年版，第 28 页。

〔2〕　"盖太祖之于律令也，草创于吴元年，更定于洪武六年，整齐于二十二年，至三十年始颁示大下。日久而虑精，一代法始定。中外决狱，一准三十年所颁。"（清）张廷玉等撰：《明史》，中华书局 2000 年版，第 1523 页。

〔3〕　肖建新："明初法律的二重构建——兼论朱元璋的法律思想"，载《法学杂志》2010 年第 7 期。

如"大诰四篇"所载酷刑案例多达万余件，洪武三十年（1397年）又将《大诰》中147条法例附于《大明律》之后，使得《大明律》事实上趋向繁复，实际内容条目已然超越《唐律疏议》。正如杨鸿烈先生所言："虽说条数减少，但内容体裁极为精密，堪为科学律学之楷模。"[1]例如，《大诰》所列禁止赎死罪的条文共12条，而允许赎死罪的条文多达24条，可见规范甚为精密繁复。

洪武三十余年，朱元璋法律思想愈益缜密不仅体现在律令内容的越发繁密上，立法编纂技术也日趋系统化。正如有学者所言："明初制定法与案例法相配合，如《大明律》《大明令》与《大诰》的配合；基础性立法与解释性规范相结合，如《大明律》条文与律令解释的结合；惩治性规范与训诫式规范相配合，如《大明律》中的刑罚惩处与《教民榜文》中的训诫教谕之配合；中央立法与地方法规相协调，如国家的"律、令、诰、例"与地方的"告示、禁约"之协调。"[2]这些内容充分说明明初在立法技术系统发展的同时，法律体系也走向了完备与规范。洪武初年强调的"法贵简当"思想随着形势的发展发生了改变，虽然在诸多表面形式上还保留了简当易晓的风格，但在实际内容条目上则不可避免地走向了系统和繁密。

虽然"法贵简当"思想由来已久，为诸多帝王所推崇，但朱元璋的简当思想更为理想化，与现实政策脱节，以至于最后实际趋于缜密。唐太宗李世民以"安人宁国"为立法指导思想，实行"无为"政治，"动静必思隋氏，以为殷鉴"，要求立法公平、务求宽简，在这一指导思想下，唐初法令大体能保持宽简。

---

〔1〕 杨鸿烈：《中国法律发达史》，上海书店1990年版，第746页。

〔2〕 参见张晋藩、怀效锋主编：《中国法制通史·第七卷·明》，法律出版社1999年版，第37~41页。

汉朝初立，汉高祖刘邦吸取秦朝教训，奉行"无为"和"黄老之术"，删改调整了秦代过于繁密之律令，主张宽严相济、严松相当，并命萧何参照秦朝法律"取其宜于时者，作律九章"，使得汉初简当政策得以落实。相较而言，尽管朱元璋始终强调简当，但洪武中期以后，"重典治世、重典治吏"日趋极端化，严刑峻法逐渐成为国家治理最为重要之方式，在这样的背景下，想真正意义上贯彻简当思想无疑是无本之木、无源之水，只能沦为空想而难以推行。

二、新旧交融

明初朱元璋法律思想发展变化呈现出新旧交融的二重特点。一方面积极承袭传统固有法律思想与文化，另一方面又能否定之否定式地推陈出新，使得明初法律思想展现出二重建构、正反交融的演进规律。具体而论，朱元璋一面继承了"德主刑辅、教民以礼、法令严密"的传统思想，另一面又能吐故纳新，倡导"明刑弼教、法贵简当、重重轻轻"的时代内容，两者新旧融合、相济配合。同时，在交融之中随着时代的发展又凸显主次之分。总体而言，"明刑弼教、明礼教化、法令严密"更为著称，共同勾勒出了朱元璋法律思想发展变化的时代旋律。

再有，在新国轻典和乱国重典的选择中呈现出新旧交融的规律和特点。《周礼·秋官司寇第五》载："大司寇之职，掌建邦之三典，以佐王刑邦国，诘四方：一曰刑新国用轻典，二曰刑平国用中典，三曰刑乱国用重典。"[1]朱元璋所面对的并不完全是周礼意义上的"乱国"，在某种程度上更接近于"新国"，似乎当用轻典。在轻典和重典之间，他最终选择"刑乱国用重

---

[1] 徐正英、常佩雨译注：《周礼》（下），中华书局2014年版，第735页。

典"是有着更为深刻之考虑。大明初立是为新国，然新王朝的创立是在元朝混乱奸猾的基础之上，人心不古、民不见化，若一味轻典则难以稳固统治、革除"元俗"。因此，朱元璋的"刑乱国用重典"虽借鉴于周礼却已经超越了周礼的一般含义，而是在新国轻典和乱国重典融合之上的重典治国。它不是一味追求严刑重法，而是轻其轻者、重其重者，着重强调司法和执法过程中的重点领域和严格落实，对于官民贪污腐败、犯上作乱、肆意妄为予以重点打击。可见，朱元璋的法律思想不仅仅只是继承弘扬，更多的是推陈出新、新旧融合，以契合社会和形势发展的需要。我们研究朱元璋法律思想时，不能只看其中一面，而是应当辩证统一地全面观察，如此方能获得更为科学、合理的认识。

三、轻重结合

洪武年间法律思想的发展特点之一是轻重结合、重重轻轻、各有侧重。一方面，在严刑峻法和重典治国方面有着突出发展，《大明律》《大诰》等基本法律中的诸多内容较前代均有所加重。建文帝曾指出：《大明律》乃太祖皇帝亲自创制，仔细审阅，较之唐宋律典多予加重。[1]相比于《唐律疏议》，除了五刑，徒刑和流刑增补了充军，死刑中添加了凌迟。在通常的"十恶八议"外规定了贪墨六赃：常人盗、监守盗、窃盗、坐赃、枉法和不枉法。《大诰》比《大明律》更加繁重，严刑苛法、处罚繁复。很多酷刑虽并非《大明律》所定，却也是有法可依，法自君出，彰显出了洪武年间法制严苛重刑之特点。《大诰》被编入《大明律》文后，从特别法上升为基本法，随《大

---

[1] "《大明律》皇祖所亲定，命联细阅，较前代往往加重"。（清）张廷玉等撰：《明史》，中华书局 2000 年版，第 1523 页。

明律》一道颁示天下。

另一方面，洪武年间的法律思想也有轻缓宽容的一面，尤其是在针对广大百姓的一般违法行为上，大多从轻发落，以教化预防为主，刑罚打击为辅。朱元璋认为，百姓违法犯罪就像是衣服上的污垢，只要加以清洗就可以变得干净；犯罪的百姓用良善道德予以教化，则能够洗心革面、重新为人。[1]相比于唐宋律典，洪武年间有关礼仪教化、户婚田土、民生经济等犯罪处刑较轻，法律施行过程中对百姓多宽容体恤、少严酷苛责，诸如"迫胁为盗""误宿逃囚""输挽逾期"等行为多减免刑罚，甚至破坏盐法也可从轻宽免。此外，还通过法律制度来规范和保障国家经济生产和百姓休养生息，通过迁富抑强、精减赋税、屯田垦荒、修缮水利等行政与经济法律来促进和保障经济，促进人民安居乐业。

总体而论，洪武年间的法律思想是"严以治吏、宽以待民、因事而异"，通常来说对于官吏较为严苛，尤其是对结党营私、叛逆渎职、贪赃枉法之官处罚尤重，而对广大百姓总体较为宽缓，但是对于豪强奸顽、起事作乱之民则严惩不贷、绝不姑息。《大明律》和《大诰》对于"犯上作乱""奸顽盗贼"均严刑重罚，不分首从、一律严惩。此外，对于官民妄生异议、谣言惑众也予以重点打击。洪武二十年（1387年）令曰：民间百姓学习研读《大诰》及各类律令，敢有非议妄言之人处以极刑。

孟森先生在《明清史讲义》中认为：明太祖虽惯用严刑峻法，但多用来管束官僚勋贵，不曾对百姓滥施，唯恐会侵害百姓。推行严刑峻法是基于元末乱世后"重典刑国"的需要，尽管有悖于仁德，但却对国家本身并无大碍，能在一定程度上起

---

〔1〕"民之为恶，譬衣之积垢，加以洗濯，则可以复洁；污染之民以善导之，则可以复新。"（明）雷礼辑，宋祥瑞主编：《皇明大政纪》，北京大学出版社1993年版。

到整肃秩序人心之功效。朝廷如果不能维护百姓的利益，让官吏们肆意乱法，那么他们必定骑在人民头上作威作福、祸国殃民，如同虎狼般吞噬着国家和人民的血肉。[1]可见，朱元璋法律思想中轻重相济的关键在于是否威胁到明王朝的统治和自己的权力基础，对普通百姓的一般违法行为处刑较轻。[2]当然，也有学者提出不同意见，认为朱元璋的严刑重罚偶尔也会落到普通民众头上。

朱元璋法律思想虽以"重典治世"著称，却也不乏轻典宽缓之内容，两者因时因事互为补充、相济互用，以求中道仁和。正如《明史》云："盖太祖用重典以惩一时，而酌中制以垂后世，故猛烈之治，宽仁之诏，相辅而行，未尝偏废也。"[3]

四、法自君出、主观臆断

洪武一朝，朱元璋集各项大权于一身，独断专制，出口即法，上自律令典章，下到具体个案，无一不浸润着他的思想与意志。人是具有主观性的，喜怒哀乐的情绪波动都会对人的判断产生直接影响，因此在那个高度人治的时代，法律制度和法律思想从来都不是绝对的存在。通观朱元璋法律思想发展的全

---

〔1〕"太祖之好用峻法，于约束勋贵官吏极严，实未尝滥及平民，且多惟恐虐民"，"太祖用刑颇酷……惟所刑皆官吏，而非虐民，斯为承大乱之后，得刑乱重典之意，虽非盛德事，而于国本无伤，亦且深有整饬之效也"，"民权不张之国，不能使官吏畏法，则既豢民膏，复以威福肆于民上，假国宠以殃民，即国家养千万虎狼以食人耳。"转引自黄波：《最可惜一片江山：传统政治文化中的朱元璋》，东方出版社2017年版，第87页。

〔2〕正如吴晗先生所言："朱元璋用严刑重罚，杀了十几万人，杀的主要是国公、列侯、大将；宰相、部院大臣、诸司官吏，州县胥役；进士、监生、经生、儒士、文人、学者；僧、道；富人、地主等等，总之都是封建统治阶级内部的成员，他心目中的敌人。"转引自肖建新："明初法律的二重构建——兼论朱元璋的法律思想"，载《法学杂志》2010年第7期。

〔3〕（清）张廷玉等撰：《明史》，中华书局2000年版，第1541页。

过程，宏观而论，规律特点和逻辑脉络尚且有章可循；微观来看则杂乱无章、主观性与随意性明显，具体到个案处理更是多有随机臆断、前后不一的情形出现。"法自君出"的特点决定了国家的严格法制只能停留在理论框架的顶层设计层面，具体到个案时往往干扰因素甚多，主观性增强，难有严格法制可言，这也是由人的本性决定的。人是充满情绪的，而这种情绪或性格只具有相对稳定性，只是在一定时段内具有大致相似性，生活中随机的一件小事就可能对人的情绪产生即时的波动效应，这一特点在洪武朝表现得尤为明显。研究朱元璋法律思想不能只停留在宏观抽象领域，而是应具体到个案分析，观察在个案处理中朱元璋法律思想的微妙变化。[1]

　　这种"法自君出、主观臆断"在许多案例中有所表现。例如，朱元璋一面反对用刑连坐，主张罪止其身，另一面在个案处理时却大肆株连。洪武十二年（1379年）四月，古北口千户擅自令八名士兵越境伐木，被贼人所害，有司认为按律当处死，卫指挥而下七人都应连坐，朱元璋则主张千户擅自坏法役使士兵致使殒命，应按律论处，其他人当予宽宥。这是朱元璋反对用刑连坐的案件。仅仅一年之后，即洪武十三年（1380年）的"胡惟庸案"却是大肆株连，绵延十余年而不止。此外，三年前的"空印案"同样波及甚广。这三个案件相距时间不长，均处在洪武前期，却有着截然相反的处理方式。可见，在个案处断中法律制度和思想常常要为政治因素和君主好恶让步，主观性超越了律令规则，司法的偶然性增加。还有关于君主本人遵纪守法问题，朱元璋一边标榜自己以身作则、带头垂范；另一面又主张皇帝是守法例外，可以超越法律之上，公然法外用刑，

---

〔1〕　张仁善："论传统中国的'性情司法'及其实际效应"，载《法学家》2008年第6期。

无视法律程序,《大诰》中的死罪和酷刑很多都出自法典之外。[1]再有,朱元璋虽然对普通百姓充满同情和怜悯,多次强调要对广大百姓实行"轻罚宽政",却也时常凭借一时好恶或主观意愿对百姓施以重刑。据《万历野获编》记述,朱元璋于洪武二十二年(1389年)颁布圣谕:学唱曲的割去舌头,下棋的剁掉手指,踢球的砍去双脚。[2]只是从事这些普通活动便要受到如此严厉的惩罚,可知在总体法制原则下,在处理具体问题和案件时,主观臆断色彩依然十分浓厚。相较于先前帝王,朱元璋的这一思想特点尤为明显。例如,唐太宗曾指出立法必须公平,应当"以天下为公,无私于物",不能以个人好恶代替法律,立法须简约稳定,不可数变。同时,"明正赏罚,一断于律",太宗自己带头守法,忍小忿而存大信,很少干预司法,这些与朱元璋的思想做法有着明显差异。

五、削减特权、抬升"民权"、强化皇权

《礼记·曲礼上》有"礼不下庶人,刑不上大夫,刑人不在君侧"之说,[3]自古官贵与庶民在法律面前往往并不平等。周朝即有"八辟",唐代演化为"八议"。列入"八议"之人,排除"十恶"之外,流罪以下可减一等,死罪则视情况,由相关人员依其名位集议减刑,然后奏请君主裁决。此外,《唐律》还有"请、减、赎、当、免"之法,以此保证官贵拥有减免罪刑之特权。到了洪武年间,情形发生转变,在朱元璋制定的《大

---

〔1〕 吴晗:《朱元璋传:从乞丐到皇帝》,华东师范大学出版社2014年版,第154页。

〔2〕 "学唱的割了舌头,打双陆的断手,蹴园者斫脚。""打双陆"就是玩棋,"蹴园"就是踢球。(明)沈德符:《万历野获编》,中华书局2004年版。

〔3〕 王文锦译解:《礼记译解》,中华书局2016年版,第27页。

明律》中，官贵如若违法犯罪，除笞刑可听赎外，其余法律特权一律取消。允许听赎的笞刑也只是局限于触犯公罪，官员若犯私罪，则"笞四十以下，附过还职；五十，解现任别叙；杖六十，降一等；七十，降二等；八十，降三等；九十，降四等；俱解见任。流官安排在杂职内任用，杂职官员安排到偏远之地任用。杖一百者，罢职不叙。如果军官触犯私罪，应当处笞刑者，允许听赎，但应记过；杖罪，解现任，降等叙用；应予罢职且不再任用者，降为总旗官；应处徒刑和流刑者，根据距离远近，发配到各卫所充军"。〔1〕对于"八议"范围内获罪者，必须上报皇帝决定，禁止官员擅自判处。至此，延续上千年的官贵法律特权被几乎取消。

与此同时，庶民百姓的权力地位却得到了一定程度的提升。《大明律》规定：严禁普通百姓拥有奴婢，严禁官贵阉割仆役和使用"火者"（受阉的仆役），严禁将走失或逃亡子女变卖为奴，严禁任意迫使平民为奴；公卿使用奴仆不许超过二十人，二品官不许超十人，三品官不许超八人。宋元时期，地主和佃户之间的法律地位差别很大。到洪武朝，朱元璋以法律形式将主佃之间的仆主关系提升为少长关系，佃户见田主，"行以少事长之礼"。《乡饮酒礼》规定：不论地主还是佃户，一律以年龄大小论座，年长者居上席，年轻者居下席。《大明律·私役民夫抬轿》规定：各级衙门官吏和办事人员擅自使用百姓抬轿的，处杖刑六十次。有司应付者，减一等。如果是富裕大户，指使佃户抬轿的，论罪同上。每位抬轿人每天补齐六十文工钱。〔2〕

---

〔1〕　转引自周启元：《朱元璋正传》，中国文史出版社2014年版，第323页。

〔2〕　"凡各衙门官吏及出使人员，役使人民抬轿者，杖六十。有司应付者，减一等。若豪富之家，役使佃客抬轿者，罪亦如之。每名计一日，追给雇工钱六十文。"

这些律文规定都大大维护了普通庶民的人格尊严,极大地提升了他们的社会地位。

朱元璋对于贪官腐吏的处罚较以往历朝严厉很多,《大明律》对贪污受贿的处罚有着严苛细致之规定。甚至于官吏公车私用,附载私人物品超过规定限额也要论刑。[1]此外,对于所有腐败案件,朱元璋均严格予以追查,坚决不放过一个"害民之奸"。如此刨根问底的惩治办法使得许多案件牵连广泛,动辄成百上千人受到株连。惩贪之外,增强君主对司法权的掌控成为洪武朝法律思想变化的又一特点。作为专制君主,朱元璋已然拥有至高无上的权力,然而他依旧越俎代庖,时常亲自审问一些州县负责的普通案件。《大明律》明确规定:各级地方官府只能审判徒和流以下讼案,所有死刑要案均须经过监察御史或按察司审核,然后将审核意见送呈朝廷,由刑部、大理寺和都察院作出判决,最后上报皇帝批准。如此一来,司法裁判权就被牢牢掌握在皇帝手中。强化皇权还体现在对威胁朱明王朝安宁的盗窃和强盗犯罪均予以严肃打击。《大明律》规定:凡是已经实施强盗行为却没有得到财物者,均杖一百,流三千里;如果抢到了财物,则不分首从,一律处以斩首。触犯盗窃罪达到三次以上者,均处以绞刑。[2]

---

[1] 例如,"凡官吏受财者,计赃科断;受财枉法者,一贯以下杖七十,每五贯加一等,至八十贯,处绞刑;受财不枉法者,一贯以下杖六十,每十贯加一等,至一百二十贯,罪止杖一百,流三千里。"《大明律》规定:"官吏因公乘官畜者,除随身衣杖外,私驮物不得过十斤,违者五斤笞一十,每十斤加一等,罪止杖六十;因公乘官车、官船者,私载物不得过三十斤,违者十斤笞一十,每二十斤加一等,罪止杖七十",转引自周启元:《朱元璋正传》,中国文史出版社2014年版,第324~325页。

[2] 周启元:《朱元璋正传》,中国文史出版社2014年版,第324~325页。

第三节 各阶段朱元璋法律思想异同原因分析

各个阶段朱元璋法律思想有相同也有不同，动中有静、静中有动。然而，无论是相同还是不同，其背后总是受到一系列深层次因素的影响和干预，正是这些原因决定了其法律思想的变换与走向。

一、"乱国重典、新国轻典"之扬弃

不同时期朱元璋法律思想的异同发展是"刑乱国用重典、刑新国用轻典"思想扬弃变化的自然结果。明朝初创，残元势力和地方反叛尚存，社会正处于由乱而治的转换阶段，新王朝的新秩序正在构建和维护。同时，新朝甫定，百废待兴，经济薄弱，百姓生存困顿，亟须休养生息。这就意味着洪武年间"乱国"和"新国"并存共融，决定了洪武朝法律轻重结合、宽严相济的时代特色。因此，在不同阶段，朱元璋的轻重思想此消彼长、反复变化，综合兼顾"乱国"和"新国"的平衡，同时将传统"世轻世重"观念演进为根据对象和时段的不同而取舍轻重之方式。例如，他对待贪官污吏的一贯严厉，对于基层百姓的同情怜悯，立国前和立国初期以"新国轻典"为主、"乱国重典"为辅，洪武中期变为"乱国重典"为主、"新国轻典"为辅，到了洪武后期又开始转向轻典为主。"乱国重典、新国轻典"思想的扬弃权衡对各阶段朱元璋法律思想的变化影响甚大。除了轻典与重典本身外，对"明刑弼教"和"特务司法机构"的变化也有着直接影响。比如，"明刑弼教"思想盛行的主要原因之一就是适应洪武中期"重典治国"的现实需要，同时又要与儒家礼教思想保持统一衔接，而这正是"乱国重典"

思想影响的直接后果。再如，洪武中前期"乱国重典"倾向日渐明显，锦衣卫呈现上升发展态势，权势地位如日中天，而洪武中后期"乱国重典"式微，锦衣卫也越发不受待见，到最后被夺职削权、焚毁刑具。"乱国重典、新国轻典"思想的扬弃对锦衣卫兴衰之影响显而易见。

二、"儒法结合、礼刑交融"

"儒法结合、礼刑交融"既是朱元璋法律思想相同的原因，也是不同的原因。明朝旨在恢复传承汉唐宋文化，而唐宋律令均为礼法结合之典范，在中国法律史上有重要影响。《唐律疏议·名例》曰："德礼为政教之本，刑罚为政教之用，犹昏晓、阳秋相须而成者也。"[1]《汉书·陈宠传》亦言："礼之所去，刑之所取，出礼则入刑，相为表里。"[2]《大明律》受其影响之深显而易见，展现出了"一准乎礼"和"一断于律"并存之特点。正所谓"明礼以导民，定律以绳顽"。贞观年间，唐太宗吸取隋朝教训，尤其是隋文帝晚年"持法尤峻，喜怒不常，过于杀戮"和隋炀帝"益肆淫刑"，主张借鉴汉代礼刑结合经验，奉行"为国之道，必须抚之以仁义，示之以威信"，既制礼，又立刑，将教化与刑罚结合起来。

因此，无论形势如何变幻，礼法结合的核心理念始终不能松懈，这是传承历代正统法律思想的必然要求。所以说，不论是相同点中的"取古善法、维护皇权""尊卑有序、礼法结合""宣传教化、廉政守法"，还是不同点中的"轻典与重典的选择与转变""'明刑弼教'思想的发展""对待特务司法机构的态度"等都是贯彻"儒法结合、礼刑交融"思想的必然结果。同

---

〔1〕 岳纯之点校：《唐律疏议》，上海古籍出版社 2013 年版，第 3 页。
〔2〕 （东汉）班固撰：《汉书·陈宠传》，（唐）颜师古注，中华书局 1962 年版。

时，在长期的坚守和贯彻中，又需要结合时势变幻进行调整丰富，演进出"明刑弼教""轻轻重重""政教风化"等时代内容，造就出"动中有静、静中有动"的变化态势和"政以体化、教以效化、民以风化"的治理格局。从前期的"德主刑辅"至中后期的"明刑弼教"，从早期的"轻罚仁政、严惩贪腐"至中后期的"重典下的温情伦常"，都是在维护礼法结合基础上不断进行的修正完善，使得主体法律思想能够一脉相承、与时俱进、推陈出新。

三、个人经历和主观性格

性格源自生活实践，形成后具有相对稳定性；性格也具有可塑性，随着周遭环境的变化而发生一定的改变。与彰显生物属性的气质不同，性格拥有更多的道德文化意义，反映了个人的精神风貌与社会属性。人和人之间人格差异之本质就是性格的不同。朱元璋的个人经历和性格直接影响着洪武年间法律思想的转变路径。作为大明王朝的缔造者，集各项大权于一身，明初法制由他一手亲创，直接彰显了他的法律思想和经历性格。朱元璋一生由极低而至尊的传奇巨变造就了他深厚的阅历和敏锐的洞察力，也使得他机巧多变、猜疑无常，善于因时因势，多维创制和调整法律，特别是在轻重、刑教和简繁关系方面，各有侧重、辩证二重地创制法律。

轻重方面，早年的贫苦经历和多疑的性格使他对基层社会、地主官僚和世态炎凉有着深刻的认识，他憎恶地主豪顽和奸恶官吏，对劳苦大众有着天然的同情心。他知道宗教组织和农民起事的巨大力量，了解礼法教化的积极意义，这些都对其日后法律思想产生着潜移默化的影响。他对官吏立法处刑多加重苛责，而对普通百姓又多悲悯同情，形成了"重典治吏""轻轻重重"和"明刑弼教"等思想，并随着时间的推移而有所侧重、取舍。刑教方面，他机巧多变、审时度势的性格使他能不拘泥于成法和固见，依据时势变化来及时协调刑教关系，适时运用"德主刑辅""明刑弼教"等理念为刑教关系提供学理依据和实践指导。洪武后期时，长期的重刑高压国策已然收效甚微，朱元璋迅即抑刑重教，并以模范表彰、榜样奖励的方式来推行教化。洪武二十六年（1393 年）九月，特令嘉奖河南按察司佥事王平和书吏高源"笃诚守己、务公福民、声色不动"。简繁方面，早年经历让他认识到元代法令繁复冗杂，官吏舞弊为奸；猜疑的性格让他对官吏缺乏信任，必须要严管重治。如此，律令简繁成了困扰朱元璋的问题之一，虽然他屡次强调"法贵简严"，不给官吏作奸犯科的机会，但实际上随着时间的推移，为了有效地规制官民和纷繁复杂的社会矛盾，律令诰例日益繁多，法令简洁难以继续贯彻，最后形成表面上体系结构简洁明了，而实际条目内容却愈益繁密的矛盾情况，这种对立共生的矛盾情况伴随着明初法制的发展演变。

朱元璋法律思想的异同变化还涉及一个重要因素，即朱元璋性格之转变。参照前文所述，登基前至洪武中后期，朱元璋的脾气秉性有较大改变。称帝前，待人宽容大度、平易近人。战争年代，他招贤纳士、体恤将士、爱护百姓，每次获得战利品总是分发众将士，从不据为己有。洪武中后期开始，他的猜疑多变、刚愎自用性格越发严重起来，这也直接导致他对法律问题的看法日趋极端化，用刑冷酷任性，令人敬而远之。有学者认为，朱元璋原本就是冷酷猜疑之人，只是早期为了大局能够较好地掩饰压抑，而后随着年龄增长和地位巩固，逐渐暴露出原有性格。但无论如何，他一生中性格表现的变化与法律思想表现出趋同的特点，这不能说只是巧合。此外，朱元璋对于官贵特权的削减和百姓地位的提升也离不开他童年的艰苦经历，使他对官民关系尤为敏感。而在对外关系上的封闭保守在某种程度上同样与他早年的环境和教育息息相关。

四、历史教训与现实需要

元朝的腐朽和败亡不远，严酷的现实时刻提醒着新政权统治者怎样引以为戒，以免重蹈覆辙。这就要求新统治者们认真思考和协调历史与现实、君主与官吏、官贵与百姓、中央与地方等诸多关系，如何用法律手段来权衡规制，而法律思想的调整和试错正是汲取元朝教训，寻求合理模式的努力和尝试。除了历史教训外，纵观朱元璋法律思想的演变过程，我们可以看出其法律思想总是不断适应现实形势和统治需要的。他的法律思想并非一味重刑，轻刑也不是标榜和美化，他既有重典特色，也有轻刑的一面，根据不同事件、对象和时势而顺应变化、各有侧重、重重轻轻、轻重相融，构建出他辩证而客观的法律轻重观。对于他的法律思想要因时因地全面观之，否则便容易产生误读和迷惑。[1]官吏的贪腐弄权腐蚀着王朝根基，百姓的困顿潦倒受不住一丝压迫，这就要求朱元璋统治集团推行剿抚并举的法律思想，如此方能脱困立新。对于白莲教、红巾军和元朝的态度同样随着身份地位和现实形势的发展而不断调整。这一点，从他针对降元政策的反复矛盾中便可窥见端倪。"明刑弼教"同样如此，洪武初期用刑不甚严苛，"德主刑辅"尚可适用。随着政治形势转变，"重典治国"日渐加强，传统"德主刑辅"思想已经不能适应形势和统治需要。于是，为了标榜德礼教化和为法外用刑提供理论依据，"明刑弼教"被适时提出，取代了"德主刑辅"的原有地位，成为洪武中期以后的主导法律

---

[1]　肖建新："明初法律的二重构建——兼论朱元璋的法律思想"，载《法学杂志》2010年第7期。

思想之一。不仅政治领域，经济领域亦然。明朝建立前，为了最大限度地发展经济、增加财富及弥补农业产生之不足，朱元璋在法律上是允许和支持采矿业发展的。然而建国以后，战时经济政策已然不复存在，国家长治久安成为重中之重，而采矿业影响粮棉业发展，容易侵害百姓利益，因此朱元璋适时发布法令限制和禁止采矿业发展，以便更好地保护第一产业，维护社会的稳定安宁。由此可见，朱元璋法律思想的发展变换从来都不是随心所欲的，而是适应现实形势需要的产物，其根本目的在于赢得民心，取得广大百姓的支持，调和各派利益，从而保证国家的安宁和谐和朱明皇朝的长久稳固。

五、周边人物不同时期的影响

任何人都不是孤立存在的，帝王同样如此，贤明睿智的君主都善于博采众长、兼听群言，然后作出自己的独立判断。因此帝王身边的重要人物对其思想产生的不同影响不容忽视。以马皇后为例，她对朱元璋思想的影响可谓至深至大，也是朱元璋一生最为亲近信赖的人。

洪武十五年（1382年），皇后马氏崩。《皇明通纪》中就马皇后生平有一段真诚公允的评价："后性恭俭……上以威武治天下，后常济之以宽厚。上每前殿决事，后必潜听之。如闻上或震怒，回宫必询今日处何事，怒何人，因泣谏曰：'上位已有众子，正好积德。不可纵怒，致杀死者冤枉。活人性命，乃子孙之福，国祚亦长久。'上从之，决事多从律。"[1]马皇后平日还

---

[1]《皇明通纪》中对马皇后生平有一段真诚公允的评价："后性恭俭，既贵，服浣濯之衣，衾裯虽弊不忍易。每制衣裳，余帛缉为巾褥。织工治丝，有荒颣弃遗者，亦缉而织之，以赐诸王妃、公主。谓曰'生长富贵，当知蚕桑之不易，当为天地惜物也。'后初未有子，抚育上兄子文正，姊子李文忠及沐英等数人，爱如己出。

时常劝告朱元璋不要以一时喜怒来赏功罚罪，消极赈灾不如多存粮食，得宝货不如得贤才。又说道："骄纵生于奢侈，危亡起于细微。"[1]法律频繁更改必然易生祸端，百姓不胜其扰必当困顿难耐，最终酿成大的动乱。

在许多具体案件中，马皇后的意见都对朱元璋处断量刑产生了直接影响。例如，朱文正在江西胡作非为、荒淫无度，朱元璋本想将其抓捕治罪，马皇后劝谏说文正多有战功、智勇刚毅且乃骨肉亲侄，纵使有罪也当予以宽宥，朱元璋听从建议，宽宥其罪。后来朱文正再度口出狂言，朱元璋准备将其废黜，马皇后又一次劝谏豁免。湖州人沈万三家财万贯、富甲天下，犯事后朱元璋打算将其诛杀。马皇后劝谏说：沈万三虽然家财万贯，但并未做什么严重违法之事，为何仅是怀疑就要诛杀他呢？[2]经马皇后一力劝说，朱元璋最终免去他的死罪，改为流放西南。

马皇后病重，却坚持不肯服药。她说：生死有命，就是扁鹊在世又有何用？倘若臣妾吃药后不见好转，陛下定会因为臣妾的缘故而诛杀太医，臣妾不忍心他们无罪而遭受刑杀。[3]朱

（接上页）及太子、诸王生，恩无替焉。接妃嫔以下，有恩被宠。顾有子者，待之加厚。太子、诸王虽爱之甚笃，勉令务学，谆切督至。诸王有以衣服、器皿相尚者，必切责之。上以威武治天下，后常济之以宽厚。上每前殿决事，后必潜听之。如闻上或震怒，回宫必询今日处何事，怒何人，因泣谏曰：'上位已有众子，正好积德。不可纵怒，致杀死者冤枉。活人性命，乃子孙之福，国祚亦长久。'上从之，决事多从律。"（明）陈建：《皇明通纪》（上），钱茂伟点校，中华书局 2008 年版，第 235 页。

〔1〕 吴晗：《朱元璋传：从乞丐到皇帝》，华东师范大学出版社 2014 年版，第 168 页。

〔2〕（明）陈建：《皇明通纪》（上），钱茂伟点校，中华书局 2008 年版，第 235 页。

〔3〕 "死生有命，虽扁鹊何益！使吾服药而不瘳，陛下宁不以爱妾之故而杀此诸医乎？妾不忍其无罪而就死地也。"参见（明）陈建：《皇明通纪》（上），钱茂伟点校，中华书局 2008 年版，第 235 页。

元璋答应即使治疗不成，也会宽宥太医，她仍不放心，最终没有服药，年五十一而崩。朱元璋悲痛万分，终身不再册立皇后，是年九月，将马皇后葬在钟山孝陵，谥号"孝慈皇后"。义子沐英镇守云南，知此噩耗，泣血痛哭，宫人们追念她的慈爱，作歌追颂曰："我后圣慈，化行家邦。抚我育我，怀德难忘！怀德难忘，于斯万年。愍彼下泉，悠悠苍天。"[1]

马皇后的仁爱宽厚令人无限感佩，对于朱元璋思想产生了潜移默化的影响。马皇后离世前的洪武前期朱元璋虽然强调"法贵简严"，但法律思想总体较为中道平允，其中离不开马皇后的建议和影响。洪武中期马皇后去世后，朱元璋法律思想日趋严厉，直到洪武后期才有所趋缓。正如嘉靖朝陈建所言："自三代而下，创业兴王之后，未有如我高皇后之贤圣者，故备著之。"

除马皇后外，主要大臣的影响同样不可小觑，例如刘基。刘基为一代名臣，法律思想深厚广博，对朱元璋和明初法制影响巨大。他在《感时述事十首》组诗中深刻揭露了元朝败亡的原因：机构杂乱、人浮于事、贪腐成行、滥发纸币、税赋繁重、盐禁太甚等。这些经验教训无一不成为明代统治者深以为戒的重点内容，后来《大明律》据此制订了税法、钱法、盐法和茶法等。平定江南之初，刘基提出"立法定制"的主张，得到了朱元璋的肯定，直接推动了明初律令的快速颁行。开国后，朱元璋"严肃法纪、强化镇压"的思想同样深受刘基影响。早在投奔朱元璋前，刘基就认为元末大乱的根源之一就是纲纪不振、法令废弛。所以他提出："虞刑论小故，夏誓殄渠魁。好生虽大德，纵恶非圣裁。官吏逞贪婪，树怨结祸胎。法当究其源，剪

〔1〕 吴晗：《朱元璋传：从乞丐到皇帝》，华东师范大学出版社2014年版，第168页。

锄去根荄。"〔1〕建国后担任御史中丞的他，更是向朱元璋谏言道："宋、元以来，宽纵日久，当使纪纲振肃，而后惠政可施也。"〔2〕朱元璋积极采纳。刘基的法律思想不仅对朱元璋和明初社会影响深远，对明清两朝五百余年同样如此。明正德九年（1514年），明武宗加赠刘基"太师"称号，谥曰"文成"，赞誉他"渡江策士无双，开国文臣第一"。

第四节　朱元璋法律思想及其发展变化的影响

朱元璋是中国历史上的传奇帝王，他的传奇不仅在于开创和奠定了延续 276 年的朱明王朝，还有他那奇幻的经历、品质和思想。当然，历史上关于朱元璋的评论不绝于耳，褒贬各异。很多人对朱元璋的严刑峻法和政策措施颇有微词。如《传信录》记述：洪武年间法度严密、善恶分明，即便是小过也可能受诛，有些人为了避免做官，假装愚昧不识字，还有的人冒充已经死亡来逃避为官，当时气象之严密可想而知。又如陆容的《菽园杂记》〔3〕所云：洪武年间读书人当官，整日担惊受怕、不辞辛劳，为国家尽心尽力，偶有小错就要被充军甚至杀戮，为官一生能得善终之人十分之二三而已。〔4〕

社会存在决定社会意识，社会意识是社会存在的反映。法

---

〔1〕（明）刘基：《感时述事十首》，转引自吕立汉、凌硕为："论刘基法治思想与实践的深远影响和现代传承"，载《丽水学院学报》2015 年第 4 期。

〔2〕转引自吕立汉、凌硕为："论刘基法治思想与实践的深远影响和现代传承"，载《丽水学院学报》2015 年第 4 期。

〔3〕（明）陆容撰：《菽园杂记》，佚之点校，中华书局 1985 年版。

〔4〕"洪武间秀才做官，吃多少辛苦，多少惊怕。与朝廷出多少心力，到头来小有过犯，轻则充军，重则刑戮，善终者十二三耳。"（明）陈建：《皇明通纪》（上），钱茂伟点校，中华书局 2008 年版，第 305 页。

律思想作为社会意识的从属部分，自然源出社会存在和实践活动。但社会意识对社会存在拥有能动之反作用，在特定历史背景下，法律思想对社会存在和生产实践的反作用尤为突出和明显，极大地影响和支配着法律发展与实践的开展与运行。在明初洪武年间，这一趋势格外显著。朱元璋作为大明的开国之君，他的法律思想及其发展变化对明朝前期乃至明清两朝的法律实践都具有重大意义和深远影响。

一、积极影响

经过元朝中后期的混乱与崩坏，明朝初年社会形势风云变幻，地主内部、地主和农民、地主和皇权，各类矛盾此起彼伏、尖锐繁杂。身为开国之君，朱元璋责任重大，整肃秩序、立法定制成为他的当务之急。面对时势人心，朱元璋杀伐果敢、铁血统治，诸多法令措施因严酷极端而饱受诟病。然而，从另一方面看，朱元璋积极采纳儒法两家的积极成果，倡导法律应简要严明、德教为重、礼刑并用。他的思想和举措在当时特定的历史条件下确实具有很大的必要性与合理性，对于稳固明初的政治形势，整肃社会风气，澄清官僚队伍乃至经济文化的恢复发展均有不可磨灭的积极贡献。洪武年间，朱元璋先后创制了《大明律》《大明令》《大诰》《教民榜文》《问刑条例》及《明会典（初编）》等。这些均是明代核心的基干立法，由此可称"一代法始定"。明代法律几乎可与唐律相媲美，集古代社会中后期律法之大成，在中国法律史上地位显赫。[1]据《明史·列传·第一六九·循吏》记载："太祖惩元季吏治纵弛，民生凋敝，重绳贪吏，置之严典……一时守令畏法，洁己爱民，以当

---

[1] 肖建新："明初法律的二重构建——兼论朱元璋的法律思想"，载《法学杂志》2010年第7期。

上指，吏治焕然丕变矣。下逮仁、宣，抚循休息，民人安乐，吏治澄清者百余年。英、武之际，内外多故，而民心无土崩瓦解之虞者，亦由吏鲜贪残，故祸乱易弭也。"〔1〕经过朱元璋几十年的大力整治，明朝政风民风为之一新，政治经济稳定向好，百姓安居乐业，国力日臻强盛，直至英宗、武宗时期仍受恩惠，为"仁宣之治"的出现奠定了基础。可以说，朱元璋法律思想对于明初社会发展的积极意义毋庸置疑，顺应时势、契合民心，总体上是值得肯定的。

　　具体而论，朱元璋法律思想的积极影响可谓不计其数。例如，他的"明刑弼教"思想虽然与传统"德主刑辅"大同小异，但仍有一定的发展意义，相较而言内涵进一步丰富。在充分发挥政刑惩恶与德教劝善作用的同时，将刑罚寓于教化之中，在刑罚实施过程中达到警示教育他人之功效，使得严刑峻法为礼教服务，成为实现教化的手段和工具，两者相互融通、互为表里。正如朱元璋所言：古人创制刑罚用以预防犯罪、守护良善，因此尧舜仅以绘画和改易服饰来象征杀戮，却鲜有百姓触犯刑宪。秦代律令森严、刑罚严苛，却是囚徒满地、天下怨恨。从未听说单纯依靠法家思想能够达成尧舜治世的。〔2〕这里并非

<hr/>

〔1〕《明史》记载："太祖惩元季吏治纵弛，民生凋敝，重绳贪吏，置之严典。府州县吏来朝，陛辞，谕曰：'天下新定，百姓财力俱困，如鸟初飞，木初植，勿拔其羽，勿撼其根。然惟廉者能约己而爱人，贪者必剥人以肥己，尔等戒之。'洪武五年，下诏有司考课，首学校、农桑诸实政。日照知县马亮善督运，无课农兴士效，立命黜之。一时守令畏法，洁己爱民，以当上指，吏治焕然丕变矣。下逮仁、宣，抚循休息，民人安乐，吏治澄清者百余年。英、武之际，内外多故，而民心无土崩瓦解之虞者，亦由吏鲜贪残，故祸乱易弭也。"（清）张廷玉等撰：《明史》，中华书局2000年版，第4804页。

〔2〕"古人制刑以防恶卫善，故唐、虞画衣冠、异章服以为戮，而民不犯。秦有凿颠抽胁之刑、参夷之诛，而囹圄成市，天下怨叛。未闻用商、韩之法，可致尧、舜之治也。"（清）张廷玉等撰：《明史》，中华书局2000年版，第1541页。

"反对商、韩之法",而是强调刑罚与教化要相互协调配合,惩恶是为了教导向善,过分运用刑罚是难以至善的。将重典惩办与伦理教化结合起来,还能拉近两者的距离,使得严刑峻法披上温情外衣,更容易为民众所接受,共同达至"上下相安、天地清宁"的"尧舜之治"。"明刑弼教"作为朱元璋重要的法律思想和治国理论,由于同明代高度专制集权政治体制相适应,有利于统治者灵活调整策略,强化对臣民的镇压和管控,所以被后嗣君主和权臣们奉为立法和司法活动的基本原则,继而对有明一代乃至于清代法制的建构与完善具有显著影响。[1]

再如,朱元璋的基层法律思想同样意义非凡,契合乡里社会的形势与特点。乡土社会的属性决定了乡民的宗族意识远超于国家意识,乡民对国家法的认识远不及对民俗习惯和宗法伦常的熟悉。官方行政体系通常只到县级,而地方官最为关心的是赋税钱粮的征缴和威胁社会稳定的重大案件,至于县以下的广大基层社会则多交由乡里宗族自主管理。乡里社会的基本属性使得朱元璋依此构建了里老人理讼制度,并以《教民榜文》的法律形式予以具体体现。里老人理讼制度准确来说不仅仅是一个乡里审判制度,更是德礼教化和律令刑罚相济配合、官方司法和基层自治相辅相成的自治审判模式之体现。这一制度契合明初统治者"以良民治民"的治国理念,获得官方的大力支持,同时里老人诚信正派的道德品行深孚众望,共同为该制度的构建发展提供了保障。[2]

评析里老人理讼制度的意义不能只从现代眼光出发,而是

---

〔1〕 杨一凡:"明大诰与朱元璋的明刑弼教思想",载《烟台大学学报(哲学社会科学版)》1989 年第 1 期。

〔2〕 韩秀桃:"《教民榜文》所见明初基层里老人理讼制度",载《法学研究》2000 年第 3 期。

应结合当时的时势背景来综合分析。以现代理念观察六百年前的里老人理讼制度，缺陷与问题显而易见：首先，里老人裁断多是依据道理经验和里老人的贤能而不依法令；其次，裁判的最终追求不是实现公平正义和合法权益，而是为了平争止讼、稳定和谐；最后，提倡隐忍无讼，不论裁决好坏皆不得向上陈告，除非万不得已，否则尽量避免参与诉讼。[1]但是如果从明初的总体环境来看，该制度的积极意义则更为凸显，对那时的普通村民而言，或许是一种礼教上的解放。在封建司法体系中，户婚田土等琐碎案件告官成本太高，甚至会身陷囹圄，若是通过里老人来处理，对于普通村民来说更为轻松便捷。相比于陌生的国法和高深的衙门，里老人审理的熟悉环境能够让村民们较为自然地陈诉曲直，而里老人大多贤明通达，善于融情理习惯、家法族规和国家律令为一体，综合考量裁决。这就为村民们提供了公正与权益的保障。[2]

朱元璋的这一基层司法思想对乡里社会产生了深远影响，虽然后来由于社会环境的变化，实践运行中未能完全依照原定内容施行，但仍然取得了部分积极成效。正如日本学者中岛乐章所言：虽说里老人理讼制度并没有获得严格执行，但在明代中前期的徽州地区确实起到了相当之作用。[3]里老人理讼制度不仅契合统治者借机宣教正统思想之意旨，还能够与乡民们的生产生活密切关联，具备了实践推行的社会基础。囿于实证史料有限，里老人理讼制度的运行实态和效果未能得到完全确证，

---

〔1〕　张仁善："传统'息讼'宣教的现代性启迪"，载《河南财经政法大学学报》2015年第5期。

〔2〕　韩秀桃："《教民榜文》所见明初基层里老人理讼制度"，载《法学研究》2000年第3期。

〔3〕　周绍泉、赵华富主编：《95国际徽学学术讨论会论文集》，安徽大学出版社1997年版，第175页。

但通过对徽州法律文书的梳理可窥见一二。近年来，在中日两国学者的努力下，学界收集了明代中后期一百余年间的 25 件契约文书，其中很多都是由里老人主持或参与完成的。[1]由此说明，在基层民事纠纷裁决中里老人一直扮演着重要的调纷角色，对平争止讼发挥了显著功用。虽然明朝中叶以后，里老人理讼的权威和作用已然式微，裁断纷争日益艰难，百姓更倾向于将户婚田土等细故纠纷向官府投告，但里老人理讼制的影响一直波及明朝中后期，并对后世影响深远。[2]

朱元璋一生留下了很多历史遗产，拥有很多积极有益的闪光点，所谓"文致太平、武定祸乱"。他得位最正，从社会最底层起家开创伟业，结束了元末战乱，首次由南而北统一中国，重新建立起强大的国家机器；劝科农桑、兴办水利，使得经济生产重新得到复兴；稳固边防，推行和平外交政策，亲定"不征之国"；兴办学校、崇文重教，开"天下普设学校"之始，文教事业较前代有重大发展。此外，尤为珍贵的一点是他始终对农民和穷苦人有一种朴素的感情。据记载，一日朱元璋由钟山归来，步行良久，感慨地对侍臣说：我许久未经农事，方见农民顶着酷暑耕地，倍感同情，不觉徒步了这么远，农业为国家之本，国家所需均出自农业，农民如此辛劳，为官者不应该多

---

[1] "日本学者收集了宣德二年（1427 年）到嘉靖元年（1522 年）近 100 年间 20 件民间契约，在这 20 件民事纠纷中，有 14 件是在里老人主持下调处解决，5 件是众议和解（类似《教民榜文》的'群裁制'），1 件是由宗族内族长调处解决。"[日] 中岛乐章："明代前半期里甲制下的纷争处理"，载《东洋学报》1995 年第 3~4 期。"国内学者则收集了嘉靖元年（1522 年）到万历十年（1582 年）60 年间的 5 件诉讼文书、契约和县衙贴文，其中 2 件由劝谕老人直接裁断署押，3 件由县衙委派里老人勘查审实后裁断。"周绍泉："徽州文书所见明末清初的粮长、里长和老人"，载《中国史研究》1998 年第 1 期。

[2] 柏桦："榜谕与榜示——明代榜文的法律效力"，载《学术评论》2012 年第 2 期。

想想他们的辛苦吗？因为对农民和穷人的痛苦感同身受，所以在历代帝王中，朱元璋能够感念物艰，个人享乐尤为俭朴。洪武六年（1373年）十一月，潞州进献人参。朱元璋说：人参珍贵难得，以往金华府和太原府欲贡献香米和葡萄酒，朕都没有同意，朝廷之要务在于奉养人民，岂能因贪恋饮食而劳烦百姓呢？同时他非常憎恶官吏上下其手、欺压百姓，在他"重典治吏"措施里融入了如借助人民力量监管和处置奸宄的良好愿望。[1]

　　那么，朱元璋到底是促进还是阻碍了历史前进呢？吴晗先生在《朱元璋传》中是这么认为的：朱元璋既有功劳也有缺点，相比而言，功劳还是大于过错的。总体上促进了明初社会发展，是应予肯定的。孟森在《明史讲义》中提出：纵观历史，元代最无纲纪，有得天下之能，却少治天下之策，始终缺乏长久稳固的制度，元代兵力虽盛，也只是一时之勇，没有长久有效的养兵练兵之法，其他刑罚、食货之法更是稀疏淡薄。明朝创立于元末乱世，典章制度历经上百年修正完善方才系统完备，其地位堪与汉唐媲美。唐代创制的典章制度，宋代秉承弘扬而未能轻易超越；明代建构的规范制度，清代学习继承而不敢有所差池，最终均得享国数百年之久。[2]当然，亦有学者持反对态度，认为朱元璋固然有一些善政，也有相当成绩，但发挥的大多是局部而暂时的作用，其"缺点"和负面影响却是长久而深远的，诸如海禁封闭、阻碍工商业、思想文化专制等。[3]

---

〔1〕　参见黄波：《最可惜一片江山：传统政治文化中的朱元璋》，东方出版社2017年版，第238~240页。

〔2〕　"明代承法纪荡然之后，损益百代，以定有国之规，足以汉唐相配。唐所定制，宋承之不敢逾越；明所定制，清承之不敢过差，遂各得数百年。"孟森：《明史讲义》，吉林出版集团股份有限公司2016年版，第30页。

〔3〕　张成付编著：《朱元璋时代》，哈尔滨出版社2008年版，第254页。

二、消极影响

朱元璋法律思想的主流是积极的，而消极内容同样不可忽视。

第一，过分强化"重典治吏"思想使得各级官员整日提心吊胆、压抑不安、得过且过、无心政事。同时，大规模地打击清洗官僚队伍使各级官吏任免频繁不定，国家机构始终处在变动调整之中，影响了官员职能的充分行使和部门机构的正常运转，国家官僚体系混乱失序，直接扰乱了政治稳定和经济文化发展。据记载，明朝建国以来，两浙、两广、江西和福建的各级官员大多犯贪腐被杀，能够任期届满的很少，才华显赫之士，多年来有幸能活下来的不足百分之一二。清代史学家赵翼在《二十二史札记》中说：太祖借鉴元代法纪废弛之弊，以重典治吏，官吏稍有过失就严刑捶打。京官每天早晨入朝时都要与妻子儿女诀别，到晚上能平安回家，则庆祝自己又多活了一天。

第二，对官员的肆意责罚杀戮让这些斯文清高的文人士大夫颜面扫地、毫无尊严，精神与人格遭受极大侮辱，埋下了君臣之间貌合神离与矛盾对立的种子。"士可杀不可辱"，有着天然恨官情结的朱元璋似乎并不顾及这一点，他最常用的"廷杖"足以说明。"廷杖"在中国历史上只是一种偶尔使用的刑罚，而至洪武年间却成为朱元璋惩治官员的惯用手段。皇帝能随心所欲地将人杖死或伤残外，还能够极大地侮辱受罚者，在精神与肉体两个层面给受刑人带来重大创伤，这与中国传统"刑不上大夫"的宗旨相去甚远，成了"明代特有之酷政"。刘基曾对朱元璋说：古代公卿官贵获罪，往往请求在内室自杀，未曾有公开侮辱之事，这样方能保存大臣的体面。通常不对知识分子用刑，而这正是过去独特的磨砺名节、涵养志气之善法。朱元璋为什么这么喜欢用"廷杖"？有人认为这并非因为性格残暴，而是由他内心脆弱、极度自尊又自卑的矛盾心态所致，未能接受系统教育的平民皇帝就是想故意打压那些自命清高、自以为是的读书人。明代历史上大臣遭受廷杖，大多是因为劝谏。屡次劝谏让皇帝厌烦，于是就廷杖伺候。可总是有人不怕挨打，坚持劝谏，最后被廷杖者前赴后继，受传统"致君尧舜上，再使风俗淳"的责任感驱动，能被廷杖竟成为臣子们光荣的象征，这也是明代皇帝所没有想到的。[1]洪武年间，社会笼罩在各种酷刑的恐怖气氛之中，官员们随时都可能惨遭不测，人心惶惶、人人自危。有些人承受不住压力，宁可弃官为民，如此又触犯了朱元璋的忌讳，认为这是诽谤朝廷和不愿效力之举，是为"大不敬"，必须诛杀之。[2]在这种处境下，很多人痛不欲生、进退维谷，只好装疯卖傻，聊以度日，如御史袁凯、外戚郭德成等。在这样一个压抑的社会中，人们活得毫无自尊与气节，实在是一种无奈。人们并非不想自尊而体面地活着，只是残酷的社会没有给予这种可能。[3]朱元璋的恐怖做法遭到了诸多大臣的反对，有些人敢怒不敢言，有些人冒死谏言。早在洪武七年（1374年），刑部主事茹太素就曾上奏谏言，认为杀伐过多过重。[4]朱元璋不以为然，依旧如故，最后连太子朱标也难以隐忍，劝谏道：陛下杀戮官民过多，恐怕会有损和谐。更严重的是，朱元璋的这一做法为后世帝王继承效仿，如嘉靖皇帝曾一次就杖死十几名大臣，可见危害之巨。

〔1〕 参见黄波：《最可惜一片江山：传统政治文化中的朱元璋》，东方出版社2017年版，第90~91页。
〔2〕 转引自王世谊、丁守卫："朱元璋'重典治国'思想探析"，载《南京社会科学》2006年第6期。
〔3〕 葛春蕃："明代知识分子与士风"，载《书屋》2004年第2期。
〔4〕 （清）张廷玉等撰：《明史》，中华书局2000年版，第2648页。

第三，严苛的"重典治吏"和法外用刑思想违背了法律的谦抑性和适度性原则，破坏了法律的公平与正义，法制权威丧失殆尽。所谓"谦抑性原则"，是指"立法机关唯有在某项规则不可或缺且没有可替代刑罚的其他措施存在的情况下，才可以将某项违背法律规范的行为规定为犯罪"。洪武年间，法律朝令夕改、出口即法，国家法令在某种程度上成为朱元璋个人意志的体现，在《大明律》之外先后颁布"大诰四集"，用自己的命令圣旨和"判例法"对《大明律》予以解释丰富，即所谓"以诰破律"。同时，还效法唐宋以"例"决案。"例"就是君主针对个案裁判的旨令，所谓"律者万世之常法，例者一时之旨意"。[1]这种以诰、例破律断案的做法影响极大，明代后世帝王屡试不爽、沿袭相传，使得审判中的自由裁量权被肆意扩大、滥用，上下官吏徇私枉法，冤假错案频发，危害深远。明成化元年（1465年），辽东巡抚滕照上书道：《大明律》是不可变易的国家定法，然而在审判武臣时却用例而不用律，如此武臣更为放纵跋扈，奏请今后一律按《大明律》决断。[2]此外，严刑酷法、法外用刑也对明代法制造成了极大破坏，仅《大诰》中所列酷刑就有刺字、枭首、夷族等，凌迟刑和大量肉刑在洪武年间均得以恢复适用，严重阻碍了明初法制的文明和进步。[3]

第四，彰明朱明王朝统治合法性与正当性的法律合法性思想是朱元璋法律思想的前提基础和重要内容，虽然他从领袖魅力、重刑威慑和法令贯彻三个方面予以构建发展并取得了显著

---

[1] 王世谊、丁守卫："朱元璋'重典治国'思想探析"，载《南京社会科学》2006年第6期。

[2] "《大明律》乃一代定法，而决断武臣，独舍律用例，武臣益纵荡不检。请一切用律。"（清）张廷玉等撰：《明史》，中华书局2000年版，第1523页。

[3] 李远华：《中国封建社会法律思想史简论》，中国政法大学出版社2013年版，第139页。

成效，但其中的消极内容同样值得关注。首先，凭借领袖魅力建构法律合法性过分强调人治，忽略了法治。过分依赖领袖魅力来建构法律合法性，不但合法性能否建成尚不确定，其强调人治而忽略法治的思路本身就需要警惕。毕竟，总体而论，法治是优于人治的，法治益于自由，人治轻视自由；法治基于民主，人治排斥民主；法治追求平等，人治阻碍平等。再有，立足领袖魅力的法律合法性通常会伴随着领袖离世和统治易主而消散，比如《大诰》在朱元璋驾崩后就逐渐失去了昔日的威信。其次，凭借重刑苛法来实现法律合法性难以让百姓真心认同法律。统治阶层想要证实法律合法性就应当在强制力之外寻求法律被普罗大众崇尚与信奉的依据，而这种依据应当拥有最高权威性。[1]

由此可以得出朱元璋法律合法性思想对我们的几点启示：①法律因地制宜、循时而动才能使民众接受、理解。朱元璋法律合法性思想中遵循实际、因时制宜的理念是十分突出的，如朱元璋明确指出重典治国是乱世治理的不得已措施，并嘱咐后世子孙治理平世应当用刑轻缓。基于这样的考虑，到洪武后期，社会总体趋于稳定，朱元璋开始有意识地缓和、降低法令的严苛程度，这正是对他因时制宜理念的生动诠释。②法律广泛施行后的宣传知悉是民众遵守法律的基础。守法分为积极守法与消极守法，消极守法即不违背法律规定，积极守法则要求行使合法权利并提高权利意识。即便是消极守法也要求民众具有对法律的基本认知。朱元璋通过广建申明亭、简明法条等方式来全力推广普及官方法令。"权利本位"为文明社会的共有特征与发展方向，不同于传统社会的"义务本位"，人民权利应获得正

---

〔1〕　参见闫斌："朱元璋法律合法性思想研究：批判与启示"，载《兰台世界》2014 年第 15 期。

视和维护，而权利被保障首要在于明悉权利之禁区。民众对律令的认知和了解程度直接关系着他们行使合法权利的维度。因此法律广泛施行后的普及宣传是人民不逾越禁令并认真行使公民权利的前提保障，这些对现代中国法律合法性的发展完善颇有启发意义。[1]

第五，朱元璋的"重典治吏"思想及其实践并未产生理想的功效，尽管他打击贪腐之决心与力度史上罕见，但终究不能从根本上杜绝贪腐的发生，在传统封建专制体制内也不可能真正解决这一问题。随着帝王打击力度的不断加强，形成了"上有政策、下有对策"的恶性循环，杀了一批又出一批，杀伐不尽，难以为继。究其缘由，在封建专制体制内，一味地严苛独裁虽能收一时之功效，但长此以往威慑力必然削弱。为了强化专制独裁，朱元璋杀胡惟庸后废除丞相制度，集大权于一身，肆意打压百官，进一步激化了君臣矛盾，上下离心，政令虽严，却得不到真心响应和支持，有时甚至是消极反抗和抵触。面对庞大复杂的帝国，朱元璋只能是有心无力、鞭长莫及。[2]同时，传统的专制集权制度本身容易滋生奸吝腐败，是一种典型的制度性腐败，人性的弱点和私利的诱惑使得手握权力的官员很难洁身自好、刚正廉洁，以权谋私、贪腐横行逐渐成为升官发财的门路和社会的政治风气。马克思曾指出："就单个的官僚来说，国家的目的变成了他的个人目的，变成了他升官发财、飞黄腾达的手段。"[3]在封建制度中，单纯依靠帝王毕其功于一役地强力打压是难以彻底有效解决贪腐问题的。

---

〔1〕 闫斌："朱元璋法律合法性思想研究：批判与启示"，载《兰台世界》2014年第15期。

〔2〕 王世谊、丁守卫："朱元璋'重典治国'思想探析"，载《南京社会科学》2006年第6期。

〔3〕《马克思恩格斯全集》（第1卷），人民出版社1956年版，第302页。

另外，过分迷信法律和刑罚是"重典治吏"理论与实践未能产生理想功效的主要原因。纵观中国历史，如朱元璋一般热衷法律和刑罚的皇帝并不多见，他不仅善于钻研法律并拥有丰富的法律思想，还亲自参与典章制度的制定和完善，在位三十一年，立法活动频繁，对法律的适用监督格外重视。发展国家法制无可厚非，但是过于迷信甚至滥用法律和刑罚就会适得其反、贻害无穷。以言代法、法外用刑、大肆刑杀等都严重损害了法律谦抑和适度精神，不仅难以收到预期效果，还会招致各方的反感和怨恨，最终破罐子破摔，收效甚微。法律虽重要，但绝非万能，"徒善不足以为政，徒法不足以自行"。后世康熙皇帝在学习借鉴前朝经验基础上提出：国家虽有律令刑罚，但这只能防治看得见的公开行为，那些看不见的内在思想却并非法律所能管控的。[1]过分酷滥的刑杀株连还使得社会舆论逐渐转向，臣民们不再支持朱元璋的政策和做法，随着法律和刑罚适用的极端化，人们开始对广受株连的官员产生同情和怜悯，官员们也不再以此为耻，最后走向了集体麻木。诚如叶伯巨给朱元璋的上书所言：多年来重刑杀戮之人已然不少，然而犯罪者却接踵相继，致使赏罚混乱、善恶难辨。[2]

朱元璋所积极推行的《大诰》结局同样如此，尽管在惩治贪污腐败、巩固新生政权方面发挥了一定功用，但在普及"教化"和防止犯罪方面却收效甚微。对此，连朱元璋本人也不得不承认。洪武十九年（1386年），朱元璋在论及《御制大诰初编》施行情况时曾愤懑地说道：朕早晨刚惩治完，晚上又有人

---

〔1〕　"国有常刑，然显然之迹，刑所能防；隐然之地，法所难及。"（清）纪晓岚编校：《帝范观止》，昆仑出版社2001年版，第703页。

〔2〕　"窃见数年以来，诛杀亦可谓不少矣，而犯者相踵，良由激劝不明，善恶无别。"（清）张廷玉等撰：《明史》，中华书局2000年版，第2651页。

犯罪，晚上才杀了一批，早上又来一批，承前启后、接踵而来，处罚得越重，犯罪人越多。[1]洪武二十三年（1390 年），他更为忧虑地说："愚民犯法，如嗜饮食，嗜之不知止。设法防之，犯者益众。"不仅如此，由于大肆法外用刑，使得法制倾颓，狱政失平，杀戮泛滥，贻害无穷。因此，朱元璋离世不久，《大诰》就开始受到冷落，至明代中期已然烟消云散，难觅其宗了。[2]朱元璋过分倚重刑杀却收效寥寥，这启示我们要始终坚持依法治国和以德治国相结合，不可偏废其一。

第六，朱元璋虽然重建了强大的国家机器，然而在他的治理下，君权的肆意扩张侵蚀着官僚机构的正常运作，同时给传统政治文化发展造成了不良影响。他虽然对农民拥有朴素感情，所推行的重农政策富有成效，但是却始终把人民严格束缚在土地上，推行重农抑商，限制工商业经营，从而妨碍了商品经济成长，压制着全社会的生机与活力。他虽然兴办学校、发展教育，但是却厉行思想文化专制，专以八股取士，使得读书人死钻经书，思想沉闷，极大地抑制了民族创新能力。明末思想家顾炎武说：八股取士之危害等同于焚书，而对于人才培养之破坏甚至超过了焚书坑儒。[3]他的对外方针虽然不具有侵略扩张性，但是奉行的海禁政策却让中国错过了发展革新的关键期，余波延及此后数百年。他的"明刑弼教"理论是在封建社会后期社会矛盾日趋尖锐、民众意识开始觉醒的历史背景下，统治阶级以刑罚手段强化思想专制的体现，是一种片面的惩罚主义

---

〔1〕"朕朝治而暮犯，暮治而晨亦如之，尸未移而人为继踵，治愈重而犯愈多。"

〔2〕参见杨一凡："明大诰与朱元璋的明刑弼教思想"，载《烟台大学学报（哲学社会科学版）》1989 年第 1 期。

〔3〕"愚以为八股之害等于焚书，而败坏人才，有甚于咸阳之郊。"（清）顾炎武：《日知录集释》卷 16，转引自祝总斌："正确理解顾炎武八股文取士'败坏人才'说"，载《文史知识》2001 年第 2 期。

法律观，犯罪现象出现的根本原因是阶级剥削和压迫以及生成这种压迫的政治体制，妄图不改变这种体制本身，仅仅凭借重刑苛法来根治犯罪难题是不可能的。[1]

由上可见，朱元璋法律思想中有诸多消极负面因素，有些虽囿于历史局势和人物性格而不得不为，但其确实对明初乃至此后明清法制产生了许多不良影响，这些都是值得我们反思和警惕的内容，具有重要的教育和启示意义，应当以之为鉴，以免后车之覆。

---

[1]　（清）伊桑阿等纂，杨一凡、宋北平主编：《大清会典：康熙朝》，关志国、刘宸缨点校，凤凰出版社 2016 年版，第 1455 页。

结　语

～～～～～

　　作为中国历史上一位热衷于法制的开国帝王，朱元璋的法律思想内涵丰富，前后跨越近半个世纪。任何人的思想都并非一成不变的，经历传奇的朱元璋同样如此，因此本书分时分段、分门别类地将他的法律思想划为四个阶段进行研究，即明朝建立前（自称吴王前后）、洪武前期、洪武中期和洪武后期。明朝建立前是朱元璋法律观念的初步形成时期，可细分为自称吴王前和自称吴王后，这一阶段"民本主义"特点鲜明。洪武前期是朱元璋法律思想快速发展的重要阶段，表现出"理想主义"风格。洪武中期是朱元璋法律思想发展的成熟与极端时期，"极端主义"特征盛行。洪武后期是朱元璋法律思想的修正恢复阶段，体现出显著的"现实主义"色彩。

　　通览朱元璋法律思想四个阶段，有一以贯之的相同内容，也有改变调整的不同之处。例如，"取古善法、维护皇权""宣传教化、廉政守法""恤刑审慎、依时决遣"等思想始终一脉相承。而对待红巾军和元朝的态度、轻典和重典的选择以及"明刑弼教"思想等方面则有着明显变化。总体呈现出愈益缜密、新旧交融、轻重结合；法自君出、主观臆断；削减特权、抬升"民权"、强化皇权的规律和特点。朱元璋法律思想之所以会有这些异同变化，与传统"乱国重典、新国轻典"思想的扬弃、"儒法结合、礼刑交融"的法律传统有着密切联系，同时也是明初统治者对元朝覆亡历史教训和新朝治理现实需要反省思考的结果。当然，人物思想的变化与他自身及周边人物必然拥有不可割裂的关联，朱元璋的个人履历和主观个性，还有身边重要人物不同时期的影响等因素也是导致他法律思想异同变化的重要原因之一。

朱元璋法律思想及发展变化对当时社会乃至明清两代都有着不可估量的深远影响，这种影响既有积极的，也有消极的。就积极面而论，面对元末明初混乱崩坏的局面，他杀伐果断、大力整顿，他的思想和举措在当时特定的历史条件下具有很大的必要性与合理性，对于稳固明初政治形势、整肃社会风气、澄清官僚队伍乃至经济文化的恢复发展均有不可磨灭的积极意义。在位三十一年，他创制了一系列律令典章，如《大明律》《大明令》《大诰》《教民榜文》《问刑条例》和《明会典（初编）》等，夯实了明代法制根基，使得明代律法达到了可与唐宋媲美之程度，在我国法律史上位置颇高。经过朱元璋几十年的励精图治，明朝政风民风清新，政治经济稳定，百姓安居乐业，国力日臻强盛，直至英宗、武宗时期仍受余恩，为"仁宣之治"的出现铺垫了基石。因此，朱元璋法律思想对于明初社会发展的积极意义毋庸置疑，顺应时势，契合民心，总体上是值得肯定的。但是，他的法律思想中的消极内容亦不容忽视，许多方面对后来产生了极其负面的效应。他的"重典治吏"对行政秩序和官员尊严侵害极大，"廷杖"制度贻害无穷。严刑峻法的肆意滥用背离了法律的谦抑性和适度性原则，打破了法制的公正权威。过分推崇人治而轻视法治的思想举措使得政策难以持久稳定，官民很难从内心深处认同法律。严刑峻法下的铁腕反腐虽能收一时功效，但长此以往效果日衰，形成了"上有政策、下有对策"的恶性循环，最终致使官民走向集体麻木。

此外，他的重农政策富有成效，却把人民严格束缚在土地上，阻碍了商品经济的发展。思想文化专制和八股取士令读书人精神沉闷，压制了民族创新力。保守和平的外交和海禁政策使中华民族错过了历史发展机遇期，影响绵延几个世纪。"明刑弼教"理论虽然契合统治需要，却仍是片面惩罚主义法律观之反映，不可能从根本上杜绝犯罪和实现德育教化。

研究朱元璋法律思想离不开对前人成果的学习和借鉴，本书在研读参鉴先前成果的同时，致力于从时间视角来重新审视朱元璋法律思想的动态变化过程，分时分期、分门别类地予以系统阐释，相较于以往静态而综合的探究模式，力争从新的视角和以新的方式来精准展现朱元璋法律思想的基本内涵和规律。研究中还专门论述了明朝建立前农民战争时期朱元璋法律观念的主要内容，弥补了先前研究的薄弱环节，同时在宏大叙事中，注意观察微观层面的思想表达，展现历史研究中鲜活个体的心路历程和情感观念，这样能够更加贴切而生动地揭示出法律思想的初心与要义。当然，囿于时间和水平所限，本书尚有诸多不足方面，与理想目标仍有差距，如对史料文献的研读有所缺漏，关涉朱元璋法律思想的史料典籍和古今著作众多，难免挂一漏万，今后要继续查阅添补，保证材料充分翔实。其次，对相关问题的总结归纳和分析论证广度不够、深度不足，有待于继续加强。此外，异同比较部分不甚精细，原因剖析不够深入，需要进一步细化和挖掘。最后，朱元璋法律思想发展变化的规律、意义和影响阐述亦有疏漏之处，对关联人物思想的介绍和比较存在不足。诸如以上问题都是笔者在今后的工作和学习中需要努力提升与完善之处。

参考文献

一、史料类

［1］（春秋）左丘明撰：《左传》，蒋冀骋点校，岳麓书社 2015 年版。

［2］（战国）韩非：《韩非子》，申楠译，北京联合出版公司 2015 年版。

［3］（东汉）班固撰：《汉书》，（唐）颜师古注，中华书局 1962 年版。

［4］（唐）李林甫等撰：《唐六典》（上），陈仲夫点校，中华书局 2014 年版。

［5］（南宋）黎靖德编：《朱子语类》，王星贤点校，中华书局 1999 年版。

［6］（南宋）赵汝愚：《宋名臣奏议》，台湾商务印书馆景印文渊阁四库全书 1983 年版。

［7］（元）脱脱等撰：《宋史》，中华书局 1977 年版。

［8］（元）余阙：《青阳集》，台湾商务印书馆景印文渊阁四库全书 1983 年版。

［9］（明）宋濂：《洪武圣政记》，南京出版社 2013 年版。

［10］（明）宋濂等：《元史》（简体字本），中华书局 2000 年版。

［11］（明）陈建：《皇明通纪》（上），钱茂伟点校，中华书局 2008 年版。

［12］（明）姚福：《青溪暇笔》。

［13］（明）焦竑：《国朝献征录》，学生书局 1984 年版。

［14］（明）陈子龙等选辑：《明经世文编》，中华书局 1962 年版。

［15］（明）《皇明祖训》。

［16］（明）李默：《孤树裒谈》。

[17]（明）俞汝：《礼部志稿》。

[18]（明）申时行等：《大明会典》，中华书局 1989 年版。

[19]（明）徐光启撰：《农政全书》，石声汉点校，上海古籍出版社 2011 年版。

[20]（明）张卤选编：《皇明制书》（北京图书馆古籍珍本丛刊 46），书目文献出版社 1998 年版。

[21]（明）张瀚：《松窗梦语》，盛冬铃点校，中华书局 1985 年版。

[22]（明）刘辰：《国初事迹》。

[23]（明）雷礼辑，宋祥瑞主编：《皇明大政纪》，北京大学出版社 1993 年版。

[24]（明）陆容撰：《菽园杂记》，佚之点校，中华书局 1985 年版。

[25]（明）沈德符：《万历野获编》，中华书局 2004 年版。

[26]（明）张萱：《西园闻见录》，哈佛燕京学社 1940 年版。

[27]（明）余继登撰：《典故纪闻》，顾思点校，中华书局 1981 年版。

[28]（明）谈迁：《国榷》，张宗祥校点，中华书局 1958 年版。

[29]（清）官修：《清圣祖实录》，中华书局影印本 1985 年版。

[30]（清）纪晓岚编校：《帝范观止》，昆仑出版社 2001 年版。

[31]（清）张廷玉等撰：《明史》，中华书局 2000 年版。

[32]（清）顾炎武：《日知录集释》，黄汝成集释，栾保群、吕宗力校点，上海古籍出版社 2006 年版。

[33]（清）伊桑阿等纂，杨一凡、宋北平主编：《大清会典：康熙朝》，关志国、刘宸缨点校，凤凰出版社 2016 年版。

[34]（清）薛允升撰：《唐明律合编》，怀效锋、李鸣点校，法律出版社 1998 年版。

[35]（清）查继佐：《罪惟录》，浙江古籍出版社 1986 年版。

[36]（清）谷应泰撰：《明史纪事本末》，中华书局 1977 年版。

[37]（清）赵翼：《廿二史札记》，中国书店 1987 年版。

[38]（清）夏燮撰：《明通鉴》，沈仲九标点，中华书局 2013 年版。

[39]（清）黄宗羲：《明夷待访录》，中华书局 1981 年版。

[40]（清）沈家本撰：《历代刑法考》，邓经元、骈宇骞点校，中华书局

1985 年版。

[41] （清）徐栋：《牧令书》，黄山书社 1995 年版。

[42] （清）王延灿：《似斋诗存》，北京古籍出版社 1997 年版。

[43] 怀效锋点校：《大明律》，法律出版社 1999 年版。

[44] 李国祥、杨昶主编，刘重来等编：《明实录类纂》（司法监察卷），武汉出版社 1994 年版。

[45] （唐）吴兢：《贞观政要》，骈宇骞译注，中华书局 2011 年版。

[46] 王文锦译解：《礼记译解》，中华书局 2016 年版。

[47] 徐正英、常佩雨译注：《周礼》（下），中华书局 2014 年版。

[48] 岳纯之点校：《唐律疏议》，上海古籍出版社 2013 年版。

[49] 周晓露译注：《商君书译注》，上海三联书店 2014 年版。

二、著作类

[1]《马克思恩格斯全集》（第 1 卷），人民出版社 1956 年版。

[2] 柏桦：《中国政治制度史》（第 3 版），中国人民大学出版社 2011 年版。

[3] 柏桦：《明清州县官群体》，天津人民出版社 2003 年版。

[4] 陈光中、沈国峰：《中国古代司法制度》，群众出版社 1984 年版。

[5] 程树德：《九朝律考》，商务印书馆，2010 年版。

[6] 戴炎辉：《中国法制史》，三民书局 1979 年版。

[7] 丁易：《明代特务政治》，中华书局 2006 年版。

[8] 丁玉翠：《明代监察官职务犯罪研究——以〈明实录〉为基本史料的考察》，中国法制出版社 2007 年版。

[9] 费成康主编：《中国的家法族规》（修订版），上海社会科学院出版社 2016 年版。

[10] 冯绍霆：《细说明太祖》，上海人民出版社 2005 年版。

[11] 范忠信：《中国法律传统的基本精神》，山东人民出版社 2001 年版。

[12] 方志远：《明代国家权力结构及运行机制》，科学出版社 2008 年版。

[13] 高其才：《法社会学》，北京师范大学出版社 2013 年版。

[14] 顾颉刚、史念海：《中国疆域沿革史》，商务印书馆 2015 年版。

[15] 韩儒林主编：《元朝史》，人民出版社 1986 年版。

[16] 何勤华:《中国法学史》(第 2 卷),法律出版社 2000 年版。

[17] 黄波:《最可惜一片江山:传统政治文化中的朱元璋》,东方出版社 2017 年版。

[18] 侯欣一主编:《中国法律思想史》(第 5 版),中国政法大学出版社 2016 年版。

[19] 怀效锋:《明清法制初探》,法律出版社 1998 年版。

[20] 李力:《法制史话》,社会科学文献出版社 2011 年版。

[21] 李远华:《中国封建社会法律思想史简论》,中国政法大学出版社 2013 年版。

[22] 刘双舟:《明代监察法制研究》,中国检察出版社 2004 年版。

[23] 刘晓著,陈祖武、杨泓主编:《元史研究》,福建人民出版社 2006 年版。

[24] 孟森:《明史讲义》,吉林出版集团股份有限公司 2016 年版。

[25] 马小红:《礼与法:法的历史连接》(修订本),北京大学出版社 2017 年版。

[26] 那思陆:《明代中央司法审判制度》,北京大学出版社 2004 年版。

[27] 那思陆:《清代州县衙门审判制度》,范忠信、尤陈俊校,中国政法大学出版社 2006 年版。

[28] 钱穆:《中国历代政治得失》(新校本),九州出版社 2012 年版。

[29] 瞿同祖:《中国法律与中国社会》,中华书局 2003 年版。

[30] 商传:《永乐皇帝》,北京出版社 1989 年版。

[31] 沈从文:《中国古代服饰研究》,商务印书馆 2011 年版。

[32] 苏亦工:《明清律典与条例》,中国政法大学出版社 2000 年版。

[33] 吴晗:《朱元璋传:从乞丐到皇帝》,华东师范大学出版社 2014 年版。

[34] 吴晗:《明史简述》(增补本),华东师范大学出版社 2015 年版。

[35] 吴艳红:《明代充军研究》,社会科学文献出版社 2003 年版。

[36] 韦庆远:《明清史新析》,中国社会科学出版社 1995 年版。

[37] 武树臣:《中国法律思想史》,法律出版社 2004 年版。

[38] 汪向荣:《古代中日关系史话》,中国青年出版社 1999 年版。

［39］谢国桢:《明清之际党社运动考》,中华书局 1982 年版。

［40］许章润:《说法活法立法:关于法律之为一种人世生活方式及其意义》(增订版),清华大学出版社 2004 年版。

［41］叶孝信主编:《中国法制史》,复旦大学出版社 2007 年版。

［42］杨鸿烈:《中国法律发达史》,上海书店 1990 年版。

［43］杨一凡:《洪武法律典籍考证》,法律出版社 1992 年版。

［44］于语和、王景智、周滨编著:《中国传统文化概论》,天津大学出版社 2001 年版。

［45］于语和主编:《民间法》,复旦大学出版社 2008 年版。

［46］郑克晟:《明代政争探源》,天津古籍出版社 1988 年版。

［47］周力著,卞孝萱主编:《中国历代农民起义》,辽海出版社 2011 年版。

［48］周启元:《朱元璋正传》,中国文史出版社 2014 年版。

［49］臧知非:《生存与抗争的诠释——中国农民战争史研究》,河南大学出版社 2010 年版。

［50］张冠梓主编:《文化多元与法律多元》,知识产权出版社 2012 年版。

［51］张晋藩、怀效锋主编:《中国法制通史·第七卷·明》,法律出版社 1999 年版。

［52］张成付编著:《朱元璋时代》,哈尔滨出版社 2008 年版。

［53］张治安:《明代监察制度研究》,五南图书出版公司 2000 年版。

［54］张中秋:《唐代经济民事法律述论》,法律出版社 2002 年版。

［55］赵晓耕主编:《观念与制度:中国传统文化下的法律变迁》,湘潭大学出版社 2012 年版。

［56］卓泽渊:《法政治学》,法律出版社 2005 年版。

［57］［日］滋贺秀三等:《明清时期的民事审判与民间契约》,王亚新等编译,法律出版社 1998 年版。

［58］［日］木宫泰彦:《日中文化交流史》,胡锡年译,商务印书馆 1980 年版。

［59］［加］卜正民:《挣扎的帝国:元与明》,潘玮琳译,中信出版社 2016 年版。

[60]〔德〕马克斯·韦伯:《经济与社会》(第1卷),阎克文译,上海人民出版社2010年版。

[61]〔意〕利玛窦:《耶稣会与天主教进入中国史》,文铮译,〔意〕梅欧金校,商务印书馆2014年版。

[62]〔美〕牟复礼、〔英〕崔瑞德编:《剑桥中国明代史》,张书生等译,谢亮生校,中国社会科学院出版社1992年版。

三、期刊类

[1]〔日〕中岛乐章:"明代前半期里甲制下的纷争处理",载《东洋学报》1995年第3~4期。

[2]安伟娟:"明太祖朱元璋的法律思想",载《兰台世界》2013年第6期。

[3]柏桦、吴爱明:"明清官员俸禄——兼论高薪养廉",载《法治研究》2015年第2期。

[4]柏桦:"明代的考语与访单",载《西南大学学报(社会科学版)》2017年第3期。

[5]柏桦:"榜谕与榜示——明代榜文的法律效力",载《学术评论》2012年第2期。

[6]柏桦、卢红妍:"洪武年间《大明律》编纂与适用",载《现代法学》2012年第2期。

[7]白淑萍:"朱元璋治理思想与明代廉政法律机制",载《兰台世界》2013年第24期。

[8]陈晓枫:"中国基本法文化的特征及其当代变迁",载《中国法学》2015年第1期。

[9]傅玉璋:"朱元璋法律思想初探——明初统治措施探索之四",载《安徽大学学报》1990年第1期。

[10]葛春蕃:"明代知识分子与士风",载《书屋》2004年第2期。

[11]霍存福:"唆讼、吓财、挠法:清代官府眼中的讼师",载《吉林大学社会科学学报》2005年第6期.

[12]韩秀桃:"《教民榜文》所见明初基层里老人理讼制度",载《法学

研究》2000 年第 3 期。

[13] 侯欣一:"地方法制史研究的立场与方法论",载《北方法学》2018 年第 5 期。

[14] 侯欣一:"清代江南地区民间的健讼问题——以地方志为中心的考察",载《法学研究》2006 年第 4 期。

[15] 蒋传光:"良法、执法与释法",载《东方法学》2011 年第 3 期。

[16] 蒋传光:"马克思主义法学的基本原理及其科学意义",载《法律科学(西北政法大学学报)》2018 年第 6 期。

[17] 雷炳炎:"明代祖训与宗室犯罪的量罚问题",载《江苏社会科学》2011 年第 4 期。

[18] 吕立汉、凌硕为:"论刘基法治思想与实践的深远影响和现代传承",载《丽水学院学报》2015 年第 4 期。

[19] 李力:"从另一角度审视中华法系:法家法律文化的传承及其评判",载《法学杂志》2012 年第 6 期。

[20] 李力:"借题发挥:中国法制史向何处去?",载《政法论坛》2006 年第 6 期。

[21] 李龙:"明朝后世皇帝对《皇明祖训》的背叛",载《赤峰学院学报(汉文哲学社会科学版)》2010 年第 10 期。

[22] 李玉生:"中国古代法与现代民法债和契约制度的比较研究",载《法学家》2005 年第 5 期。

[23] 刘晓林:"唐代监察官员的职务犯罪行为及其处罚",载《甘肃社会科学》2018 年第 5 期。

[24] 刘晓林:"唐律立法体例的实证分析——以'不用此律'的表述为中心",载《政法论坛》2016 年第 5 期。

[25] 齐慧:"解析明朝时期'明刑弼教'法律思想",载《兰台世界》2015 年第 27 期。

[26] 若然:"怎样看待朱元璋的法律思想和实践——对《明太祖〈大诰〉述》一文的几点意见",载《吉林大学社会科学学报》1982 年第 4 期。

[27] 苏亦工:"法治与和谐理念的文化渊源及其前景",载《华东政法大

学学报》2009 年第 2 期。

[28] 宋国范:"两种洪武榜文文献初探",载《中外法学》1992 年第
5 期。

[29] 宋加兴、王建华:"浅论朱元璋'宽以待民与严惩贪吏'的法律思
想",载《河北大学学报（哲学社会科学版）》1983 年第 3 期。

[30] 石文龙:"论中国法治的话语体系建设——'中国法'的提出、含义
与特征",载《金陵法律评论》2013 年第 2 期。

[31] 王世谊、丁守卫:"朱元璋'重典治国'思想探析",载《南京社会
科学》2006 年第 6 期。

[32] 汪世荣:"'枫桥经验'视野下的基层社会治理制度供给研究",载
《中国法学》2018 年第 6 期。

[33] 汪锡靖:"从明《大诰》看朱元璋的政治法律思想",载《渤海学
刊》1993 年第 3 期。

[34] 汪渊智:"朱元璋的反腐败思想及其法律实践",载《山西大学学报
（哲学社会科学版）》1990 年第 2 期。

[35] 肖建新:"明初法律的二重构建——兼论朱元璋的法律思想",载
《法学杂志》2010 年第 7 期。

[36] 夏新华:"中国的传统诉讼原则",载《现代法学》2001 年第 6 期。

[37] 徐忠明:"诉诸情感:明清中国司法的心态模式",载《学术研究》
2009 年第 1 期。

[38] 杨一凡:"明代榜例考",载《上海师范大学学报（哲学社会科学
版）》2008 年第 5 期。

[39] 杨一凡:"明大诰与朱元璋的明刑弼教思想",载《烟台大学学报
（哲学社会科学版）》1989 年第 1 期。

[40] 闫斌:"朱元璋法律合法性思想研究:批判与启示",载《兰台世界》
2014 年第 15 期。

[41] 于语和、石蓉蓉:"明太祖教化思想的民间实践",载《甘肃社会科
学》2012 年第 4 期。

[42] 于语和:"明代的'重典治吏'与当今的廉政法制建设",载《理论
与现代化》1997 年第 11 期。

［43］ 于语和、秦启迪："家法族规中的'无讼'法律传统"，载《江苏社会科学》2018年第3期。

［44］ 杨晨宇："明中后期的卫所与法律——以《军政条例》和《问刑条例》为中心"，载《三峡大学学报（人文社会科学版）》2016年第4期。

［45］ 张仁善："传统'息讼'宣教的现代性启迪"，载《河南财经政法大学学报》2015年第5期。

［46］ 张仁善："论传统中国的'性情司法'及其实际效应"，载《法学家》2008年第6期。

［47］ 张生、张勇："略论朱元璋对儒家法律思想的继承与异化"，载《研究生法学》1996年第2期。

［48］ 张宜："明代文官犯罪检举路径初探"，载《法学杂志》2012年第6期。

［49］ 周绍泉："徽州文书所见明末清初的粮长、里长和老人"，载《中国史研究》1998年第1期。

［50］ 赵晓耕、沈玮玮："健讼与惧讼：清代州县司法的一个悖论解释"，载《江苏大学学报（社会科学版）》2011年第6期。

［51］ 赵晓耕、时晨："平衡与牵制：明代厂卫与法司的关系"，载《甘肃社会科学》2018年第5期。

［52］ 朱玉婷："朱元璋法律思想探析"，载《济南大学学报》2001年第3期。

［53］ 祝总斌："正确理解顾炎武八股文取士'败坏人才'说"，载《文史知识》2001年第2期。

四、会议论文类

周绍泉、赵华富主编：《95国际徽学学术讨论会论文集》，安徽大学出版社1997年版。

后 记

本书受河海大学法学院及中央高校基本科研业务费专项资金（编号 B200201072）资助，出版过程中得到河海大学法学院各位领导和同事们的大力支持，还有中国政法大学出版社的丁春晖主任及各位老师、同志们提供了诸多帮助，在此表示由衷的感谢。

文稿撰写过程中南开大学法学院的各位老师提供了大量宝贵意见和指导，为书稿出版奠定了基础，尤其是我的导师于语和教授从论文选题到书稿作序始终悉心指点、殷切鼓励，使文稿日臻进步。还有柏桦老师、侯欣一老师、岳纯之老师、闫尔宝老师、尚绪芝老师、陈兵老师、冯学伟老师等法学院各位老师一直对我关怀备至、谆谆教导，让我获得了更为全面地提升与发展。另外，还要特别感谢张仁善老师、李力老师、刘晓林老师、张勤老师，从选题到定稿倾注了无限的关心与支持。学生于此向诸位老师致以衷心地感谢和诚挚地祝福。

最后，还要谢谢我的家人和朋友们，一路走来，你们给予我无限的爱与包容，鼓舞我不畏挫折、乐观向上。写作和出版过程中，你们时刻关心着我的学习和生活情况，并提供了诸多有益参考和意见。因此，请允许我向你们致以崇高的敬意和美好的祝愿。

本书参考、征引了法学和史学两界前辈和时贤的许多优秀成果，在此一并表示感谢与敬意。本书考证和存史内容较多，征引、译介了大量典章史籍，然作者功底和时间有限，定有不少错讹之处，深祈方家通人批评指正。路漫漫其修远兮，吾将上下而求索。希望谨以此书的撰写和出版为契机，在今后的工作和学习中不忘初心，不负光阴，铭记教诲，踏实笃定，开拓出一片彰显人生价值的崭新天地。

秦启迪

2020 年 12 月于南京